权威·前沿·原创

皮书系列为
"十二五""十三五""十四五"时期国家重点出版物出版专项规划项目

BLUE BOOK

智库成果出版与传播平台

河北蓝皮书
BLUE BOOK OF HEBEI

河北农业农村经济发展报告
（2025）

AGRICULTURAL AND RURAL ECONOMY DEVELOPMENT
REPORT OF HEBEI (2025)

推进农业农村现代化
Promote the Modernization of Agriculture and Rural areas

主　　编／吕新斌
执行主编／张　波
副 主 编／唐丙元　闫永路　耿卫新

社会科学文献出版社
SOCIAL SCIENCES ACADEMIC PRESS (CHINA)

图书在版编目(CIP)数据

河北农业农村经济发展报告 . 2025：推进农业农村现代化 / 吕新斌主编；张波执行主编；唐丙元，闫永路，耿卫新副主编 . --北京：社会科学文献出版社，2025.8. -- (河北蓝皮书) . --ISBN 978-7-5228-5685-8

Ⅰ . F327.22

中国国家版本馆 CIP 数据核字第 2025M64Y68 号

河北蓝皮书
河北农业农村经济发展报告（2025）
——推进农业农村现代化

主　　编／吕新斌
执行主编／张　波
副 主 编／唐丙元　闫永路　耿卫新

出 版 人／冀祥德
组稿编辑／高振华
责任编辑／张丽丽
文稿编辑／刘　燕
责任印制／岳　阳

出　　版／社会科学文献出版社·生态文明分社（010）59367143
　　　　　地址：北京市北三环中路甲 29 号院华龙大厦　邮编：100029
　　　　　网址：www.ssap.com.cn
发　　行／社会科学文献出版社（010）59367028
印　　装／天津千鹤文化传播有限公司

规　　格／开　本：787mm×1092mm　1/16
　　　　　印　张：22.5　字　数：338 千字
版　　次／2025 年 8 月第 1 版　2025 年 8 月第 1 次印刷
书　　号／ISBN 978-7-5228-5685-8
定　　价／128.00 元

读者服务电话：4008918866

版权所有 翻印必究

《河北蓝皮书（2025）》编委会

主　任　吕新斌

副主任　彭建强　肖立峰　袁宝东　孟庆凯　吕雪松

委　员　（按姓氏笔画排序）
　　　　王建强　边继云　李　靖　李会霞　李鉴修
　　　　汪　洋　张　芸　张　波　陈　璐　樊雅丽

主编简介

吕新斌 河北省社会科学院党组书记、院长，中共河北省委讲师团主任，河北省社会科学界联合会第一副主席，中国李大钊研究会副会长。

吕新斌同志先后在原中国吴桥国际杂技艺术节组委会办公室、原河北省文化厅、河北省委宣传部、河北省社会科学院工作。在河北省委宣传部工作期间，先后在文艺处、城市宣传教育处、宣传处、办公室、研究室（舆情信息办）、理论处等多个处室工作，后任河北省委宣传部副部长、省文明办主任，2023年10月到河北省社会科学院履新任现职。

吕新斌同志长期从事和负责河北省意识形态、理论武装、哲学社科、宣传领域政策研究、文化艺术、舆情信息、精神文明建设等工作，参与组织全省性重大活动，多次参与河北省党代会等全省性重大会议报告和主要文件起草工作。在《人民日报》《光明日报》《学习时报》《中国社会科学报》《新华智库研究》《河北日报》等报刊发表多篇文章，参与编写或主编完成《战略机遇期的文化建设》《走向沿海强省》《文明让我们的城市更美好》等多部著作。担任中央马克思主义理论研究和建设工程重大项目和重点项目首席专家。参与完成《习近平新时代中国特色社会主义思想学习纲要》《习近平新时代中国特色社会主义思想三十讲》等多部重要读物编写任务，获中宣部办公厅致函表扬、省委主要领导同志高度肯定、省委宣传部通报表扬；曾获"全省政研系统先进个人""全国法制宣传教育先进个人"等称号。

摘　要

《河北农业农村经济发展报告（2025）》由河北省社会科学院牵头，河北省社会科学院农村经济研究所具体组织院内专家、高校学者及相关部门研究人员撰写，是一部具有较高理论价值和实践意义的河北农业农村经济发展方面的重要文献，旨在使社会各界全面系统地了解河北省农业农村经济发展进展与建设成效。

本书全面系统地回顾了2024年河北省农业农村经济发展特点和运行情况，并对2025年全省农业农村经济发展态势进行了分析研判，聚焦农业特色产业、净菜生产基地、盐碱地综合利用、国家农业高新技术产业示范区、现代农业经营体系、农业保险、乡村旅游、乡村康养、农民共同富裕、农村消费、农业新质生产力发展等热点问题开展专题研究，开展农户调查和典型村调研，剖析全省农业农村经济发展的内在逻辑。2024年，河北省全面贯彻落实党中央、国务院的各项决策部署，扎实推进乡村全面振兴，加快建设农业强省，粮食、蔬菜、禽蛋、牛奶等重要农产品产量持续增长，乡村产业发展质量进一步提升，农村居民人均可支配收入增速、农村居民人均消费支出增速继续快于城镇，乡村建设扎实推进，农村社会和谐稳定，农业农村经济呈现稳中向好、稳中向优发展态势，为加快建设经济强省、美丽河北提供了有力支撑。

展望2025年，农业农村经济发展有利因素叠加，稳中有进工作预期目标明确。针对当前农业农村经济发展中存在的短板与不足，河北省将坚持稳中求进工作总基调，严守耕地红线，加强农业基础设施建设，强化科技装备

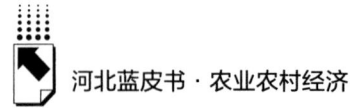

支撑，加大生产支持力度，提高农业综合生产能力，确保粮食和重要农产品稳定供给；立足乡村特色资源，瞄准市场需求，壮大龙头企业和发展平台，做强优势产业，提升乡村产业发展能级；学习运用"千万工程"经验，聚焦提升人居环境舒适度、优化农村基础设施布局、提升农村公共服务水平，加快建设宜居宜业和美乡村；实施提振消费专项行动，挖掘市场潜力、丰富消费场景、优化消费环境，全方位释放乡村消费潜力；落实产业、就业等帮扶政策，增强脱贫地区内生发展动力，确保不发生规模性返贫致贫；持续推进重点领域改革，激发农业农村发展活力。

关键词： 农业农村经济　农业新质生产力　乡村产业　和美乡村

Abstract

Agriculture and Rural Economy Development Report of Hebei (2025) is mainly compiled by the Hebei Academy of Social Sciences. The Rural Economy Research Institute of the Hebei Academy of Social Sciences organized experts, university scholars, and relevant department researchers to compile it. This book is an important literature with high theoretical value and practical significance on the development of agricultural and rural economy in Hebei Province, aiming to comprehensively and systematically understand the progress and construction effectiveness of agriculture and rural economy in Hebei Province.

This book comprehensively and systematically reviews the characteristics and operation of agricultural and rural economy development in Hebei Province in 2024. An analysis and judgment were conducted on the development trend of agriculture and rural economy in Hebei province in 2025. Special topics have been conducted on hot issues such as agricultural specialty industries, net vegetable production bases, comprehensive utilization of saline-alkali land, agricultural high-tech industrial demonstration zones, modern agricultural management systems, agricultural insurance, rural tourism, rural health and wellness, common prosperity for farmers, rural consumption, and the development of new quality agricultural productivity. Household surveys and typical village research have also been carried out. Analyze the internal logic of the development of agriculture and rural economy in the whole province. In 2024, Hebei Province has fully implemented the decisions and deployments of the Party Central Committee and the State Council, resolutely promoted the comprehensive revitalization of rural areas, accelerated the construction of a strong agricultural province, and the production of important agricultural products such as grain, vegetables, poultry eggs, and milk has continued to grow. The quality of rural industrial development has been further improved. Growth rate of per capita disposable income of rural residents and per capita consumption expenditure growth rate of rural residents continues to be faster than that of urban residents. Rural construction is being solidly promoted, rural society is harmonious and stable, and the agricultural and rural economy is showing a trend of steady improvement and optimization. This provides strong support for accelerating the construction of an economically strong province and a beautiful Hebei.

Looking ahead to 2025, favorable factors for the development of agriculture and rural economy will be combined, and the expected goals of steady progress will be clear. Addressing the shortcomings and deficiencies in the current development of agriculture and rural economy, Hebei Province will adhere to the overall work principle of seeking progress while maintaining stability. Strictly adhere to the bottom line of arable land, strengthen the construction of agricultural infrastructure, enhance the support of scientific and technological equipment, increase production support, improve comprehensive agricultural production capacity, and ensure stable supply of grain and important agricultural products. Based on rural characteristic resources, targeting market demand, strengthening leading enterprises and development platforms, strengthening advantageous industries, and enhancing the level of rural industrial development. Learn and apply the experience of the "Ten Million Project", focus on improving the comfort of the living environment, optimizing the layout of rural infrastructure, enhancing the level of rural public services, and accelerating the construction of livable, workable, and Harmonious villages. Implement a special action to boost consumption, tap into market potential, enrich consumption scenarios, optimize consumption environment, and fully unleash rural consumption potential. Implement assistance policies for industries and employment, enhance the endogenous development momentum of poverty-stricken areas, and ensure that there is no large-scale return to poverty. Continuously promote reforms in key areas and stimulate the vitality of agricultural and rural development.

Keywords: Agriculture and Rural Economy; New Quality of Productive Forces in Agriculture; Rural Industry; Beautiful and Harmonious Countryside

目　录

Ⅰ　总报告

B.1　2024~2025年河北省农业农村经济发展报告
　　………………………… 张　波　唐丙元　田文中　闫永路 / 001

Ⅱ　分报告

B.2　2024~2025年河北省粮食生产形势分析与预测 ……… 谢　蕾 / 014

B.3　2024~2025年河北省畜牧业产销形势分析与预测
　　………………………………………… 穆兴增　赵学风 / 025

B.4　2024~2025年河北省蔬菜产业形势分析与预测
　　………………………………… 宗义湘　宋森鑫　王逸群 / 042

B.5　2024~2025年河北省水果产业形势分析与展望
　　………………………… 李　军　王俊芹　张　亮　问乔伊 / 060

B.6　2024~2025年河北省渔业生产形势分析与预测 ……… 周栓林 / 071

B.7　2024~2025年河北省农产品进出口贸易形势分析与预测
　　………………………………… 邵红岭　路　剑　李淑薪 / 082

B.8　2024~2025年河北省农产品生产者价格形势分析与预测
　　………………………………………………………… 张　妍 / 100

B.9　2024~2025年河北省农村居民收入形势分析与预测
　　………………………………………………………… 范　旻 / 109

B.10　2024~2025年河北省农村居民生活消费形势分析与预测
　　………………………………………………………… 刘康燕 / 120

B.11　2024~2025年河北省农民工就业形势分析与预测
　　………………………………………………………… 水　宁 / 130

Ⅲ　专题篇

B.12　河北省加快推进农业特色产业发展对策研究 ………… 唐丙元 / 142

B.13　打造"河北净菜"生产基地重点举措研究
　　………………………………………………… 时方艳　李　鑫 / 151

B.14　"种""地"互适协同增效促进河北省盐碱地综合
　　利用模式研究 ………………………… 张瑞涛　刘　鹏　李庄玉 / 165

B.15　河北省国家农业高新技术产业示范区建设面临的形势及突破路径
　　………………………………………………… 陈建伟　杜新军 / 182

B.16　河北省推进现代农业经营体系建设与创新发展研究
　　………………………………………………… 时润哲　张　戈 / 196

B.17　河北省农业保险发展现状与优化路径研究 ……………… 刘雪影 / 213

B.18　河北省乡村旅游差异化、特色化发展路径研究 ……… 耿卫新 / 231

B.19　河北省乡村康养产业融合发展研究 …………………… 魏宣利 / 243

B.20　三产融合视域下数字赋能河北农民共同富裕研究
　　………………………… 赵然芬　王　燕　刘　静　缪丽萍 / 259

B.21　河北省农村消费补短板促升级路径研究
　　………………………………………… 李　军　李云霞　张　波 / 273

B.22 河北省农业新质生产力发展评价及提升策略研究
………………………………………………………… 李军帅 张汝飞 / 290

Ⅳ 调查篇

B.23 河北省宜居宜业和美乡村可感可及实效与推进机制研究
　　——基于全省2582户农户问卷调查 ………… 张　波 / 312
B.24 乡村制造业产业集群升级困境与出路
　　——河北省南皮县中上桥村乡村制造业特色产业调查报告
………………………………………………………… 闫永路 / 325

CONTENTS

I General Report

B.1 Agricultural and Rural Economy Development Report of Hebei Province in 2024-2025
Zhang Bo, Tang Bingyuan, Tian Wenzhong and Yan Yonglu / 001

II Sub-Reports

B.2 Analysis and Forecast of Grain Production Situation of Hebei Province in 2024-2025 *Xie Lei* / 014

B.3 Analysis and Forecast of Livestock Production and Marketing Situation of Hebei Province in 2024-2025
Mu Xingzeng, Zhao Xuefeng / 025

B.4 Situation Analysis and Forecast of Vegetable Industry of Hebei Province in 2024-2025 *Zong Yixiang, Song Miaoxin and Wang Yiqun* / 042

B.5 Situation Analysis and Prospect of Fruit Industry of Hebei Province in 2024-2025 *Li Jun, Wang Junqin, Zhang Liang and Wen Qiaoyi* / 060

CONTENTS

B.6 Situation Analysis and Forecast of Fishery Production in 2024-2025
Zhou Shuanlin / 071

B.7 Analysis and Forecast of Import and Export Trade of Agricultural Products of Hebei Province in 2024-2025
Shao Hongling, Lu Jian and Li Shuxin / 082

B.8 Analysis and Forecast of Producer Prices of Agricultural Products of Hebei Province in 2024-2025   *Zhang Yan* / 100

B.9 Analysis and Forecast of Income of Rural Residents of Hebei Province in 2024-2025   *Fan Min* / 109

B.10 Analysis and Forecast of Consumption of Rural Residents of Hebei Province in 2024-2025   *Liu Kangyan* / 120

B.11 Analysis and Forecast of Employment Situation of Rural Workers of Hebei Province in 2024-2025   *Shui Ning* / 130

III Special Topics

B.12 Countermeasures Research on Accelerating the Development of Agricultural Specialty Industries of Hebei Province
Tang Bingyuan / 142

B.13 Study on Key Initiatives for Creating a Production Base for "Hebei Net Vegetables"   *Shi Fangyan, Li Xin* / 151

B.14 Study on the Comprehensive Utilization Mode of Saline-alkali Land of Hebei Province by Mutual Adaptation and Synergistic Efficiency of "Seed" and "Ground"
Zhang Ruitao, Liu Peng and Li Zhuangyu / 165

B.15 Situation and Breakthrough Path of Construction of Agricultural High-tech Industrial Demonstration Zones of Hebei Province
Chen Jianwei, Du Xinjun / 182

B.16 Study on the Construction and Innovative Development of Modern Agricultural Management Systems of Hebei Province
Shi Runzhe, Zhang Ge / 196

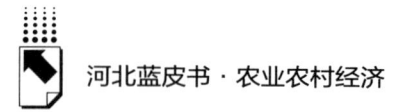

B.17 Study on the Development Status and Optimization Path of
 Agricultural Insurance in Hebei Province *Liu Xueying* / 213
B.18 Study on the Development Path of Differentiation and Characterization
 of Rural Tourism of Hebei Province *Geng Weixin* / 231
B.19 Research on Integrated Development of Rural Health and Wellness
 Industry of Hebei Province *Wei Xuanli* / 243
B.20 Study on the Common Prosperity for Hebei Farmers by Digital
 Empowerment under the Perspective of Integration of
 Three Industries *Zhao Ranfen, Wang Yan, Liu Jing and Miao Liping* / 259
B.21 Study on the Path of Rural Consumption Mending and Upgrading of
 Hebei Province *Li Jun, Li Yunxia and Zhang Bo* / 273
B.22 Study on the Evaluation of the Development of New Quality
 Agricultural Productivity and Strategies for Improvement
 of Hebei Province *Li Junshuai, Zhang Rufei* / 290

Ⅳ Investigation Reports

B.23 Study on the Sensible and Accessible Effectiveness and Promotion
 Mechanism of Livable, Workable and Harmonious Villages
 of Hebei Province *Zhang Bo* / 312
B.24 Upgrading Dilemmas and Outcomes of Rural Manufacturing
 Industry Clusters *Yan Yonglu* / 325

总报告

B.1 2024~2025年河北省农业农村经济发展报告

张波 唐丙元 田文中 闫永路[*]

摘　要： 2024年，河北省粮食、蔬菜、禽蛋、牛奶等重要农产品产量持续增长，乡村产业发展质量进一步提升，农村居民人均可支配收入增速继续快于城镇，农业农村经济呈现稳中向好、稳中向优发展态势。展望2025年，农业农村经济发展预期总体良好。全省要全面贯彻落实中央经济工作会议、中央农村工作会议精神，抓好粮食和重要农产品稳产保供，加快乡村产业高质量发展，扎实推进和美乡村建设，释放乡村消费潜力，推进脱贫地区全面振兴，持续深化农村重点领域改革，激发农业农村发展活力，推动农业基础更加稳固、农村地区更加繁荣、农民生活更加红火。

---

[*] 张波，河北省社会科学院农村经济研究所所长、研究员，主要研究方向为农村经济发展、城乡融合发展；唐丙元，河北省社会科学院农村经济研究所研究员，主要研究方向为宏观经济、开放经济；田文中，国家统计局河北调查总队综合处处长，二级调研员，高级统计师，主要研究方向为统计学；闫永路，河北省社会科学院农村经济研究所副所长、副研究员，主要研究方向为农业农村经济、农村资源环境。

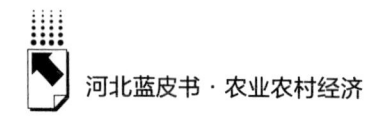

关键词： 农村经济 乡村产业 乡村消费 居民收入

2024年，河北省全面落实党中央、国务院关于"三农"工作决策部署，扎实推进乡村全面振兴，加快建设农业强省，粮食、蔬菜、禽蛋、牛奶等重要农产品产量持续增长，乡村产业发展质量进一步提升，农村居民人均可支配收入增速继续快于城镇，农业农村经济呈现稳中向好、稳中向优发展态势，为加快建设经济强省、美丽河北提供了有力支撑。

一 2024年河北省农业农村经济运行特点

2024年，河北省农业农村经济运行呈现"前低后高、平稳向好"走势，主要经济指标逐季好转。

（一）农村经济运行态势总体良好

1. 农业经济平稳增长

2024年，全省农林牧渔业总产值达7916.1亿元，同比增长3.8%，增速与上半年持平，高于上年同期0.8个百分点。分产业看，增速呈"三升两降"特征。农业总产值达4166.7亿元，同比增长4.5%，增速高于上年同期2.7个百分点。林业总产值达267.8亿元，同比增长3.9%，增速高于上年同期1.2个百分点。牧业总产值达2374.8亿元，同比增长1.3%，增速较上年同期回落2.4个百分点。渔业总产值达363.5亿元，同比增长3.6%，增速较上年同期回落0.6个百分点。农林牧渔服务业总产值达743.3亿元，同比增长8.4%，增速高于上年同期0.8个百分点。2024年，全省第一产业增加值达4522.3亿元，同比增长3.5%，增速略高于上半年，高于上年同期0.9个百分点。①

---

① 数据来源于河北省统计局。

2. 农村居民收入持续增长

2024年，全省农村居民人均可支配收入达22022元，同比增长6.4%，增速比上半年回落0.2个百分点，比第一季度回落0.4个百分点，较上年同期低0.6个百分点。2024年，全省农村居民人均可支配收入增速比城镇居民人均可支配收入增速高1.9个百分点，城乡居民收入比由上年同期的2.11∶1（农村为1）缩小到2.07∶1，同比缩小0.04。从全国来看，2024年，河北省农村居民人均可支配收入居全国第17位，收入水平比全国低1097元，收入增速比全国平均水平低0.2个百分点。[1] 与周边省份相比，2024年河北省农村居民人均可支配收入增速低于北京，与河南持平，高于辽宁、天津、山西、山东、内蒙古。

3. 农村居民消费增长较快

2024年，河北省农村居民人均消费支出达18412元，同比增长6.8%，增速高于上年同期0.8个百分点。2024年，全省农村居民消费支出增速比城镇居民消费支出增速高1.8个百分点，城乡消费比由上年同期的1.618∶1（农村为1）缩小到1.592∶1，同比缩小0.026。从全国来看，2024年，河北省农村居民人均消费支出居全国第16位，支出水平比全国低868元，支出增速比全国平均水平高0.7个百分点。与京津相比，2024年河北省农村居民人均消费支出增速高于北京2.7个百分点，低于天津0.5个百分点。[2]

4. 外出就业农村劳动力总量、收入双增长

2024年，河北省农民工总量达1591万人，同比增加18万人，增长1.1%。从就业区域来看，农民工省内从业占比69.6%，同比增加0.3个百分点。2024年，河北省农民工月均收入达5605元，较上年同期增加248元，同比增长4.6%，收入增速高于全国平均水平0.8个百分点。[3]

---

[1] 数据来源于国家统计局河北调查总队。
[2] 数据来源于国家统计局河北调查总队。
[3] 数据来源于国家统计局河北调查总队。

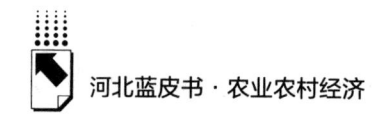

（二）粮食和重要农产品稳定供给

1. 粮食生产再获丰收

全年粮食播种面积为9690.2万亩，总产量为781.8亿斤，亩产为403.4公斤，分别比上年增长0.08%、2.6%和2.5%。粮食总产量连续12年超过700亿斤，连续9年超过740亿斤，2024年创历史新高。在沧州黄骅市、唐山曹妃甸区开展国家盐碱地综合利用试点建设，推广耐盐碱作物成熟品种25个，全省旱碱麦种植面积扩大到154.7万亩，比上年增加54.5万亩。①

2. 畜禽生产跌多涨少

2024年，河北省猪牛羊禽肉产量为478.1万吨，同比下降2.6%；禽蛋产量为425.6万吨，同比增长5.2%；生鲜乳产量为560.4万吨，同比下降2.0%。生猪产能合理调控，2024年第二季度全省生猪行情回暖，第三季度生猪养殖保持较高盈利水平，第四季度猪价逐渐回落但仍可正常盈利。2024年，全省生猪出栏3433.1万头，同比下降5.9%；肉牛出栏361.5万头，同比增长0.4%；肉羊出栏2605.4万只，同比下降3.8%；肉鸡出栏19241.5万只，同比下降1.8%。2024年末，全省蛋鸡存栏2.99亿只，同比增长4.3%；奶牛存栏145.6万头，同比下降3.6%。②

3. 果蔬生产较为平稳

全省新建和改造老旧蔬菜棚室25.3万亩，新建规模化设施蔬菜园区153个。2024年，全省蔬菜产量为5717.3万吨，同比增长4.0%。③ 2024年7月以来，蔬菜价格涨幅较大，河北省菜农收益普遍较好。全省新增和提质增效经济林面积为52.6万亩，园林水果产量为1217.6万吨，同比增长4.4%。④

---

① 数据来源于河北省农业农村厅。
② 数据来源于河北省农业农村厅。
③ 数据来源于河北省农业农村厅。
④ 数据来源于河北省林业和草原局。

（三）农业发展动能不断增强

1. 农业固定资产投资大幅增长

河北省扎实推进农业项目投资建设，重点支持带动力大、示范性强、能够延链补链强链的重大产业项目。2024年，全省纳入农业重点项目平台的项目共3124个，项目总投资额达4964.7亿元，累计完成投资1135.5亿元。积极开展农业招商引资，2024年全省签约农业招商项目691个，签约引资额达1973.9亿元，其中承接京津涉农产业转移项目236个，签约引资额达767.8亿元。2024年，全省第一产业累计固定资产投资同比增长42.6%，高于全国平均增速40.0个百分点。[①]

2. 农业生产科技含量不断提高

开展育种联合攻关，审定通过小麦新品种2个，改良和应用玉米育种技术2套，开发玉米分子标记6个。推广精细整地、精量播种、精准管理和高效收获全程机械化技术，全省小麦机收率达到99.7%以上，玉米机播率达到95%以上。大力发展季节性休耕、旱作雨养、高效节水灌溉等节水农业，全省节约农业用水10亿立方米以上。持续推进农业面源污染治理，测土配方施肥技术推广覆盖率达到93%，秸秆综合利用率稳定在97%以上，畜禽粪污综合利用率达到84%。[②]

3. 新产业新业态加快培育

统筹推进产业集群、园区、项目建设，培育国家级农业产业化重点龙头企业15家，支持建设中央厨房（预制菜）产业园区11个、高品质蔬菜加工园区4个。持续推进"净菜进京"，着力打造衡沧高品质蔬菜产业示范区，与北京共建环京周边蔬菜生产基地158个，新建和改造棚室25.3万亩，主要"菜篮子"产品北京市场占有率达四成。挖掘地方优秀传统文化和休闲农业资源，推出"春观花""夏纳凉""冬农趣"系列休闲农业与乡村旅游线路165条，周末休闲旅游发展指数居全国第9位。[③]

[①] 数据来源于河北省农业农村厅。
[②] 数据来源于河北省农业农村厅。
[③] 数据来源于河北省农业农村厅。

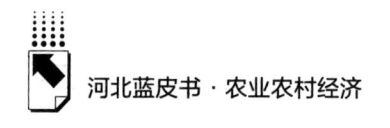

（四）和美乡村建设取得阶段性成果

学习运用"千万工程"经验，全面推进农村人居环境整治提升，持续开展农村垃圾和污水整治专项行动，健全完善生活垃圾收运处置体系，城乡一体化生活垃圾处理体系实现全覆盖。2024年，河北省改造农村卫生户厕42.54万座，恢复重建粪污处理站144座，完成2822个村庄生活污水治理，农村生活污水治理率达到55.9%，布局建设省级和美乡村示范区9个，累计达到33个。[1]

（五）脱贫攻坚成果持续巩固拓展

深入实施巩固拓展脱贫攻坚成果提质增效争先进位行动。落实"早宽简实"要求，加强防止返贫动态监测帮扶，将监测范围由2021年的家庭年人均纯收入6000元调整到2024年的8800元，34.6%的现有防止返贫致贫监测对象经过帮扶已消除返贫致贫风险。[2] 深化产业、就业帮扶，支持脱贫县做大做强优质粮油、高品质蔬菜、特色果品等农业特色产业，全省脱贫地区农村居民人均可支配收入增速高于全国、全省农村居民人均可支配收入增速。

（六）农村重点领域改革不断深化

深化农村土地制度改革，稳定农村土地承包关系，第二轮土地承包到期后再延长30年整县试点顺利推进，在尊重农民意愿的前提下，发展多种形式的适度规模经营。定州市、平泉市、邢台市信都区、邯郸市峰峰矿区顺利完成宅基地制度改革试点任务，形成82项制度成果。深入开展农村集体"三资"监管突出问题集中整治，全省清理规范集体"三资"管理问题5.08万个，新纳入资产13.33亿元，规范合同2.1万份，集体经济收入在10万元以上的村占比达到71.9%。[3]

---

[1] 数据来源于河北省农业农村厅。
[2] 数据来源于河北省农业农村厅。
[3] 数据来源于河北省农业农村厅。

二　河北省农业农村经济发展形势分析与展望

习近平总书记对做好"三农"工作做出重要指示，党中央强农惠农富农政策力度持续加大，农业农村经济稳中有进的总预期十分稳定。要切实增强信心和底气，有效应对和解决问题，加快农业农村现代化步伐。

（一）河北省农业农村经济发展面临的有利形势

1. 农业"基本盘"持续夯实

我国经济运行总体平稳、稳中有进，长期向好的支撑条件和基本趋势没有变。全国粮食总产量首次突破1.4万亿斤，连续多年实现高位增产，为保持经济健康发展、社会大局稳定奠定了坚实基础。我国与"一带一路"共建国家合作更加深入，为乡村产业发展提供了广阔空间。

2. 农村改革不断深化

党的二十届三中全会对完善城乡融合发展体制机制做出系统部署，2024年中央农村工作会议明确提出，进一步深化农村改革，完善强农惠农富农支持制度。农业农村重点领域改革的决策部署必将极大地激发乡村发展活力。

3. 农业农村经济发展动力强劲

京津冀协同发展重大国家战略纵深推进，河北是京津"米袋子""菜篮子"产品重要供给地，现代农业和县域特色产业持续壮大，现代乡村产业体系加速构建，乡村新产业新业态不断涌现，农业强省建设动力强劲。

（二）河北省农业农村经济发展面临的风险挑战

1. 国际市场割裂加深

当前，国际地缘政治局势紧张，欧美等西方国家单边主义、贸易保护主义抬头。主要发达经济体是河北县域特色产业重要的技术、设备供给方和产品需求方，市场割裂与贸易保护对全省县域经济加快发展和农民工就业产生一定影响。

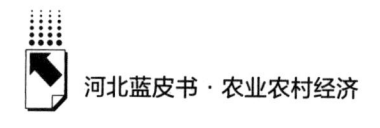

2. 国内需求不足

部分企业生产经营困难，农民工资性收入增速有所下降，2024年全省农村居民人均可支配收入增速比全国平均水平低0.2个百分点。全省农村社会消费品零售总额增速不足5%，低于2020年前的水平。受农产品价格下滑等因素影响，农户、新型农业经营主体的农业固定资产投资信心有待提振。

三 河北省推进农业农村经济高质量发展的思路与举措

2025年是"十四五"规划的收官之年，也是谋划"十五五"发展的关键之年，做好农业农村经济工作至关重要。河北省要全面贯彻落实中央经济工作会议、中央农村工作会议精神，坚持稳中求进工作总基调，稳定农业发展预期，筑牢"三农"压舱石，激发农业农村发展活力，推动农业基础更加稳固、农村地区更加繁荣、农民生活更加红火。

（一）抓好粮食和重要农产品生产

严守耕地红线，加强农业基础设施建设，强化农业科技装备支撑，加大生产支持力度，确保粮食和重要农产品稳定供给。

1. 提高农业综合生产能力

发挥小麦亩产跨千斤、玉米单产提百斤示范带动作用，推行全程精细精准科学管理，扩大旱碱麦规模化种植面积，打造优质强筋小麦示范区。统筹抓好"菜篮子"产品稳产保供，推进"净菜进京"，全面提高肉、蛋、奶、水产品生产保障能力，巩固梨、苹果、葡萄、桃等特色产业全国优势地位。

2. 加强农业基础设施建设

加大高标准农田建设投入力度，健全日常管护和专项维护相结合的管护机制，做到"良田粮用、粮田良用"。大力发展设施种植、设施畜牧、设施渔业，提升现代设施农业发展水平。健全自然灾害、生物灾害监测预报预警体系，提高农业防灾减灾能力。

3.强化农业科技装备支撑

深化京津冀协同创新，加强现代农业产业技术体系创新团队建设，提升农业创新驿站全产业链服务水平，健全企业主导的产学研深度融合创新机制。加快种业振兴，发展壮大现代种业科技创新团队、育繁推一体化种业领军企业、商业化育种中心和创新联合体，提高育种效率。实施农机装备补短板行动，促进农机装备加快迭代升级。

4.加大粮食生产支持力度

稳定实施耕地地力保护、大豆玉米带状复合种植等补贴政策，扩大小麦、玉米、稻谷三大粮食作物完全成本保险实施范围，调动农民种粮积极性。健全完善农资保供工作机制，建立省市县三级农资应急保供稳价指挥调度体系。

（二）推动乡村产业高质量发展

立足乡村特色资源，瞄准市场需求，挖掘特色产品，拓展农业多种功能，提升乡村产业发展能级。

1.培优做强农业优势产业

推动优质粮油、高品质蔬菜、特色果品、道地中药材、奶业、精品肉类六大主导产业全产业链发展，加快打造冀中南优质粮油产业带、燕山太行山道地中药材和果品产业带、衡水沧州高品质蔬菜产业示范区。集中实施奶业、中央厨房、蔬菜、中药材、精品肉类五个千亿级工程，推动产业集群集聚发展。大力发展乡村旅游、休闲康养等新业态，推动一二三产业融合发展。

2.培育壮大龙头企业

围绕京津冀协同发展、农业主导产业、基础设施建设、和美乡村建设等重点领域，加大农业招商引资力度，举办产业、企业专项洽谈交流活动，争取引进更多大型知名涉农企业投资河北。加大规模以上农产品加工企业培育力度，实施县域特色产业集群"领跑者"企业培育行动，鼓励集群企业走

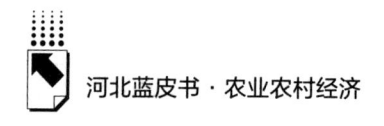

专精特新发展道路，争创专精特新企业和专精特新"小巨人"企业。

3.打造乡村产业发展载体平台

加强国家农村产业融合发展示范园创建，支持有条件的县（市、区）以县域为单元，创建国家农业现代化示范区、国家农村产业融合发展示范园，示范引领农业现代化发展。实施企业上市、科技赋能、产业升级、强链补链、金融助力、冀有特色六大行动，大力发展乡村特色产业专业村镇。

（三）扎实推进和美乡村建设

学习运用"千万工程"经验，聚焦提升人居环境舒适度、优化农村基础设施布局、提升农村公共服务水平，加快建设宜居宜业和美乡村。

1.持续改善农村人居环境

加强农村生活垃圾治理，推行城乡生活垃圾一体化焚烧处理，提升农村生活垃圾无害化处理水平。推进农村生活污水治理，探索纳入城镇污水管网、新建集中处理设施、分散收集集中处理、分散治理和资源化利用等多种方式，稳步提高污水治理率。推进农村厕所革命，推动新改户厕入院入室，健全农村厕所设备维修、粪污清掏、粪污无害化处理利用、公厕管护、运行监管"五项机制"。深入开展村庄清洁行动，整治侵街占道、私搭乱建，推进村庄绿化、美化，建立健全常态化、持续化村庄环境治理长效机制。

2.推进基础设施提档升级

加快县乡道路改造提升，加强农村公路与村内道路连接互通，构建便捷高效、普惠公平的公路网络。加快城乡供水一体化、集中供水规模化建设和小型供水工程规范化建设改造，推动县域统管和专业化管护全覆盖。优化农村能源供给，加快农村电网改造提升，加强农村屋顶光伏、生物质、地热等绿色能源开发利用。

3.提升基本公共服务水平

大力发展以公办幼儿园为主的农村学前教育，推动县域普通高中振兴，稳步提升农村基础教育水平。加强乡村医疗卫生队伍建设，建设乡镇中心卫生院、县域医疗卫生次中心，提升村卫生室服务能力。推进县乡村养老服务网络建设，提高农村养老服务供给能力。加强基本医保、大病保险、医疗救助保障，构建多层次医疗保障体系。

（四）释放乡村消费潜力

实施提振消费专项行动，挖掘乡村市场潜力、丰富乡村消费场景、优化乡村消费环境，全方位释放乡村消费潜力。

1. 挖掘乡村市场潜力

持续推动"数商兴农"行动，加快培育农户经营创新联合体，借助短视频平台推广销售农特产品。挖掘河北特色乡村文化资源，推出精品农村旅游线路，繁荣农村民俗文化集市，举办各类乡村文体赛事，开发"自然景观+文化景观+民俗体验+休闲农业"的深度体验项目，推动农业与工业、旅游、康养等产业深度融合。

2. 丰富乡村消费场景

落实绿色、智能家电下乡以旧换新政策，推动农村地区老旧家电、手机和非标电动自行车等更新换代。加快农村地区充电桩等基础设施建设，推广应用智能有序充电等新模式，推动新能源汽车下乡。

3. 优化乡村消费环境

加强县乡道路改造提升，完善农村商贸中心、超市、便利店等商业设施和物流网络，提高商品流通配送效率。健全售后服务网络，增设维修站点，提供退换货服务，提升农村地区消费市场售后服务能力。完善农村消费维权机制，开设农村消费维权绿色通道，营造公平竞争的市场环境和安全放心的消费环境。

（五）衔接推进脱贫地区乡村全面振兴

落实好产业、就业等帮扶政策，增强脱贫地区内生发展动力，确保不发生规模性返贫致贫。

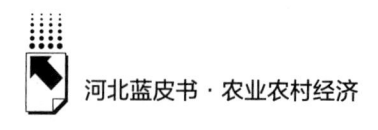

1.完善防止返贫致贫机制

优化自下而上申报和自上而下排查机制,及早发现返贫致贫风险。降低监测对象认定门槛,及时将存在返贫致贫风险的农户纳入监测范围,因人因户制订切实可行的帮扶计划,实施精准帮扶。

2.大力发展帮扶产业

强化帮扶产业分类指导,开展项目带动、主体培育、技术支撑、产销帮扶等行动,做好"土特产"文章,优化脱贫县"一主两辅"特色产业发展格局。围绕县域优势特色产业,整合帮扶产业项目,集中打造一批连片开发、规模经营、龙头带动、融合发展的县域特色产业集群。完善联农带农机制,探索建立"以奖代补""以效定补"等制度,加强针对性技能培训,提高脱贫群众发展产业和务工就业的能力。

(六)持续推进重点领域改革

着力推进农村承包地、宅基地和集体产权制度改革,优化要素资源配置,让农民更多分享改革红利。

1.巩固和完善农村基本经营制度

推广第二轮土地承包到期后再延长30年整县试点经验,制定全省第二轮土地承包到期后延包实施方案,确保绝大多数农户原有承包地总体顺延。完善承包地经营权流转价格形成机制,因地制宜探索通过农户互换、分区经营等方式解决土地细碎化问题,在尊重农民意愿的前提下,发展土地流转型和服务带动型等多种形式的适度规模经营。

2.稳慎推进农村宅基地制度改革

健全宅基地管理机制,加强日常监管和监督执法,坚决守牢宅基地法律政策底线红线。稳妥开展农户闲置住房盘活利用,畅通农户将合法拥有的住房通过出租、入股、合作等方式进行盘活利用的渠道,推动农户参与发展乡村旅游、民宿经济、休闲康养等新产业新业态。

3.完善新型农村集体经济发展机制

加强农村集体"三资"规范管理,健全长效监管机制,重点扶持一批农村集体经济组织领办创办土地专业合作社。健全农村集体资金资产资源管理制度，完善农村产权流转交易信息化平台建设，着力规范农村集体产权流转交易。

参考文献

姚翃：《乡村振兴战略背景下推动农村经济发展的举措》，《中国经贸导刊》2025年第4期。

《关于河北省2024年国民经济和社会发展计划执行情况与2025年国民经济和社会发展计划草案的报告（书面）》，河北新闻网，2025年2月7日，https：//m.hebnews.cn/hebei/2025-02/07/content_9300070.htm。

《发展"特""优"产业　助推乡村振兴》，"山西日报"搜狐号，2024年7月16日，https：//news.sohu.com/a/793566611_121475763。

分报告

B.2
2024~2025年河北省粮食生产形势分析与预测

谢 蕾*

摘 要： 2024年，河北省委、省政府深入贯彻党的二十大提出的"全方位夯实粮食安全根基"战略决策，坚决落实粮食安全党政同责要求，加强绿色高质高效技术模式和单产提升行动示范推广，夏粮再获丰收，秋粮实现恢复性增产，全省粮食总产量达3908.8万吨。本报告从惠农政策、结构调整、设施建设、田间管理、病虫害防治等方面分析了粮食增产的原因，提出了粮食生产需要关注的单产提升、灾情预警、示范引领等问题，如不遇大的自然灾害和极端天气，预计2025年粮食生产有望继续保持高水平增长。

关键词： 粮食生产 粮食安全 粮食销售

---

* 谢蕾，国家统计局河北调查总队农业调查处三级调研员，主要研究方向为粮食统计调查。

2024年,河北省委、省政府深入贯彻党的二十大提出的"全方位夯实粮食安全根基"战略决策,坚决落实粮食安全党政同责要求,加强绿色高质高效技术模式和单产提升行动示范推广,夏粮再获丰收,秋粮实现恢复性增产,为保障国家粮食和重要农产品稳定安全供给贡献河北力量。国家统计局河北调查总队调查结果显示,全省粮食总产量达3908.8万吨(781.8亿斤),比上年增产98.9万吨(19.8亿斤),首次迈上780亿斤新台阶,连续12年稳定在700亿斤以上。①

一 粮食生产总体情况

(一)粮食播种面积稳定,粮食安全根基牢固

河北严格落实耕地保护制度,将加快种植业结构调整作为深化农业供给侧结构性改革的关键举措,因地制宜发展饲用玉米、中药材、油料作物、棉花、蔬菜、水果等作物种植,随着惠农政策措施推进,实现"以养定种"、订单生产,发展杂粮、杂豆、马铃薯等高效优质作物,由单一农业向多元化拓展,充分调动农户生产积极性,全力稳住粮食播种面积,粮食结构比例更加合理,粮食安全能力显著提高,农业生产和农产品供给保障能力增强,农业"压舱石"作用日益稳固。全省粮食播种面积为6460.1千公顷(9690.2万亩),较上年增加4.9千公顷(7.4万亩),保持稳中略增态势。其中,夏粮播种面积为2276.3千公顷(3414.5万亩),较上年增加2.5千公顷(3.8万亩),增长0.11%;秋粮播种面积为4183.8千公顷(6275.7万亩),较上年增加2.4千公顷(3.6万亩),增长0.06%。

(二)粮食产出能力提升,粮食安全保障有效

各级地方政府高度重视粮食安全,切实加强耕地质量保护,加快高标准

---

① 本报告数据来源于国家统计局河北调查总队。

农田建设，推广旱作节水技术，加大政策补贴力度，不断优化种植业结构，有效激发了农民种粮积极性，粮食综合生产能力显著提高。2024年，全省粮食总产量为3908.8万吨。其中，夏粮产量为1513.0万吨，较上年增加14.4万吨，增长0.96%；秋粮产量为2395.8万吨，较上年增加84.5万吨，增长3.65%。粮食生产连续6年高点爬坡，保持稳定增长态势，稳步跨上780亿斤生产新台阶，守好了群众的"米袋子"，确保农业稳产增产、农民稳步增收、农村稳定安宁。

（三）粮食单位面积产量提高，农业科技支撑显著

河北高度重视农业科技投入工作，不断提高科技投入水平，加强科技对粮食生产的支撑作用，大规模推广应用优良品种，扎实推进"藏粮于地、藏粮于技"，开展"吨粮田"创建，实施粮食单产提升工程，集成推广良田良种良机良法，将大面积提高粮食单产作为粮食生产的重心，软硬件同时发力持续提升粮食综合生产能力，粮食单产水平快速提升。2024年，全省粮食单位面积产量为403.4公斤/亩。其中，夏粮单位面积产量为443.1公斤/亩，较上年增加3.7公斤/亩，连续6年上涨；秋粮单位面积产量为381.8公斤/亩，较上年增加13.2公斤/亩。

二 与全国其他粮食生产区域比较情况

全国粮食播种面积为119319千公顷（178979万亩），较2023年增加351千公顷（526万亩），增长0.3%；单位面积产量为5921公斤/公顷（395公斤/亩），较2023年增加75.8公斤/公顷（5.1公斤/亩），增长1.3%；粮食总产量为70650万吨（14130亿斤），较2023年增加1109万吨（222亿斤），增长1.6%。

河北粮食生产呈现播种面积、单产和总产量"三增长"趋势，与全国态势保持一致。其中，单产和总产量增长率均高于全国平均水平，与全国31个粮食生产区域相比，居上游水平。

从播种面积来看：河北粮食播种面积（6460.1千公顷）居全国第6位，与周边省份相比，低于河南（10777.1千公顷）、山东（8412.6千公顷）、内蒙古（7011.8千公顷）。

从总产量来看：河北粮食总产量（3908.8万吨）居全国第7位，与周边省份相比，低于河南（6719.4万吨）、山东（5710.2万吨）、内蒙古（4100.5万吨）。

从单产来看：河北粮食单产（6050.6公斤/公顷）居全国第13位，与周边省份相比，低于山东（6787.7公斤/公顷）、天津（6780.5公斤/公顷）、河南（6234.8公斤/公顷）、北京（6115.5公斤/公顷）。

三　主要作物生产情况

（一）小麦生产实现"三增长"

2024年，全省小麦播种面积为3373.72万亩，较上年增加2.22万亩，增长0.07%；产量为1499.25万吨，较上年增加13.69万吨，增长0.92%；单产为444.39公斤/亩，较上年增加3.77公斤/亩，增长0.86%。其中，冬小麦播种面积为3351.42万亩，较上年增加1.92万亩，增长0.06%；产量为1491.21万吨，较上年增加13.42万吨，增长0.91%；单产为444.95公斤/亩，较上年增加3.75公斤/亩，增长0.85%。春小麦播种面积和产量较上年略有上涨，分别增加了0.3万亩和0.27万吨，单产为360.3公斤/亩，较上年增加7.36公斤/亩。

（二）玉米种植积极性普遍较高

玉米是河北省第一大作物，播种面积和总产量均居全省粮食作物第一位。近年来玉米价格稳定、田间管理简单、人工及生产成本较低、机械化种植和收获程度高，加上耕地地力保护补贴和实际种粮农民一次性补贴等惠农政策的落实，农户种植积极性较高，玉米种植面积整体平稳增加，从2019

年的5112.3万亩，逐年上升到2022年的5183.8万亩。受大豆玉米带状复合种植面积逐年增加的影响，玉米种植面积增幅收窄，2023年玉米种植面积为5163.4万亩，随着大豆玉米带状复合种植任务数的稳定，2024年玉米种植面积恢复至5192.8万亩。在主要作物大面积单产提升行动辐射带动下，全面落实耐密高产抗逆品种、水肥精准调控等关键技术措施，玉米均衡增产，达到2097.6万吨，全省玉米单产为403.9公斤/亩，较上年增加13.8公斤/亩，增长3.5%。

（三）大豆种植支持力度加大

河北持续优化粮食作物种植结构，政府积极引导推广大豆玉米带状复合种植，适度增加了大豆高粱、大豆谷子的复合种植面积，全省大豆种植面积增幅较大。2024年，大豆种植面积为176.7万亩，较上年增加6.3万亩，增长3.7%，连续3年实现较快增长。大豆产量为25.9万吨，较上年增加1.4万吨，增长5.7%。大豆单产为146.5公斤/亩，较上年增加2.7公斤/亩，增长1.9%。

（四）薯类经济效益明显

农民通过增加马铃薯和甘薯种植面积来实现高收益。2024年，薯类种植面积为350.1万亩，较上年增加0.6万亩；鲜薯产量为771.4万吨，较上年增加0.8万吨。其中，马铃薯种植面积为244.2万亩，较上年增加2.6万亩，增长1.1%。

四 大豆玉米复合种植情况

为全面贯彻落实中央一号文件精神，加快农业供给侧结构性改革，扩大大豆和油料作物种植面积，河北省委、省政府高度重视、积极推进大豆玉米带状复合种植，提高粮油作物种植效益，确保农产品供应。经过3年大面积推广，调查结果显示，大豆玉米带状复合种植可以充分发挥边行优势，是对传统间作套种技术的创新发展，也能够实现玉米生产稳定、大豆总体产量提高的效果。

调查结果显示，河北大豆玉米带状复合种植采取以4∶2为主，6∶4、4∶4等为辅的"一主多辅"种植模式，适量增加大豆高粱（谷子）复合种植面积。2024年，大豆玉米复合种植播种面积为149.4万亩，较上年增加0.7万亩。农业部门根据地域特点，在冀北春播区和冀中南夏播区分别推荐紧凑抗倒耐密型玉米品种和矮秆耐阴抗倒型大豆品种供种植户选择。强化农机配套保障，购置复种播种机、打药机等专用农机具，改装农机具用于复种生产作业。分区域分层级开展播前培训，针对品种选配、杂草防治、机械改装等进行技术培训和田间指导。打造全省大豆玉米带状复合种植全程机械化示范县，开展新装备新模式试验示范提升种植效果。2024年，全省大豆玉米带状复合种植玉米平均亩产为547.6公斤，大豆平均亩产为133.1公斤，较上年分别上涨29.3公斤和4.5公斤。

河北省委、省政府坚决扛稳扛牢粮食安全重任，坚持将做好大豆玉米带状复合种植工作作为重要政治任务，采取省级统筹、市级协助、县级落实的工作机制，通过增强政策和技术扶持、宣传引导提振信心、示范引领提高效益等方式，努力破解推广过程中存在的种植积极性不强、播种质量不高、田间管理不易、农机器具不配套、社会化服务能力不足等技术和服务方面的难题。

五　粮食增产因素分析

（一）实施国家支持政策，保护种粮积极性

国家通过实施一系列支农惠农政策，如粮食直补、良种补贴、农机具购置补贴等，降低农民生产成本，提高农民种粮积极性。河北省委、省政府持续加大地方财政投入力度，做好各项惠农政策普及和解读工作，引导农民种足种好粮食，帮助农民增强粮食安全意识。各级地方政府主管部门精准落实

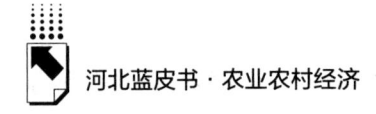

国家粮食安全战略，扛起粮食安全政治责任，有效调动农民种粮意愿，多措并举保护农民种粮积极性。

（二）强化政策宣传引领，带动种植面积增加

各地深入贯彻落实习近平总书记关于"三农"工作的重要论述和中央一号文件精神，坚决落实粮食安全党政同责，高度重视粮食生产，各级相关部门主动加强对种植结构的调控。在强化现代农业基础支撑方面，落实"长牙齿"的耕地保护硬措施，坚持永久基本农田重点用于粮食生产、高标准农田原则上全部用于粮食生产，严格管控耕地转为其他农用地。坚决遏制耕地"非农化"、基本农田"非粮化"，采取有力措施积极推动高标准农田建设和撂荒地复垦复种，增加粮食播种面积。广泛宣传"粮食安全人人有责"社会意识，树立"仓中有粮心中不慌"个人意识。

（三）推进农业结构调整，保障粮食生产

各地严格落实粮食安全党政同责，加强耕地保护和用途管控，推进土地综合整治，扩大复种粮食种植面积。充分挖掘面积潜力，发展适合当地自然条件和市场需求的粮食作物，稳定耕地地力保护补贴和大豆玉米带状复合种植生产者补贴等政策，提高粮食生产经济效益和生态效益，保障粮食生产。

（四）完善农业基础设施，促进粮食增产

加强农田基础设施建设，改善耕种环境和生产条件。重点加强基本农田、地力、灌溉水源、机耕道建设，改善耕种环境。加强高标准农田建设，提高耕种质量和效率，提升粮食生产能力，为扩大种植面积提供基础条件。实施新增千亿斤粮食产能规划田间工程和耕地质量保护与提升行动，建设旱涝保收、高产稳产高标准粮田，鼓励新型经营主体成为粮食生产的主要力量，促进粮食生产方式由单纯的外延扩张向挖掘潜力、提升结构、增强后劲的可持续增长方式转变。提升农业社会化服务水平，组织农机大户、农机专业化服务机构、植保专业公司等为农户提供全流程的农业社会化服务；推进

农业供给侧结构性改革，坚持市场导向，发挥政府支持和宏观调控作用，促进粮食生产提质量、增效益。扩大完全成本保险和种植收入保险政策实施范围，完善农资保供稳价应对机制，提高农业抗灾能力，促进粮食增产。

（五）落实关键种植技术，提高种植效益

在全球环境变化背景下，自然灾害发生频率加快，粮食生产安全面临更大的风险。应加强农田水利基础设施建设，提升防灾减灾能力。加大农业科研投入力度，推广优质高产良种，推进粮油等主要作物大面积单产提升行动，辐射带动全省主要粮食作物大面积均衡增产。

（六）监测防控自然灾害，维护粮食生产安全

河北全年光温水匹配良好，气象条件总体有利于粮食生长发育和产量形成。虽然在夏播期间出现阶段性干旱，但通过落实一系列抗旱保墒措施，保障了夏播作物顺利播种出苗和春播作物正常生长。应建设农业气象灾害风险监测预警平台，提升粮食安全监测预警能力。聚焦监控重大病虫害，提升重大病虫害监测预警能力。建设病虫害应急防控队伍，提升重大病虫害防控能力。各级植保机构加强农作物病虫害监测和防治，减少粮食产量损失，维护粮食生产安全。实行主要粮食作物完全成本保险和种植收入保险全覆盖，给种粮农民种地系上"保险绳"，最大限度地保障种粮农民增产增收。

六 粮食生产需关注的主要问题

（一）聚焦关键要素，促进单产提升

全省扩大耕作面积空间有限，粮食增产潜力主要体现在提升单产方面。实施粮食单产提升工程，集成推广良田良种良机良法。加快推进种业振兴行动，完善联合研发和应用协作机制，加强种源关键核心技术攻关，加快选育

推广生产急需的自主优良品种，加强农业基础设施建设，共同促进单产稳定可持续提升。

（二）监测粮食生产，做好灾情预警

继续加强对粮食作物的播种情况以及分阶段生长情况的监测，气象部门对异常天气、病虫害等灾情及时发布预警信息，做好应对恶劣天气的各项准备，为粮食安全生产奠定坚实基础。

（三）增强示范引领，提高种植效益

由于复合种植模式对种植技术、作业水平等要求高，推广过程中难免会产生种植主体积极性不强、社会化服务能力不足、农机手经验不多、专用机具保有量不足等技术和服务方面的问题，从3年大面积推广实际来看，生产管理和机械收获等关键环节技术还不成熟，农户种植意愿还不高。有关部门需建议国家层面适当提高种植补贴和购置农机器具补贴比例标准，激发种植大户承担种植任务的积极性，为扩大复种粮食种植面积奠定基础。研发并指导种植户自行改造物美价廉的农机器具，完善配套农业基础设施建设。相关农业农村部门进行试验对比，筛选适合本地的优良种子和种植模式并进行推广，兼顾产量、机械收获、便于除草等因素，科学指导防控措施，达到耕地合理利用、轮作倒茬、用养结合、化肥减量增效的目的，提高种粮收益。

七 2025年粮食生产形势预测

河北省委、省政府高度重视粮食生产工作，各级地方政府主管部门精准落实省委、省政府有关要求，扛起粮食安全的政治责任，统筹协调全省粮食生产相关工作，制定秋冬播、春夏播、大豆玉米带状复合种植的工作方案，落实粮食播种面积，进一步筑牢粮食生产安全防线。

（一）夏粮生产

2024年，河北省全面落实玉米适期晚收、小麦适期晚播的"双晚技术"，全省夏粮主要品种冬小麦播种集中在10月中下旬，较常年同期偏晚5~10天。各市均完成冬小麦计划播种面积，播种面积稳中略增。播种期间，全省总体光温适宜，土壤墒情适宜，具备播种冬小麦的气候条件。尤其是秋冬种工作开展以来，全省平均气温普遍较常年偏高，日照充足，光温条件有利于冬小麦播种和苗期生长。同时降水较为充沛，为小麦的生长提供了充足的水分。整体来看，2025年小麦基本实现足墒适期播种和免浇冻水，五次关键时期降雨过程也有利于冬小麦播种及苗期生长发育，苗期整体长势良好，一类苗占比较高，田间关键技术管理措施落实到位，为夏粮丰收打下坚实基础。

（二）秋粮生产

近年来因生产管理简便、抵抗风险能力强、价格稳定、收益明显等特点，全省秋粮主要品种玉米播种面积稳定增加。各地积极落实玉米单产提升行动，大面积推广适度密植、高质量播种、滴灌水肥一体化技术应用，缩短灌溉周期，提高分次施肥的比例，有效提升了出苗整齐度，促进了籽粒灌浆。全省共建设69个玉米单产提升示范县，通过全面落实"耐密高产抗逆品种+水肥精准调控"等关键技术措施，辐射带动全省玉米大面积均衡增产。加强有害生物预测预报和防控，筑牢秋粮丰产根基。

综上，河北持续跟踪主要夏粮品种小麦，主要秋粮品种稻谷、玉米、大豆等作物分阶段生长情况，认真做好每月一次的粮食生产形势跟踪调研；重点监测气温、降雨、倒伏等灾害性天气以及病虫害的发生、发展对粮食生产的影响；密切关注农用物资供应、农资价格变化、农用机械服务质量；科学评估粮食作物调查数据，真实反映河北粮食生产实际。如不遇大的自然灾害和极端天气，预计2025年粮食生产有望继续保持高水平增长。

参考文献

张铃婷、朱昊：《中卫市粮食总产量首次突破 70 万吨》，《中国信息报》2025 年 1 月 16 日。

王乐颖：《山西省粮食生产现状、问题及对策研究》，《经济师》2024 年第 8 期。

方素菊：《我省农业综合生产能力实现历史性跨越》，《河北日报》2024 年 9 月 27 日。

吕新斌主编《河北农业农村经济发展报告（2024）》，社会科学文献出版社，2024。

B.3
2024~2025年河北省畜牧业产销形势分析与预测

穆兴增　赵学风*

摘　要： 2024年河北省畜牧业经济平稳健康发展，总体呈现生猪、奶牛扭亏为盈，肉牛肉羊适度调整，家禽业持续向好的年度特征。全省猪牛羊禽肉产量为478.1万吨，同比减少2.6%。其中猪肉、羊肉分别同比减少5.4%和2.8%，牛肉、禽肉分别同比增长0.6%和2.7%。禽蛋产量为425.6万吨，同比增长5.2%，生鲜乳产量为560.4万吨，同比减少2.0%。预测2025年生猪生产将保持稳定，单头125公斤标猪利润在100~220元；奶业形势企稳向好，下行压力将有所缓解，但产能过剩导致的价格下行压力仍不容乐观；蛋鸡养殖受近年蛋价持续上涨的刺激，存栏总量将超过正常保有量的5%，会导致2025年蛋价下行趋势明显，预估全年将维持保本微利，甚至出现阶段性亏损；受进口牛肉量继续增加的影响，2025年牛价仍将低位运行，如果不减少进口，养殖效益难以实现好转。面对产能过剩与价格低迷、生态约束趋紧、疫病风险客观存在、种业振兴仍需时日等严峻挑战，本报告提出了促进产业转型升级、探索新的养殖模式、提升智能化养殖水平、加强规划引领和政策支持、提升畜禽养殖场户抗风险能力、强化兽药全链条监管等措施和政策建议。

关键词： 畜牧业　养殖效益　养殖模式

---

* 穆兴增，河北省社会科学院农村经济研究所研究员，主要研究方向为农业经济、畜牧经济；赵学风，河北省畜牧总站高级经济师、农业技术推广研究员，主要研究方向为畜牧经济。

一 年度特征与总体运行态势

2024年是实现"十四五"规划目标任务的关键一年，全省各级畜牧兽医主管部门深入贯彻落实省委、省政府的决策部署，完整、准确、全面贯彻新发展理念，转方式、调结构、保供给、增效益，扎实推动畜牧业高质量发展。全年生产健康平稳发展，畜牧业经济运行态势总体向好。畜牧业总体生产形势呈现生猪、奶牛扭亏为盈，肉牛肉羊适度调整，家禽业持续向好的年度特征。2024年，全省猪牛羊禽肉产量为478.1万吨，同比减少2.6%。其中，猪肉产量为268万吨，同比减少5.4%；牛肉产量为59.7万吨，同比增长0.6%；羊肉产量为36.4万吨，同比减少2.8%；禽肉产量为113.9万吨，同比增长2.7%。禽蛋产量为425.6万吨，同比增长5.2%。生鲜乳产量为560.4万吨，同比减少2.0%。[①] 2025年，河北将进一步调结构、稳产能、保供应、增效益，推进畜禽养殖业高质量发展，助力乡村振兴。预计全省肉、蛋、奶产量分别为530万吨、450万吨、680万吨。

二 主要畜禽产销形势

（一）生猪产能合理调控，养殖效益明显回升

1. 生猪产能适中，养殖效益回升

受前期猪价长期低迷和生猪产能调控政策影响，2024年河北省生猪养殖总量回归合理水平，价格也随之触底回升。5月生猪养殖扭亏为盈，6月实现正常盈利，7~9月呈较高盈利水平，养殖场户压栏惜售和二次育肥现象增多，10~12月价格逐渐回落，但仍可正常盈利。2024年末，全省生猪存出栏量分别为1784.8万头、3433.1万头，同比分别下降0.5%、5.9%；

[①] 生产数据来自国家统计局河北调查总队。

猪肉产量为268万吨，同比下降5.4%；能繁母猪存栏量为174.7万头（相当于正常保有量的101.8%，处于产能调控绿色合理区域），同比增长1.7%。农业农村部直联直报信息平台监测数据显示，2024年全省PSY（母猪年提供断奶仔猪数）同比增加0.6头，新生健仔数同比增长8.78%，导致下半年生产呈现累加效应，生猪产能温和回升，市场生猪供应充足。

2. 生猪价格良性波动

生猪价格春节前出现一个小高峰后持续低位调整，5月下旬开始快速上涨，6月中旬涨至18.95元/公斤，8月中下旬上行至年内高点21.02元/公斤；8月下旬以后，随着供应陆续恢复正常以及二育陆续出栏，供大于求格局显现，猪价呈现下滑态势，9~10月传统的"旺季"不旺，年底已跌破16元/公斤的关口（见图1）。年内饲料价格不断降低，而猪价总体上涨，猪场盈利情况较好。12月末（第52周）全省生猪、猪肉、仔猪均价分别达到15.78元/公斤、25.17元/公斤和26.94元/公斤，同比分别上涨10.0%、12.8%和75.3%。①

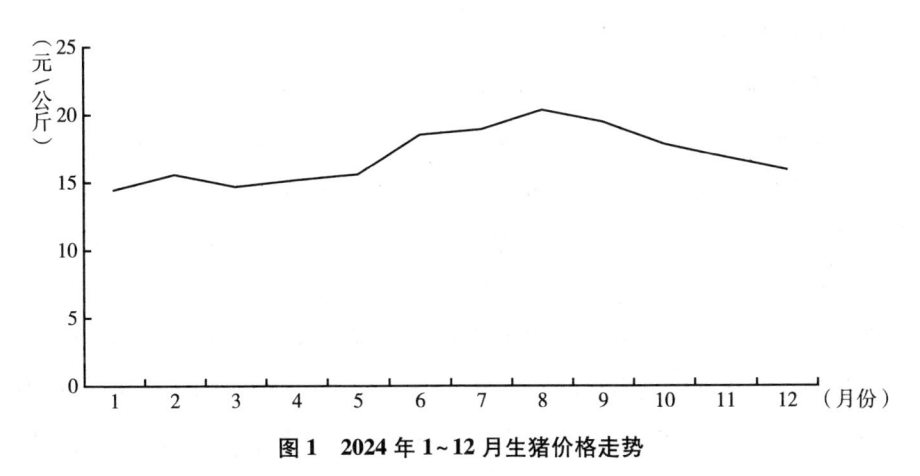

图1 2024年1~12月生猪价格走势

资料来源：价格数据来自农业农村部直联直报信息平台，下同。

从全年来看，生猪年均价为16.93元/公斤，玉米年均价为2.38元/公斤，全年平均猪粮比价为7.1∶1，生猪养殖收益总体尚可。1月猪粮比价最

---

① 价格数据来自农业农村部直联直报信息平台。

低，为5.5∶1，2月受节日影响猪价上涨，节后回落，1~3月平均猪粮比价为6.0∶1。进入4月开始回升，7月猪粮比价达到7.8∶1，开始进入高盈利阶段，8月猪粮比价达到8.4∶1（见图2），出栏1头猪盈利约1000元。

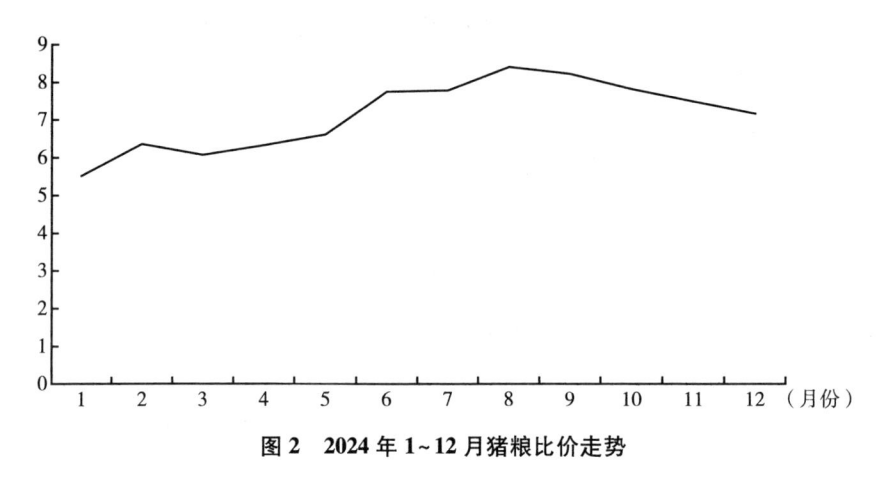

图2　2024年1~12月猪粮比价走势

3. 后市预测

综合判断，2024年末猪价呈回落趋势，短期内无重大节日拉动，能繁母猪总量稳定，饲料价格处于低位，养殖积极性较高，2025年生猪产能供应基本有保障。从能繁母猪存栏量来看，2024年全年都与正常保有量基本持平，加之猪场全年疫病平稳，母猪生产效率提升，意味着2025年生猪供给能力可能较2024年有所提升；从消费市场来看，虽然猪肉消费替代品越来越多，禽肉、水产品等冲击市场，我国也开始面临人口老龄化等问题，但猪肉仍是肉类消费主要品种，尤其是价格处于低位时，猪肉消费基本稳定；从猪肉进口及冻品库存来看，2024年我国猪肉进口量同比下降30.97%，屠宰企业冻品库存也持续下降，预计2025年也不会对猪价产生明显影响。因此，预计2025年生猪价格大概率会在14~16元/公斤，单头125公斤标猪利润在100~220元。高点可能在7~8月，也可能在年末，高点大概在18元/公斤，低点大概在3月，低点可能跌至14元/公斤以下。

（二）奶业形势企稳向好

1. 产能适应性调整，下行压力有所缓解

受需求放缓、产能过剩等诸多因素影响，2021~2023年，河北省奶牛养殖效益不佳。2024年，随着产能适应性调整，各项纾困政策落实，加上饲草料成本降低，河北省奶牛养殖亏损有所缓解。2024年末全省奶牛存栏145.6万头，生鲜乳产量累计达到560.4万吨，同比分别减少3.6%和2.0%。全年饲草料成本不断降低，尤其是9月以来，饲料原料价格处于相对低点，养殖亏损有所缓解。

2. 生鲜乳价格震荡下行

受经济大环境、消费替代品多等多重因素影响，消费增量不及奶源供应增量，造成2024年以来奶价震荡下行。全年生鲜乳均价为3.32元/公斤，较上年均价下降9.8%。1月出现年内最高点3.51元/公斤，随后下行，4月降到阶段性低点3.26元/公斤，随后上行至5月阶段性高点3.37元/公斤后持续下行（见图3）。按2024年末行情，在不计算固定资产折旧，按单产8.8吨、公斤奶全成本3.28元测算，头均盈利约350元，2024年的奶牛养殖保本微利。

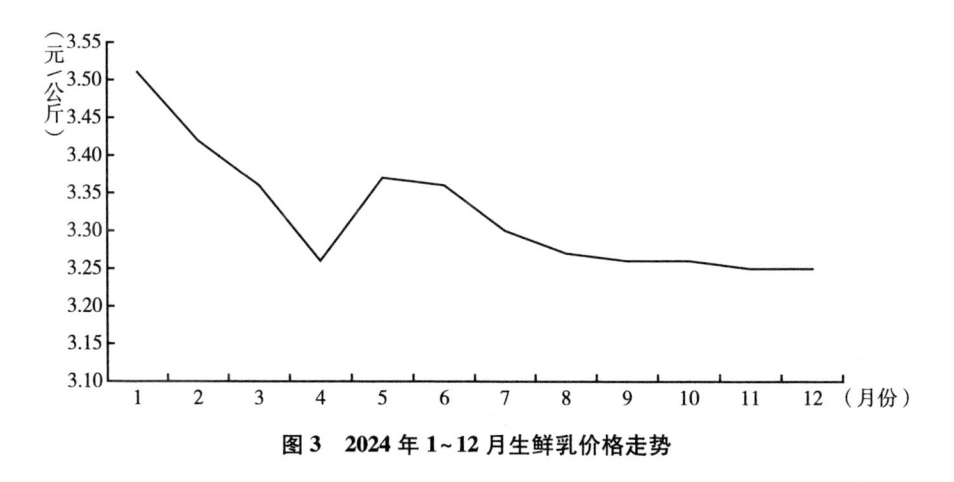

图3 2024年1~12月生鲜乳价格走势

3. 后市预测

根据国家统计局数据，2023年我国牛奶产量为4197万吨，而农业农村

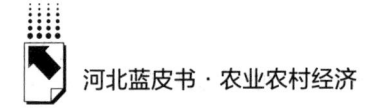

部《"十四五"奶业竞争力提升行动方案》中提出"到2025年，全国奶类产量达到4100万吨"的目标，可见，2023年生鲜乳产能已严重过剩。奶牛养殖、淘汰周期较长，过剩的产能顺延至2024年、2025年，形势不容乐观。但河北省各级地方政府将会加大扶持、调控力度，相信2025年生鲜乳价格会在合理范围运行，整体在3.2~3.5元/公斤。

（三）蛋鸡存栏增长，蛋价平稳运行

1.存栏增长

2022年3月至2024年1月，蛋鸡养殖连续盈利23个月，高蛋价带动下，养殖场户补栏积极。特别是大中型养殖企业，抗风险能力强，规模化效应明显，存栏规模更为稳定，2024年基本上满栏生产。根据国家统计局河北调查总队数据，2024年末全省蛋鸡存栏2.99亿只，禽蛋产量为426万吨，分别比上年同期增长4.3%和5.2%。

2.蛋价先抑后扬

1月蛋价下行，4月降至全年最低价7.44元/公斤（见图4），5月初开始反弹。6月受猪肉价格快速上涨拉动，蛋价进入持续上涨周期，9月初升到10.65元/公斤，之后出现缓慢回落，维持在9.6元/公斤以上。1~12月，全省平均蛋价为8.96元/公斤，同比下降10%。按此价格，一个产蛋周期每

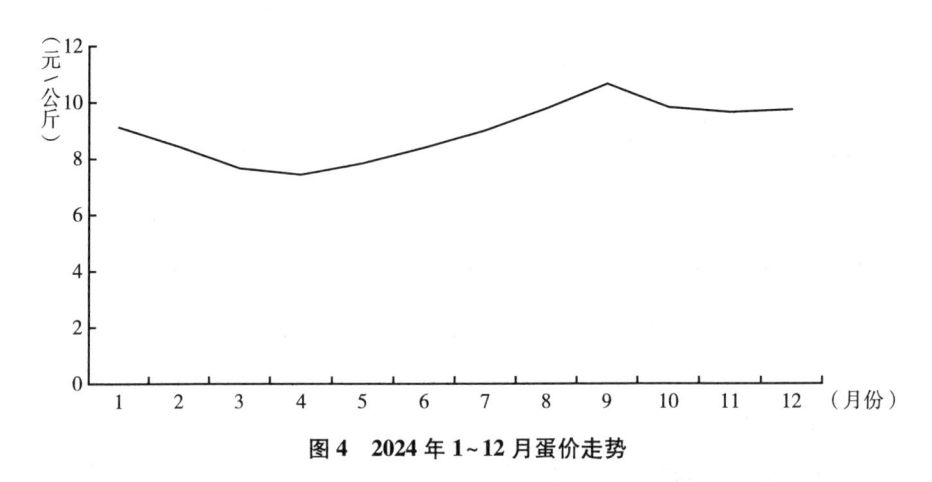

图4　2024年1~12月蛋价走势

只鸡产蛋21公斤，雏鸡费为3.2元/只，全程饲料成本约为132元/只，防疫费为5元/只，人工、水电、死淘、维修等费用为5元/只，固定资产折旧为5元/只，淘汰鸡为15~20元/只，一只鸡总收入为203元左右，总支出为150元，每只蛋鸡一个养殖周期可盈利53元左右，行情尚可。

3. 后市预测

2022年3月以来，蛋鸡养殖行业长期处于盈利状态，养殖场户积极补栏扩栏，延缓淘鸡，延长饲养周期，从而推动了产能的持续提升。2024年7月以后，蛋雏鸡价格持续上涨，说明养殖场户补栏越发积极。预计2025年全国蛋鸡存栏总量将超过正常保有量的5%，河北省蛋鸡存栏也将高位运行，蛋价将持续下行，且持续时间较长，2025年预计蛋鸡生产维持保本微利，甚至出现阶段性亏损。

（四）肉牛产能略有增长，牛肉价格整体下行

1. 产能略有增长

河北省是全国重要的肉牛生产基地，犊牛和架子牛专业育肥发展比较成熟。2015年以后，随着国家粮改饲政策和产业扶贫政策的推动，肉牛产业获得了新的发展动力，特别是近年来，国家牛羊增量提质行动等产业扶持政策有效助推了肉牛养殖发展，养殖效益稳步增长，但大量社会资本涌入为产能过剩埋下了隐患。2023年国内肉牛养殖业并不景气，仅仅是"微利"，2024年因受进口牛肉冲击影响，普遍出现亏损。根据国家统计局河北调查总队数据，2024年末全省肉牛存栏422.6万头，出栏361.5万头，牛肉产量为59.7万吨，同比分别增长1.9%、0.4%和0.6%。

2. 牛肉价格整体下行

牛肉价格从2023年开始即有明显下行趋势，2024年受进口牛肉冲击影响，全年整体下行，仅在春节前价格达到过全年的最高点66.12元/公斤，随后持续下行，7月达到最低点54.05元/公斤，随着天气转凉，季节性消费提振，价格略有提升，但幅度很小，上攻乏力，年末较年初高点低了将近12元/公斤（见图5）。

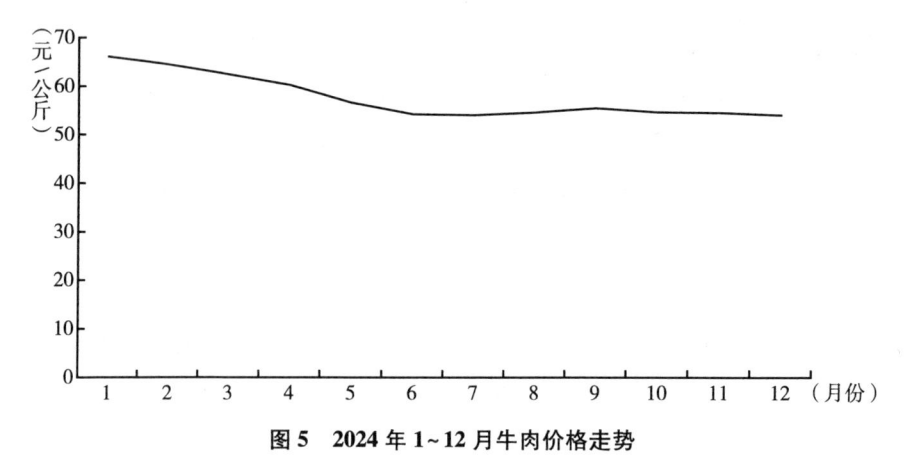

图5 2024年1~12月牛肉价格走势

3. 肉牛养殖普遍亏损

2024年，河北省活牛价格整体呈下跌趋势，最高点为1月的27.45元/公斤，最低点为5月的22.14元/公斤（见图6），全年均价为23.89元/公斤，同比下跌16.6%，下跌幅度较大。养殖场户上半年存栏待涨，下半年市场仍无起色，能繁母牛被淘汰，犊牛和架子牛出栏也大幅增加，肉牛养殖普遍亏损。根据10月调研情况，有近97%的牛场亏损，其中约60%的牛场每头牛亏损1000~3000元。但由于犊牛购入费用和饲料成本下降，整体亏损额度较上半年有所下降。

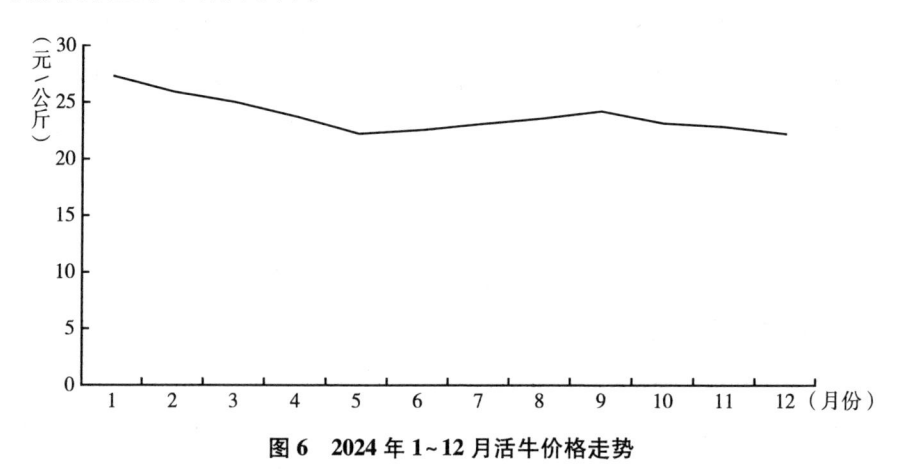

图6 2024年1~12月活牛价格走势

4. 后市预测仍将低位运行

连续两年的微利和亏损，势必会导致养殖存栏减少，繁殖母牛被淘汰，生产供应能力降低。如果我国进口牛肉量继续增加，加上短期内居民消费水平难以提升、人口老龄化，这些因素都不支持牛肉价格上涨，预计 2025 年牛价仍将低位运行，如果不减少进口，养殖效益难以实现好转。

（五）肉羊产能略有减少，羊肉价格明显走低

1. 肉羊存出栏有所减少

2018~2022 年，受非洲猪瘟疫情影响，羊价快速上涨，我国产业扶持政策也不断向肉羊倾斜，社会资本大量涌入，肉羊存栏屡创新高，产能出现过剩，2023 年后羊价下跌，产能被迫调整。进入 2024 年，受进口羊肉冲击及消费不旺等因素影响，羊价震荡下跌，养殖效益大幅下滑。养殖整体补栏积极性不高，肉羊存出栏有所下降。根据国家统计局河北调查总队数据，年末全省肉羊存栏 1407.5 万只，出栏 2605.4 万只，羊肉产量达 36.4 万吨，同比分别下降 0.5%、3.8% 和 2.8%。

2. 羊肉价格明显走低

2024 年羊肉价格明显下行，春节前为 69.76 元/公斤，之后下行，到 8 月底跌至全年最低点 62.96 元/公斤，之后开始反弹，12 月涨到 64.32 元/公斤（见图 7）。全年羊肉平均价格为 65.33 元/公斤，同比下降 7.94%。

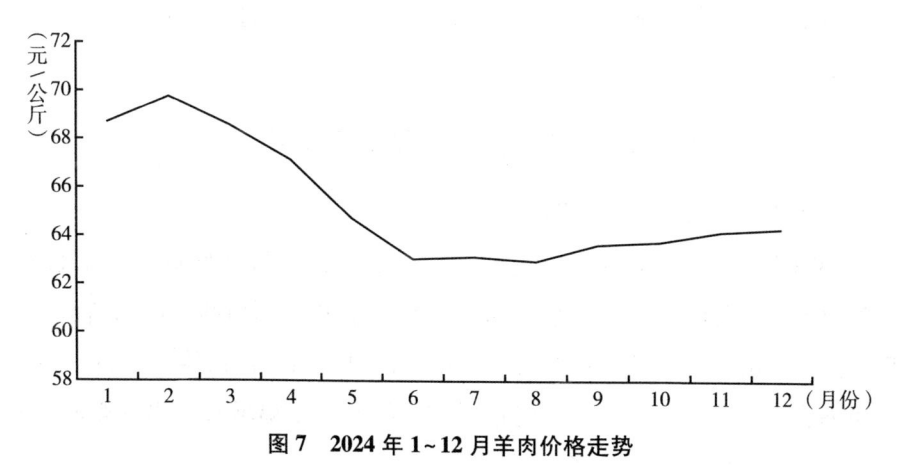

图 7　2024 年 1~12 月羊肉价格走势

3. 养殖利润缩水

2024年，活羊价格总体呈现下降态势，且明显低于上年同期。春节消费提振，活羊价格2月达到全年最高点，为25.17元/公斤，随后持续下跌，最低点为8月的22.16元/公斤，之后天气转凉，活羊价格缓慢回升（见图8）。受益于饲料成本的下降，肉羊养殖仍有一定利润。据测算，按照均价，全年羊出栏维持微利状态，平均出栏一只羊盈利约60元。

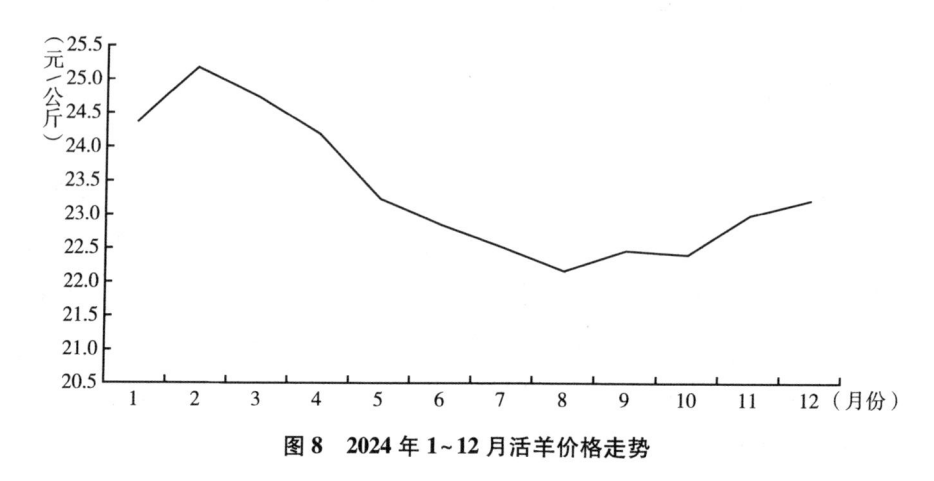

图8　2024年1~12月活羊价格走势

4. 后市预测

目前，牛羊肉仍然作为居民高档消费品，经济大环境短期内难以改变，社会消费更倾向于低成本的猪、禽、鱼等替代品，市场本就供大于求，再加上进口羊肉的价格优势，持续影响国内市场供给，羊肉价格上升空间有限，预计2025年羊肉价格在60~70元/公斤区间波动。

（六）肉鸡年内价格先抑后扬，养殖略有盈利

1. 生产先减后增，市场供应充足

2023年下半年，特别是8月以后，肉鸡全产业链开始进入亏损状态，直到双节将近还没有太大起色，2023年12月初更是刷新两年内的新低。随后受禽企停苗及养殖场户补栏跨年鸡影响，白羽肉鸡苗供给偏紧带动2024年肉鸡价格触底回升，年末肉鸡存栏较上年同期小幅增长，出栏则略有减

少。根据国家统计局河北调查总队数据,2024年末,全省肉鸡存栏9842.8万只,同比增长9%;出栏19241.5万只,同比降低1.8%。

2. 肉毛鸡价格先抑后扬,养殖略有盈利

受2023年4~10月父母代鸡苗供给低位运行影响,2024年1~7月商品代鸡苗供给持续偏紧,商品肉毛鸡价格则相应稳定。2024年1月鸡肉价格为17.22元/公斤,春节前略涨至17.4元/公斤,节后开始下行,至5月到达全年最低点16.98元/公斤,随后一路上行,9月上升到全年最高点18.21元/公斤,其后基本稳定在18元/公斤左右(见图9)。1~12月鸡肉平均价格为17.56元/公斤,相较于上年下降0.28%。2024年以来,玉米、豆粕等饲料价格持续承压回落,带动肉鸡养殖成本降低。2024年养殖肉鸡平均每只鸡盈利0.8元左右。

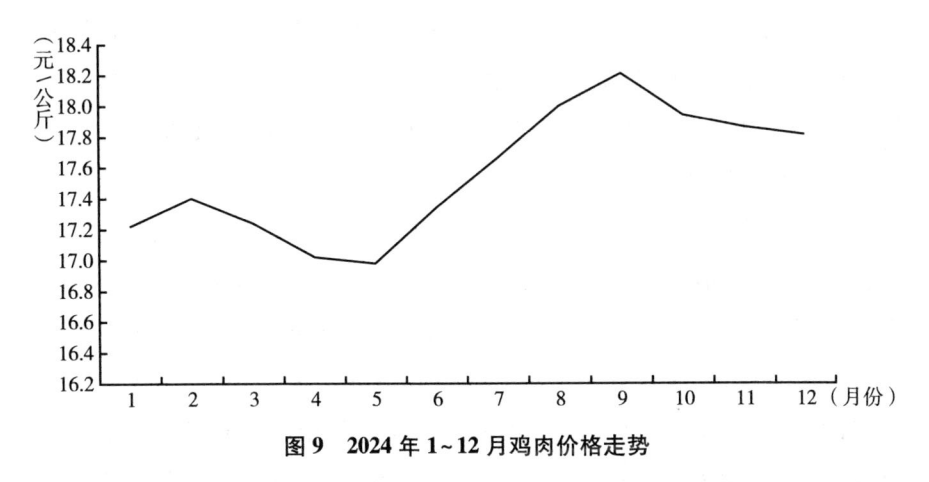

图9 2024年1~12月鸡肉价格走势

3. 后市预测分析

相对于其他肉类,鸡肉能提供健康的、价格低廉的蛋白质,在经济大环境较差的情况下,鸡肉的市场份额呈现增长趋势,预计2025年国内鸡肉市场需求小幅增长。近几年我国鸡肉外贸呈进口减少、出口增加趋势,肉鸡养殖受进口冲击不大。在经历了前期产能过剩后,预计2025年肉鸡市场相对平稳,价格波动不大,大概率在17.0~18.5元/公斤区间波动。

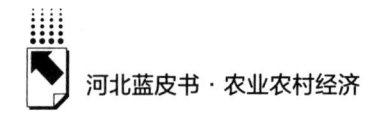

三 发展机遇与挑战

（一）发展机遇

1. 政策支持有力

"十四五"时期我国开启全面建设社会主义现代化国家新征程，为加快农业农村现代化发展带来难得的机遇。全面实施乡村振兴战略一系列政策措施为畜牧业发展注入新的活力。加快生猪产业转型升级、大力推动奶业振兴、推进牛羊禽规模化标准化养殖、推动禽蛋产业提档升级、加快推进种业振兴、提升农业绿色发展水平等一系列政策措施的制定和施行，为畜牧业发展奠定了政策基础，提供了行动遵循。农业供给侧结构性改革、种业振兴等国家战略的推进，为畜牧业快速发展创造了难得的历史机遇。随着全球经济逐渐复苏，市场需求有望回升，这将进一步带动全省畜牧业健康发展。

2. 产业基础厚实

河北省是畜牧业大省，肉蛋奶品种丰富、供应充裕，是京津冀区域重要的"菜篮子"供应基地。全省"菜篮子"产品北京市场占有率达40%，居外埠供京产品第一位，为确保京津"菜篮子"稳定供应做出了突出贡献。养殖规模有保障，兽药、饲料等产业配套完备有力，具备了完善的现代畜牧产业体系。依托京津两大市场，主动融入以国内大循环为主体、国内国际双循环相互促进的新发展格局，可加快打通生产、分配、流通、消费各个环节，直接拉动河北畜牧产业集群发展，引致产业链、供应链、创新链、价值链升级，促进科技高端、标准高端、品牌高端、品质高端的现代畜牧产业发展格局加快形成。

3. 科技创新提供新动力

新一轮科技革命和产业革命深入发展，生物技术、信息技术等加快向农业农村各领域渗透，乡村产业加快转型升级，畜禽种业、生产管理、加工储藏、经营流通、消费等各环节综合水平快速提升，数字化、自动化水平较高的现代畜牧产业加快形成，科技创新为全省畜牧业发展提供了有力支撑。

（二）面临的挑战

1. 产能过剩与价格低迷

2024年，受全球经济大环境影响，居民消费动力不足，导致产量和存量相对较高，我国养殖行业整体低迷；肉类、乳制品等畜产品进口数量增加，对国内畜产品市场冲击加剧；市场饱和导致产能过剩，而畜产品供应能力持续提升，市场竞争不断加剧，畜牧业生产效益难以保障。

2. 生态约束趋紧

基于"力争2030年前实现碳达峰，2060年前实现碳中和"的碳排放承诺，我国政府对碳减排提出了新的要求。养殖、饲料加工、屠宰、肉类食品加工等各环节均会产生大量污染物，具有污染面积大、成分复杂、有机浓度高等特征，已成为温室气体的主要来源之一。河北省作为畜牧业大省，破解畜牧业碳排放问题已成为适应经济环境协调发展的重要科学问题。虽然近年来畜禽养殖废弃物资源化利用取得了进展，但不同畜种、不同地区间差异较大，畜牧业绿色发展水平仍需进一步提升。

3. 疫病风险客观存在

虽然河北省基层动物防疫体系越来越健全，技术支撑能力大幅提升，但畜禽养殖生物安全防控压力依旧很大。非洲猪瘟、高致病性禽流感、口蹄疫、小反刍兽疫等重大动物疫病免疫带毒和免疫临床发病现象依然存在；布病、结核病等人畜共患病尚未得到完全控制；狂犬病在农村和城乡接合部零星发生；疯牛病、非洲马瘟等外来动物疫病传入风险依然存在。

4. 种业振兴仍需时日

我国是动物蛋白消费大国，畜牧养殖水平也很高，但主要经济动物如猪、鸡、奶牛等的纯系种源80%以上需要从国外引种获得。当前河北省种禽、种牛，甚至种猪还是多靠进口，自主育种尚不能完全满足需要，部分畜种仍然处于"引种、退化、再引种、再退化"的不利局面，部分地方品种处于濒危状态，保护开发力度有待加大。

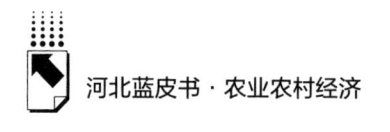

四 措施与政策建议

坚持以习近平新时代中国特色社会主义思想为指导,深入贯彻党的二十大精神和习近平总书记重要讲话精神,全面落实党中央、省委和市委决策部署,立足全省畜牧产业优势和资源禀赋,聚焦农业农村部和省委、省政府畜牧业高质量发展重点任务,以奶牛、肉牛、肉羊、蛋(肉)鸡、生猪等主导畜种为基础,着力"强保障、稳产能、提质量、增效益",培育农业农村经济发展新动能,为河北省推进乡村全面振兴和加快实现农业农村现代化提供有力支撑。

(一)稳步推进畜牧业生产

1. 促进生猪产业转型升级

加大生猪规模养殖扶持力度,推动落实长效性扶持政策,促进生猪产业持续健康发展。推动生猪养殖集群集聚发展,吸引国内生猪领军企业到河北投资,推动形成养殖—屠宰—加工—物流—销售融合发展模式。加大生猪遗传改良科技研发力度,开展河北地方猪品种改良培育;建立健全猪肉产品质量安全追溯体系,发展高端精品,提升产品市场竞争力。推广清洁养殖模式,规模养殖场粪污处理设施配套率继续保持100%。加强疫病防控,严格落实政府属地管理责任、部门监管责任和企业主体责任,提高养殖场生物安全水平。健全生猪产能调控机制,合理调控养殖规模,建议能繁母猪保有量控制在150万头左右。

2. 开展奶牛肉牛纾困帮扶活动

实施纾困补贴政策,加快资金拨付进度。协调乳企签约收奶,定期召开生鲜乳价格协调会,维护生鲜乳市场秩序。强化包联走访机制,协调金融机构落实信贷支持政策,指导养殖场户节本增效,组织开展宣传助销活动,千方百计帮助养殖场户渡过难关。

3. 探索奶业振兴新模式

以提质增效、保障供给为核心，加快建立育、繁、推一体化奶牛繁育体系，全面推进种质资源的开发利用。继续实施千亿级奶业工程，支持智能牧场建设，推广优质性控冻精和胚胎，建设抗体牛乳清粉奶源基地。支持奶牛场开展"全球良好农业规范""国家优质乳工程示范牧场"等认证，提升养殖水平和竞争力。引导有实力的奶牛场投建乳制品企业，发展乳制品加工。鼓励奶牛场通过注册品牌和商贸公司、合作投建生产线等方式发展委托加工。培育推介休闲观光牧场，推动"种、养、加、游"一体化发展。

4. 提升牛羊禽现代化养殖水平

以肉牛、肉羊优势集聚区为重点，发展现代肉牛、肉羊养殖，提高肉牛、肉羊养殖场智能化、自动化水平。深入开展肉牛增量提质行动，积极争取国家肉羊产业集群项目。优化产业布局，建设坝上及燕山、太行山山区繁殖基地和平原规模育肥基地。持续推进群体改良，提升生产性能和养殖效益。积极培育行业领军企业，引领产业不断提升标准化、规范化水平。

以沧州、承德、秦皇岛和唐山等市为重点，努力打造以白羽肉鸡为主的肉鸡养殖体系，发展现代肉鸡养殖。通过政策和补贴调动养殖户积极性，加快在建养殖项目建设，扩大规模。扩充中等规模养殖场，高标准培育大型规模养殖场，推动规模养殖场自动化和管理智能化。

5. 推动禽蛋产业提档升级

鼓励养殖场改造提升养殖设施，发展立体多层现代化规模养殖。冀南、冀中等重点区域大力发展集约化蛋鸡养殖，完善良种繁育体系，积极推广容德小黑鸡、大午金凤等自主优势蛋鸡品种，提升规模养殖场设施化、机械化、智能化水平。太行山、燕山山区和林地等适养区大力发展生态型蛋鸡养殖，积极推广太行鸡等自主优势蛋鸡品种，进一步稳定数量、延伸链条，融合发展，对现有养殖场进行提档升级，打造生态型禽蛋精品。

（二）强化支撑保障

河北省需以"四个最严"标准为指引，通过强化监管、技术创新和政策扶持，破解兽药滥用、饲料安全、基层防疫薄弱等难题，推动兽医兽药与饲料产业朝绿色化、标准化、智能化方向转型，为畜牧业高质量发展和畜产品安全提供坚实保障。

1. 加强规划引领和政策支持

开展全省畜牧业"十四五"规划评估，谋划"十五五"规划编制。推动省政府出台奶业振兴新一轮支持政策。加强与农业农村部沟通对接，积极争取奶业、肉牛、肉羊、畜禽粪污资源化利用等扶持项目，为河北省畜牧业高质量发展注入强大动能。

2. 切实抓好畜禽养殖安全生产

进一步增强"管行业必须管安全"意识和养殖场户安全生产主体责任意识。完善指导手册，组织培训和应急演练，督促养殖场户建立并落实"双控机制"等管理制度。深入开展隐患排查整治行动，积极防范有限空间作业等各类风险隐患，营造畜牧业平安发展环境。

3. 提升畜禽养殖场户抗风险能力

强化动员引导，落实生猪、奶牛农业政策性保险，鼓励有条件的地区将肉牛、肉羊等纳入特色农业保险，逐步扩大参保畜禽品种和实施范围。及时推送天气预警信息，指导养殖场户及时维护圈舍，增强抗击极端天气及地质灾害能力。持续提升畜牧业发展韧性和抗风险能力。

4. 强化兽药全链条监管

推进兽用抗菌药使用减量化行动，推广"兽药使用减量化示范场"模式，指导规模养殖场规范用药。加强新版兽药GMP事中事后监管，对问题企业实施重点监控和飞行检查，严查非法生产销售行为。建立中兽药特征图谱和农药残留检测共享平台，扶持企业开展中兽药制剂新剂型研发。

5. 提升饲料质量安全水平

实施饲料"飞行抽检"制度，确保全省饲料产品合格率稳定在98%以上，严厉打击"瘦肉精"等违法添加行为。推广豆粕减量替代技术，鼓励企业开发非常规蛋白饲料，降低对进口原料的依赖。开展毛皮动物屠体饲料化利用试点，探索资源循环利用模式。

6.筑牢基层防疫与安全生产防线

加强基层兽医队伍培训，实施"中兽医药工匠"培育计划，提升疫病防控和应急处置能力。建立"市、县、乡、企"四级安全生产责任体系，开展重大事故隐患专项排查整治行动，强化企业主体责任。定期组织安全生产培训和应急演练，推进企业安全生产标准化建设。

参考文献

徐文军、虞华、喻鹄翔：《2024年我国禽蛋生产形势分析及2025年价格走势预测》，《中国禽业导刊》2025年第3期。

农业农村部直联直报系统河北省三十个价格监测县信息（内部资料）。

国家统计局河北调查总队生产数据（内部资料）。

B.4
2024~2025年河北省蔬菜产业形势分析与预测

宗义湘　宋淼鑫　王逸群*

摘　要： 蔬菜作为重要的"菜篮子"产品，在居民饮食中占据关键地位。河北省作为京津地区的主要蔬菜供应地，2024年蔬菜产量达5717.3万吨，同比增长5.91%。尽管河北省蔬菜产业取得了一定成绩，但仍面临设施老旧、机械化智能化水平偏低、加工保鲜物流存在短板及销售模式单一等问题。本报告提出通过科技创新、净菜进京、多元营销和机械设备升级等措施，推动蔬菜产业高质量发展，满足消费者对优质蔬菜的需求。

关键词： 蔬菜产业　蔬菜价格　河北省

2024年，我国蔬菜产量进一步提升，达到8.61亿吨，继续保持世界蔬菜生产、消费第一大国的地位。河北省蔬菜产业呈现稳中有进的发展态势，蔬菜产量达到5717.3万吨，同比增长5.91%。从全国范围来看，河北作为北方设施蔬菜重点省和供京津蔬菜第一大省，其蔬菜产业发展具有重要的区域意义。

---

* 宗义湘，河北农业大学经济管理学院、河北省乡村振兴战略研究中心教授，博士生导师，主要研究方向为农业经济与政策；宋淼鑫，河北农业大学经济管理学院硕士研究生，主要研究方向为农业管理；王逸群，河北农业大学经济管理学院硕士研究生，主要研究方向为农村产业经济学。

一 2024年全国及河北省蔬菜产业形势分析

(一)全国蔬菜产业形势分析

1. 面积与产量双增

近年来,我国蔬菜种植面积、产量、单产均呈现逐年稳步增加态势。2024年,全国蔬菜播种面积预计达到2347万公顷(3.52亿亩),较2023年增长2.59%。蔬菜产量达8.61亿吨,较2023年增长3.92%(见表1)。从全国蔬菜产量分布来看,中南地区产量占比接近1/3,其次为华东、西南、华北、西北。国家统计局数据显示,山东、河南、江苏、河北等省份年均产量超过5000万吨,其中,2024年山东蔬菜产量突破9600万吨,比上年增长3.78%。

表1 2014~2024年全国蔬菜播种面积、产量及单产

年份	播种面积(千公顷)	产量(万吨)	单产(吨/公顷)
2014	19224.12	64948.65	33.78
2015	19613.06	66425.10	33.87
2016	19553.14	67434.16	34.49
2017	19981.07	69192.68	34.63
2018	20438.94	70346.72	34.42
2019	20862.74	72102.60	34.56
2020	21485.48	74912.90	34.87
2021	21985.71	77548.78	35.27
2022	22434.06	79997.22	35.66
2023	22873.46	82868.11	36.23
2024	23466.67	86113.98	36.70

资料来源:国家统计局,2024年播种面积数据为预测数据。

2. 月度价格波动较大

2024年我国蔬菜市场价格呈现"凹"字形波动特征,全年均价为5.10元/公斤,同比上涨4.96%。价格波动主要呈现四个阶段的特征。第一季

度，恰逢春节消费旺季，市场需求旺盛，同时雨雪天气增多，物流运输效率降低，间接抬高了菜价，季均环比涨幅达13.28%。第二季度，露地蔬菜大量集中上市，市场供给十分充足，蔬菜价格持续下降，季均环比下降15.69%。第三季度，高温、强降雨等极端天气频发，对蔬菜的生产和运输造成了不利影响，市场供应紧张，蔬菜价格快速反弹。第四季度，尤其是10月之后，随着设施蔬菜产能的逐步释放，蔬菜价格开始逐步回归正常区间（见图1）。

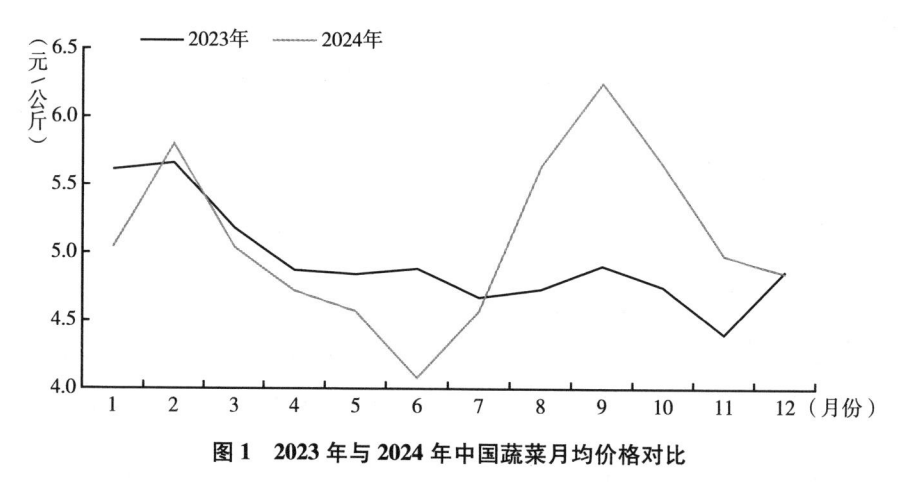

图1 2023年与2024年中国蔬菜月均价格对比

资料来源：全国农产品商务信息公共服务平台。

3.进出口贸易保持增长

中国是全球重要的蔬菜出口国之一，蔬菜出口对促进农民增收和平衡农产品贸易意义重大。海关总署数据显示，2024年中国蔬菜进出口总额为197.1亿美元，同比增长0.9%，总体上依旧保持增长趋势和"大出小进"的贸易格局。其中，出口额186.6亿美元，同比增长0.6%；进口额10.5亿美元，同比增长6.0%；贸易顺差为176.1亿美元，同比增长0.3%（见表2）。中国蔬菜及制品出口市场分布广泛，涵盖了亚洲、欧洲等多个地区，其中日本、中国香港、美国、越南等市场占据重要地位，主要进口来源地为泰国、越南、印度、新西兰、美国等。

表 2 2018~2024 年中国蔬菜进出口贸易情况

单位：亿美元

年份	进口额	出口额	进出口总额	贸易顺差
2018	8.3	152.4	160.7	144.1
2019	9.6	155.0	164.6	145.4
2020	10.4	149.3	159.7	138.9
2021	11.9	157.7	169.6	145.8
2022	9.6	172.2	181.8	162.6
2023	9.9	185.4	195.3	175.5
2024	10.5	186.6	197.1	176.1

资料来源：海关总署。

（二）河北省蔬菜产业形势分析

1. 产量与种植面积稳中有升

近年来，河北省蔬菜产业不断发展，种植规模呈扩大趋势，供应能力整体提升。2014~2023 年，河北省蔬菜（不含瓜果类）播种面积整体呈现增长趋势，由 2014 年的 754.7 千公顷增加至 2023 年的 843.8 千公顷，累计增长 11.81%。蔬菜（不含瓜果类）产量由 2014 年的 4965.10 万吨增长至 2023 年的 5398.46 万吨，累计增长 8.73%。2024 年蔬菜（不含瓜果类）播种面积预计达到 854.5 千公顷，同比增长 1.27%，蔬菜（不含瓜果类）产量达到 5717.30 万吨，同比增长 5.91%（见表 3）。

表 3 2014~2024 年河北省蔬菜（不含瓜果类）播种面积、产量及单产

年份	播种面积(千公顷)	产量(万吨)	单产(吨/公顷)
2014	754.7	4965.10	65.79
2015	755.1	5022.20	66.51
2016	751.6	5038.90	67.04
2017	748.6	5058.50	67.57

续表

年份	播种面积(千公顷)	产量(万吨)	单产(吨/公顷)
2018	787.6	5154.50	65.45
2019	794.6	5093.14	64.10
2020	803.5	5198.21	64.69
2021	814.0	5284.21	64.92
2022	838.7	5406.79	64.47
2023	843.8	5398.46	63.98
2024	854.5	5717.30	66.91

资料来源：2014~2023年数据来自《河北农村统计年鉴》，2024年数据为预测数据。

2. 市场价格季节性波动明显

2024年河北蔬菜价格与全国、山东蔬菜价格走势基本保持一致，呈现"同升同降"的变化趋势，季节性波动特征明显（见图2），年均价格为4.67元/公斤，明显低于全国5.10元/公斤、山东5.07元/公斤的价格。分阶段看，上半年河北蔬菜价格走势符合季节性波动规律，春节之后保持季节性下行，且较2023年同期偏低，下半年蔬菜价格逐步回升，并且出现较大幅度的波动。

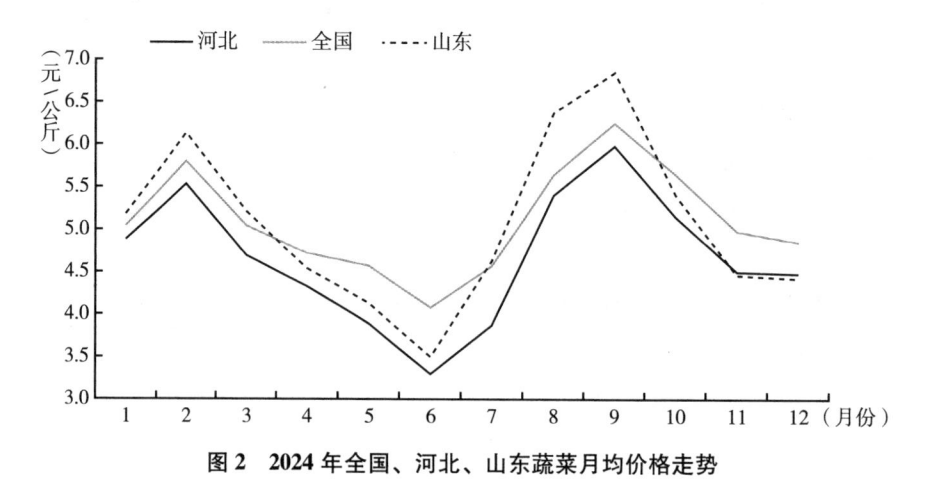

图2 2024年全国、河北、山东蔬菜月均价格走势

资料来源：全国农产品商务信息公共服务平台。

与山东蔬菜价格对比来看，两省蔬菜价格呈现季节性波动同步性，但山东蔬菜价格整体高于河北，这与山东蔬菜的品质、品相和品牌效应有关。

3. 经营主体带动能力持续提升

河北省蔬菜新型经营主体对周边菜农示范带动作用持续提升。邯郸市8个蔬菜大县，每个县都有2个以上大型蔬菜示范园区带动本县区域蔬菜产业发展。其中喆兴蔬菜专业合作社、长青无公害蔬菜专业合作社等被认定为"河北净菜"生产示范基地。石家庄市藁城区亮昊现代农业园区核心面积为1000余亩，带动周边2个乡镇7个自然村的农户，辐射面积达10000余亩，带动效果显著。廊坊市建设永清县露地蔬菜生产示范基地1000亩，辐射周边区域高质量胡萝卜、萝卜、生菜、大蒜生产面积1.5万亩以上。秦皇岛市蔬菜新型经营主体在从事蔬菜生产和销售的基础上，不断延伸产业链条，朝科技示范、加工、仓储等方向发展，昌黎嘉诚、抚宁小江、山海关双伟等蔬菜龙头企业表现突出，形成了独具特色的产业发展经营模式。

4. "河北净菜"进京速度加快

"河北净菜"进京是河北省贯彻落实京津冀协同发展战略的一项重要举措，对保障北京市场供应、促进"河北净菜"产业发展具有重要意义。2024年，为增强净菜加工能力，提升净菜市场竞争力，河北培育了长青无公害蔬菜专业合作社等100家"河北净菜"生产示范基地。截至2024年8月，河北省共有净菜加工企业145家，累计销售额达102.6亿元，其中85家企业获得"河北净菜"商标使用权。2024年，河北省共举办"河北净菜"进京"六进"活动116场，累计参与农业生产经营主体达2300余家，累计展销品牌农产品7600余种。"河北净菜"北京市场占有率稳步提高，销售渠道进一步拓展，逐渐成为北京市场上的"北京好菜"。

二 2024年河北省主要蔬菜种类市场行情分析

（一）主要蔬菜种类价格变动情况

2024年河北省主要蔬菜价格走势分析显示，监测的15个蔬菜品种价格呈现涨多跌少态势，9个品种价格较上年有所上升，占比达60%，4个品种出现价格回落，另有2个品种价格保持稳定。从价格波动幅度来看，甘蓝、大葱涨幅超35%，分别为35.03%、45.89%。其他价格呈现上涨趋势的蔬菜有白萝卜（22.90%）、茄子（21.75%）、大蒜（20.47%）、青椒（18.94%）、番茄（15.71%）、大白菜（15.13%）、西葫芦（2.27%）。价格下行品种中，马铃薯、生姜、菠菜、黄瓜分别下降28.92%、28.91%、8.82%、6.30%。花椰菜和豆角价格同比持平（见表4）。

表4 2023~2024年河北省主要蔬菜批发市场价格变动情况

单位：元/公斤，%

品种	2024年	2023年	同比增长
大　葱	3.37	2.31	45.89
花椰菜	3.58	3.58	0.00
菠　菜	4.24	4.65	-8.82
茄　子	4.31	3.54	21.75
白萝卜	1.61	1.31	22.90
黄　瓜	4.61	4.92	-6.30
甘　蓝	2.12	1.57	35.03
豆　角	8.38	8.38	0.00
青　椒	5.15	4.33	18.94
西葫芦	3.16	3.09	2.27
大　蒜	10.24	8.50	20.47
大白菜	1.37	1.19	15.13
生　姜	10.50	14.77	-28.91
马铃薯	2.04	2.87	-28.92
番　茄	4.86	4.20	15.71

资料来源：由河北省农业农村厅与布瑞克农业数据终端整理得出。

（二）典型蔬菜品种价格走势分析

1. 番茄价格走势分析及行情预测

2024年河北省番茄市场均价达到4.86元/公斤，同比增长15.71%，价格涨幅显著。全年价格轨迹呈现先降后升的"凹"字形特征，波动幅度较往年明显扩大，季节性波动尤为突出（见图3）。1月末2月初番茄价格上涨一方面是受天气影响，另一方面是农户对节前价格有较高的预期，推动了价格走高，节前价格上涨属于正常的节日效应。3月下旬由于大棚番茄的上市量迅速增加，价格下跌。4月至5月中旬番茄价格坚挺的原因是此前北方地区气温波动较大，番茄成熟较慢，上市周期拉长。且山东境内的番茄迟迟无法形成批量上市的条件，货源供应相对偏紧，收购价格下行空间略显不足。而5月中旬后番茄的价格处于季节性下降区间，供应充足，价格下滑。8月中后旬价格上涨的原因是番茄种子价格、化肥价格都有一定的涨幅，番茄种植成本增加，在种植过程中，茄果类的蔬菜受到高温高湿天气影响更大，夏季雨水多影响番茄生长，产量下降。11月价格下降的原因是番茄生产处于多个茬口重叠期，番茄供应地也相对分散和多元化。

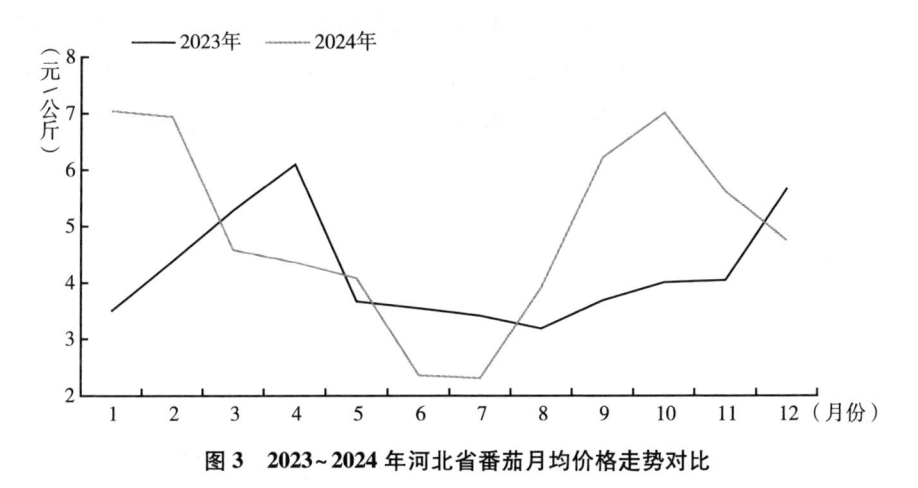

图3 2023~2024年河北省番茄月均价格走势对比

资料来源：全国农产品商务信息公共服务平台，下同。

预测2025年价差将有所收窄，价格轨迹延续"凹"字形波动特征。2024年全省番茄种植面积保持平稳，随着生产效能持续提升及品种结构优化，已形成多元化栽培体系，确保全年均衡供应，市场竞争力稳步增强。受2024年上半年行情利好驱动，农户扩种意愿增强，种植面积持续扩大，

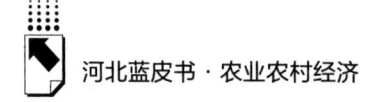

春节期间市场供给量延续第四季度充裕态势，同期价格或低于2024年水平。建议完善价格监测与调控体系，健全风险预警机制，科学引导种植结构调整，制定突发事件应对预案，有效防范市场风险冲击。

2. 黄瓜价格走势分析及行情预测

2024年全省黄瓜年均价格达4.61元/公斤，较2023年下降6.30%。自春节后市场行情持续走低，到6月触底至2.22元/公斤（见图4）。1月末2月初黄瓜价格快速上涨的原因一方面是春节临近，消费者对精细蔬菜的消费需求增加；另一方面是受到降温降雪降雨影响，黄瓜的产量和品质双双下降，高品质黄瓜稍显稀缺。4月后黄瓜价格持续下行的原因是在晴暖天气影响下，各地黄瓜生长旺盛，出产量稳步增加，供应量充足。进入5月后，黄瓜出现集中上市现象，价格跌入低谷。8月中旬价格上升的原因一是七八月处于蔬菜生产供应的"夏淡"期，夏季高温多雨不利于蔬菜生长，黄瓜价格转入季节性上行区间；二是产区内黄瓜病毒病严重，品质较差，高品质蔬菜量少价高，蔬菜供应出现阶段性偏紧状态。10月黄瓜价格持续走低的原因是渍涝相关因素影响消退，各地设施黄瓜大量上市，黄瓜供应量逐渐充足。

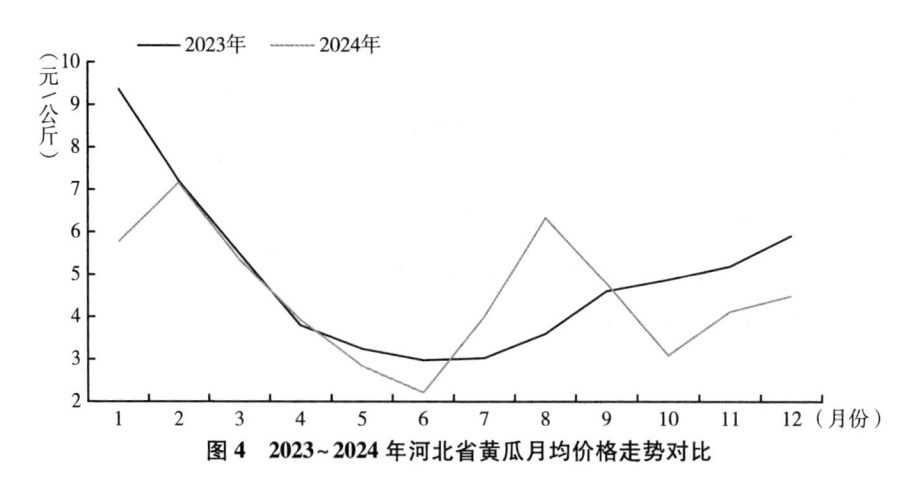

图4 2023~2024年河北省黄瓜月均价格走势对比

2025年，河北省黄瓜市场价差有望进一步收窄，行情将保持平稳运行态势。若无重大渍涝灾害发生，预计2025年河北省黄瓜月均价格将延续

"凹"字形走势：1~2月受节日效应拉动价格上行，3~6月进入传统消费淡季价格触底，7~9月随气温升高供给趋紧价格回升，10~12月随着秋季蔬菜集中上市价格小幅回调。建议强化气象监测预警，及时发布灾害性天气预报，指导种植户科学制定防护预案，最大限度地降低极端天气对生产造成的不利影响。

3. 青椒价格走势分析及行情预测

2024年河北省青椒市场均价攀升至5.15元/公斤，较2023年的4.33元/公斤上涨18.94%，价格波动幅度扩大。整体来看，2024年青椒的价格最低位在6月，为2.87元/公斤（见图5）。1月末2月初青椒价格上涨的原因主要是南方地区椒类价格率先上涨，阴雨天气增多，气温下降、光照不足，产量下降，南菜北运的数量锐减，拉高了河北大棚椒类价格同步走高。4月下旬青椒价格持续走低的原因是河北、山东、辽宁等地的拱棚、高温棚青椒共同上市，供货量增加，供应充足，价格下调。8月下旬后青椒价格波动上升的原因是恰逢辣椒茬口更换，进入9月，北方产区青椒逐渐进入尾期，产地农户开始拔苗，供应大量减少，且山东、河南等地新一茬青椒初上市，产区转换中老产区供应暂停、新产区供应未能衔接。随后11月秋菜集中上市，天气影响消退，青椒价格回落。

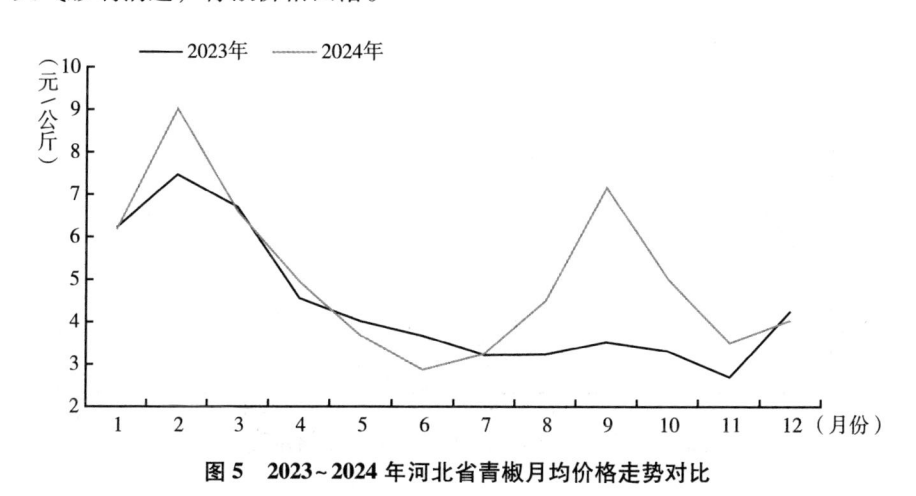

图5 2023~2024年河北省青椒月均价格走势对比

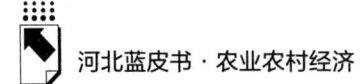

预测2025年青椒价格将平稳运行，需要继续防范风险。2024年青椒价格因产地供应衔接不足波动较大，因此要继续防范风险，加强产地与市场的协调，优化种植结构，提高农业生产效率，建立完善的农产品市场信息体系。同时，需实时跟踪天气动态，预防极端天气可能导致的损失。

4.茄子价格走势分析及行情预测

2024年河北省茄子的年均价格为4.31元/公斤，相较于2023年的3.54元/公斤上涨21.75%。进入第一季度，产地前期的降温降雪导致茄子的坐果率下降，生长速度放缓，产量不足，价格有所上涨。进入4月后，气温上升，产地北移，山东、河北的圆茄形成批量上市条件，茄子价格缓慢波动下降，整体价格不稳定。5月下旬后茄子价格持续走低的原因是山东、河北茄子供应量逐渐增加，供应进入高峰期，产地转换顺畅衔接、过渡，价格保持低位运行。8月下旬前茄子价格上升的原因是暑期降雨偏多，影响了茄子正常生长，茄子出现大量掉花现象，产量显著下滑。到9月上旬后，茄子价格转入季节性下行区间。10月受强冷空气影响，国庆期间全国降温明显，河北坝上、内蒙古等多地出现降雪，茄子生长变缓，产量下降，且影响采收，同时假期务农人员减少，拉动价格上涨。随着节后天气回暖，前期断茬蔬菜的上市量逐渐增加，供应紧张的状态得到缓解，茄子价格持续下降（见图6）。

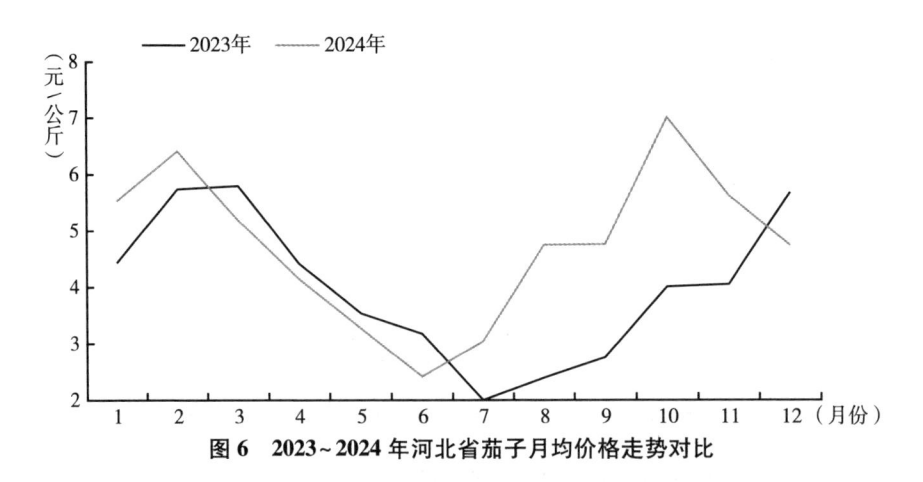

图6 2023~2024年河北省茄子月均价格走势对比

预计2025年供应充足,价格稳中有升。2024年末茄子价格走低,春节前后上升幅度有限。2025年1月北方率先进入升温进程,全国大部以偏暖状态跨年,有利于茄子生长,但由于节日效应,茄子价格总体保持上升趋势。总体来看,2024年下半年受恶劣天气的影响茄子价格走高,预计2025年农户将增加设施茄子种植,市场供应量相对充足,价格将回归合理区间。

5. 花椰菜价格走势分析及行情预测

2024年河北省花椰菜年均价格为3.58元/公斤,与2023年持平,但波动幅度较大。上半年花椰菜价格整体呈下跌态势,6月月均价格最低,为2.13元/公斤。7月花椰菜价格反弹的原因是供应地北移到河北北部的坝下地区以后,坝下生产的蔬菜大量进京,但坝下地区仅为蔬菜产地北移的过渡地带,蔬菜的总产量并不大,蔬菜的供应能力略显不足,供应链衔接有短时间的缺口。随后8月气温整体偏高,降水北多南少,不利于蔬菜生产,花椰菜价格进入季节性上涨区间,直至9月价格升至最高,为6.18元/公斤,随后各地花椰菜批量上市,供应充足,花椰菜价格走低(见图7)。

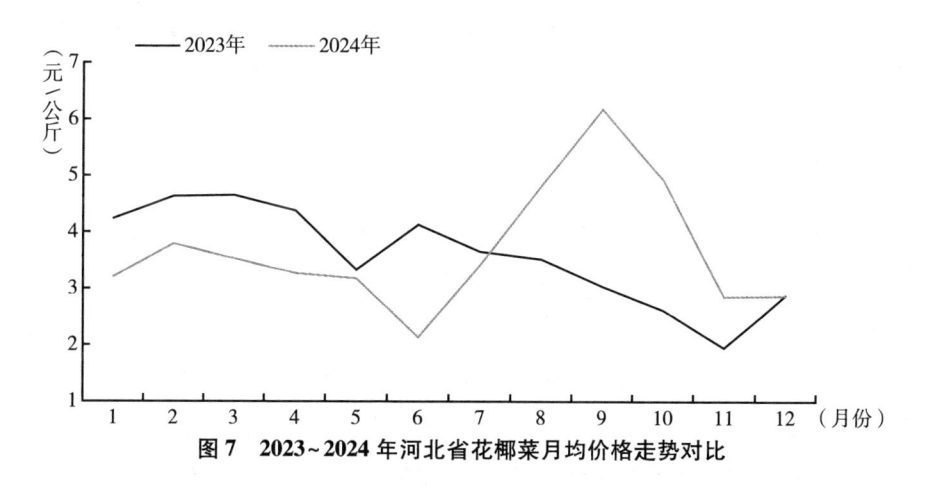

图7 2023~2024年河北省花椰菜月均价格走势对比

预计2025年花椰菜价格略有下降,降幅不大。受2024年下半年花椰菜价格上涨影响,2025年初种植户的生产积极性上升,市场供应量充足,价格同比出现小幅下降。建议农户密切关注市场动态与行业资讯,对花椰菜价格走势形成理性预期，依据自身种植成本、产品品质等因素，科学制订销售计划，避免盲目跟风，造成产品滞销。

三 2024年河北省蔬菜产业发展面临的主要问题

（一）设施老旧问题仍然突出

2024年中央一号文件强调要"加强农业基础设施建设"，对老旧蔬菜设施的改造是提升设施农业现代化水平的重要举措。目前河北省部分地区温室建筑结构形式落伍，设施蔬菜仍然难以抵抗极端天气带来的影响。2024年，河北省先后遭遇了春节前后的强降雪以及夏季强降雨两大灾害性天气，对设施蔬菜产业造成了显著影响。保定市受强降雪影响严重，部分老旧设施大棚倒塌，经济损失较大；沧州市也面临棚室坍塌问题，影响了当地蔬菜生产。进入第三季度，全省气温偏高，强降雨频发，但降雨分布不均，南部偏少，中北部偏多。保定市尤为突出，持续性强降雨导致119个棚室损毁，面积达350.5亩，直接经济损失高达638.5万元。这一系列事件凸显了加强老旧蔬菜设施改造、提升设施农业现代化水平的紧迫性和重要性。

（二）机械化智能化水平偏低

目前河北省露地蔬菜种植的机械化水平逐步提升，例如，张北县部分地区已实现部分露地叶类蔬菜从种到收的全程机械化。设施蔬菜综合机械化率仅为42%，其中耕整地环节机械化率约为70%，灌溉、施肥等环节机械化水平也较高，但育苗、移栽、采收和尾菜处理等环节的机械化水平较低，中间管理环节如授粉、疏花疏果、整枝打杈等仍以人工为主。首先，河北省设施蔬菜领域的机械化产品市场尚处于不成熟阶段，市场占有率偏低，消费者在选择设备品牌时面临的选择范围相对狭窄，更关键的是，缺乏能够批量生产移栽与收获专业装备的企业，这一现状引发了设施蔬菜在移栽与收获环节"无机可用、有机难用"的困境。其次，机械化数字化设备的购置成本高昂，后续的维修保养费用同样不菲，对于普通农户而言，构成了沉重的经济负担，农户难以承受并广泛应用这些先进的机械化设备。

（三）加工保鲜物流存在短板

河北省蔬菜产后加工与保鲜物流虽已步入规模化、企业化发展阶段，但与美国和法国等发达国家相比，发展滞后，亟待加强。在加工产品结构方面，国内外市场蔬菜精深加工产品不断涌现，如蔬菜果脯、罐头等，而河北省蔬菜消费仍以鲜食为主，加工产品多为鲜切菜、冷冻蔬菜等初级品。在净菜原材料方面，省内绝大多数净菜加工企业无自建供应基地，依赖市场化采购、农户订单和合作社合作，原料品质难保障。发达国家净菜企业大多有自有种植农场，从源头把控品质，标准化种植率达95%~98%。净菜加工环节，河北省净菜加工量占蔬菜总产量比重不足5%，且存在装备与技术不匹配、专用工具缺失问题，发达国家则具有完整的产业链，实现了全流程智能高效、安全卫生操作。在净菜保鲜方面，省内多数净菜企业规模小，生产过程中温度控制难、清洁难，产品货架期短。净菜运输中冷链配送投入多、产出少，冷链运输发展缓慢，难以实现净菜加工在产前、产中、产后、终端的冷链无缝衔接。

（四）销售模式单一

当前，河北省蔬菜销售仍依赖传统的地头市场和批发市场，销售渠道较为单一，特别是电商销售、社区对接、客户采摘等新兴服务业态的发展仍不充分。一方面，家庭农场、合作社等新型经营主体虽在新兴服务业态上有所尝试，但多数蔬菜依然沿袭传统的"统货"交易方式，在地头市场或批发市场低价成交，限制了农产品价值的提升。另一方面，农超对接模式虽能缩减供应链条，降低流通成本，但商超、企业等对商品质量的严格把控，增加了退货风险，加之押账现象频发，削弱了经营主体长期合作的意愿，部分经营主体与商超、企业等收购商之间缺乏长期合同契约，降低了农超对接模式的稳定性。此外，电商销售、社区对接、客户采摘等业态虽然拓展了经营主体的销售渠道，但对接客户量多、单次需求量较小等问题推高了交易成本，成为该类模式无法全面推广的重要原因。

四 2025年河北省蔬菜产业发展走势研判

2024年7月，河北省委农村工作领导小组印发《增强农业质量效益和竞争力提高对全省经济社会发展贡献度行动方案》，针对蔬菜产业发展制定《蔬菜产业高质量发展专项方案》，提出按照"优品种、增设施、提品质、强加工"的思路，推进净菜进京，提高北京市场占有率，增强产业竞争力。发展设施蔬菜，创建高品质蔬菜示范区，带动蔬菜产业转型升级。

（一）蔬菜供给能力进一步增强

近年来，国家和河北省积极鼓励发展蔬菜产业，多地积极开展"菜篮子"产品示范基地建设，推进设施农业现代化提升行动。预计全省蔬菜种植总面积仍然能够稳定在1200万亩以上，蔬菜总产量超过5500万吨。设施蔬菜种植面积预计达到370万亩，蔬菜一产产值在1800亿元左右。河北将加大科技投入力度，选育推广优良品种，增强农业设施抗风险能力，多管齐下提升蔬菜供给量。此外，智能化技术的应用，如智能温室、物联网等，使得蔬菜种植更加高效、精准和可持续，有利于提高蔬菜的产量和品质。

（二）京津市场占有率进一步提升

截至2025年5月，河北与北京共建环京周边蔬菜基地183家，总面积达12万亩，应急状态下90%以上供京。持续开展"河北净菜"进市场、进超市、进社区、进饭店、进食堂、进餐桌"六进"活动，不断提升"河北净菜"在京津市场的影响力。8个京津冀蔬菜直采直供服务中心年直供京津蔬菜150万吨以上。支持北京新发地商户、商贸企业等在河北省建设60万亩直属或订单基地，建立稳定的净菜进京渠道。2025年，河北蔬菜在北京蔬菜市场中的占有率将提高到43%。积极开拓北京商超直供、社区团购、电商平台、餐饮连锁、机关食堂等多元化销售渠道，实施精准营销策略，针对不同的渠道和消费群体定制营销方案，全方位展示"衡沧蔬菜"等区域公用品牌特色，提升河北蔬菜在北京市场的美誉度和品牌影响力。

（三）优质蔬菜需求量进一步增长

蔬菜市场将呈现多样化、个性化、绿色化的发展趋势，消费者对蔬菜的需求将不仅仅停留在基础的营养补充上，还会更加注重品种、品质和种植方式。随着生活品质的提升，消费者对健康饮食的关注度与日俱增，对蔬菜的品质与安全性提出更高的要求。在此背景下，无污染、健康、安全的高品质、有机及绿色蔬菜成为市场新宠，备受消费者推崇。与此同时，餐饮业的蓬勃发展，特别是外卖与快餐行业的快速发展，催生了餐饮企业对净菜、鲜切菜等预处理蔬菜的庞大需求。

五　2025年河北省蔬菜产业发展的对策建议

（一）强化科技创新引领，加强人才队伍建设

一是鼓励农业科研机构聚焦蔬菜产业短板，加大科研投入力度。以产业急需为导向，聚焦蔬菜品种选育、新型设施结构及材料、绿色高效生产技术、采后处理技术、病虫害防控等领域，持续推进科技创新与推广应用，带动提升产业发展水平。二是加大财政投入力度，扩大研究团队规模，优化人才结构，吸纳更多高层次人才加入。同时，建立产学研用紧密结合的创新机制，通过多方协同合作，加速科研成果的转化应用，解决制约蔬菜产业发展的重大关键和共性技术问题。三是强化宣传引导。组织蔬菜专家与科研人员深入基层开展技术巡回指导，解决农民和新型经营主体技术方面的困难，及时开展各类专题技术培训，提升广大从业者的专业技能水平。

（二）推进机械设备研发，促进生产提质增效

一是聚焦关键环节装备升级，针对露地蔬菜机械化种植率低、设施蔬菜作业空间受限等痛点，研发适配性强的小型化移栽机、智能采收机器人及轻简化水肥一体化设备，提高机械化水平。二是构建产学研用协同创新机制，联合农机企业、科研院所开展技术攻关，推动智能环境监测数据采集器、智能轨道喷药机等数智装备的集成应用。三是建立农机农艺融合示范基地，通过标准化种植模式与智能化装备的耦合试验，形成可复制的机械化生产解决方案，配套建立设备租赁、托管服务等社会化服务体系，降低中小农户应用门槛。四是强化政策引导与补贴支持，将高效节能蔬菜机械纳入农机购置补贴目录，鼓励农户和农业企业采用机械化生产，提高蔬菜生产效率。

（三）巩固净菜进京势头，推动产业持续升级

为推动净菜产业发展，需多举措并行。加强净菜加工基地建设，引导初加工向流通体系前端转移，完善产地预冷、分级包装、低温配送及批发市场冷藏等配套设施，提升蔬菜采后商品化处理水平；鼓励环京周边及衡水、沧州等重点区域构建大型蔬菜加工基地或净菜加工中心，搭建蔬菜冷藏链以推动净菜入市；给予净菜加工企业用地、资金支持，开通"绿色通道"，促进其标准化、规模化生产，丰富净菜种类并降低价格；加大适合净菜加工的机械设备研发力度，融合信息化技术，借助图像识别、数据滤波分析等手段实现品质控制点自动识别，推进蔬菜加工智能化。

（四）创新多元营销模式，提升高品质消费转化

以县域及重点镇为核心布局冷链基础设施，建设标准化冷链集配中心、区域性批发集散枢纽，提升蔬菜商品化处理及标准化水平。构建政府主导的电商协同机制，由农业农村部门牵头对接主流电商平台，整合物流、商贸、供销资源，构建覆盖乡村的末端配送网络，保障产品上行渠道畅通。推动蔬菜主产区与生鲜电商深化合作，发展智慧冷链物流、社区连锁经营及产地直

供模式，压缩供应链环节。实施区域公用品牌培育计划，借助农交会等专业展会打造特色品牌，通过品质提升与品牌溢价实现价值增长。此外，依托大中城市产业融合优势，拓展蔬菜产业多元功能，建设采摘园区、田园综合体及特色小镇，促进农业与旅游、教育、文化等产业深度融合，培育产业融合新业态。

参考文献

李璨、郄东翔、宗义湘：《新质生产力赋能河北省设施蔬菜产业发展：现实挑战与提升路径》，《中国瓜菜》2024年第9期。

李璨、董鑫、宗义湘：《河北省蔬菜价格走势分析及2024年市场预测》，《蔬菜》2024年第6期。

冯阳：《好政策！"河北净菜"有了进京直通车》，《河北日报》2024年1月9日。

赵晓冉：《信息化对北京市设施蔬菜产业收入的影响研究》，硕士学位论文，华中农业大学，2023。

《农业农村部国家发展改革委财政部自然资源部关于印发〈全国现代设施农业建设规划（2023—2030年）〉的通知》，《中华人民共和国农业农村部公报》2023年第8期。

王旭、王梦游：《因地制宜发展现代设施农业》，《中国畜牧业》2023年第13期。

李璨等：《2022年河北省主要蔬菜价格波动分析》，《蔬菜》2023年第5期。

谷博颖、宗义湘：《河北省2022年第一季度蔬菜价格走势分析及后市预测》，《蔬菜》2022年第6期。

夏琪、张亦圆、宗义湘：《2021年河北省主要蔬菜价格波动分析》，《蔬菜》2022年第3期。

宗义湘等：《河北省蔬菜产业形势及"十四五"发展对策》，《中国蔬菜》2021年第11期。

B.5
2024~2025年河北省水果产业形势分析与展望

李军 王俊芹 张亮 问乔伊*

摘　要： 2024年，河北省水果产业在继续稳定规模的基础上，聚焦品种优化、技术创新、农机农艺融合等，持续从"增量扩张"转向"提质增效"，水果栽培面积稳中有降，但产量和单产略有上升。水果价格比较稳定但有波动，其中2024年苹果、梨价格均低于2023年，草莓价格高于2023年，产业高质量发展趋势逐步形成。但仍存在产业波动风险大、自然灾害抵御能力不足、老旧果园面积比例较大等问题。针对目前河北省水果生产的新形势，本报告提出加快构建全链条产业体系、科技支撑体系、生产管理体系和保障体系等建议。

关键词： 水果产业　农机农艺融合　高质量发展

河北省是我国重要的水果生产基地，水果产业在农业经济和乡村振兴中占重要地位。近年来，随着河北省水果品种、栽培技术等不断创新，产量稳步增长。2024年，河北省园林水果总产量达1217.6万吨，其中，苹果产量达270万吨，梨产量达400万吨，桃产量达180万吨。凭借独特的地理位置、气候条件和科技支撑，河北省培育了众多具有地域特色的水果区域公用

---

* 李军，河北省社会科学院农村经济研究所研究员，主要研究方向为农村经济理论与实践研究；王俊芹，河北农业大学教授，主要研究方向为农业产业经济与政策；张亮，河北农业大学教授，主要研究方向为林业经济；问乔伊，河北农业大学博士研究生，主要研究方向为水果产业经济。

品牌，如顺平苹果、承德国光苹果、浆水苹果、赵县雪花梨、辛集黄冠梨、深州蜜桃等，在市场上享有盛誉且深受消费者喜爱，有力地提升了河北省水果的品牌影响力和市场竞争力。但随着消费升级和市场竞争加剧，河北省水果产业面临生产规模扩大难、技术创新速度慢、组织模式单一等多方面的挑战。

一 2024年河北省水果产业发展现状

（一）园林水果果园面积和产量情况

1. 园林水果果园面积持续下降，单产[①]水平稳中有升

2024年，河北省园林水果果园面积达484.2千公顷，比2021年（472.5千公顷）增加11.7千公顷，比2020年（521.6千公顷）下降37.4千公顷。2019~2024年，园林水果果园面积总体呈下降趋势（见图1）。2024年，河北省园林水果总产量达1217.6万吨，平均单产为2.5万吨/千公顷，高于2022年0.1万吨/千公顷。

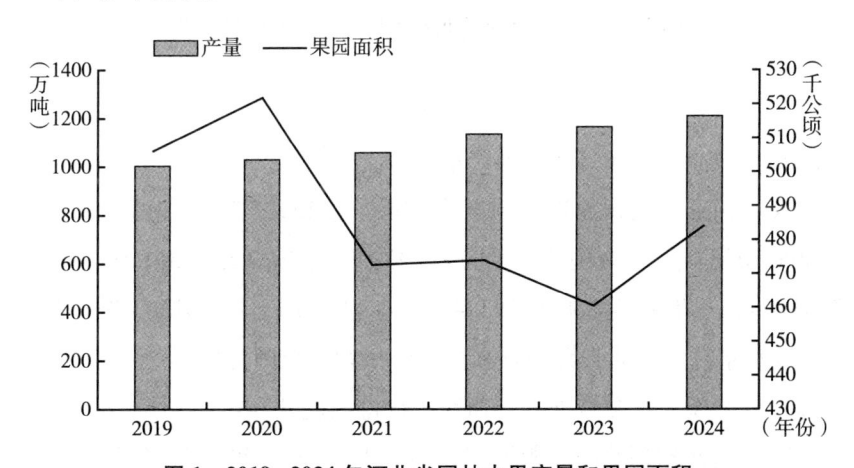

图1 2019~2024年河北省园林水果产量和果园面积

资料来源：历年《河北农村统计年鉴》。

[①] 本部分单产数据因四舍五入原因略有误差。

2. 主要水果品种果园面积下降，产量稳中有升

（1）苹果园面积稳中下降，苹果产量小幅提升

近年来，河北省苹果园面积稳中有降，2024年河北省苹果园面积相对稳定，保持在111千公顷，比2022年略降4.14千公顷，但随着栽培技术和管理水平持续提升，苹果产量稳定增长。2024年苹果产量为280.59万吨（见图2），相比2019年（226.1万吨）增长54.49万吨。2024年苹果单产为2.4万吨/千公顷，比2022年增长6%。

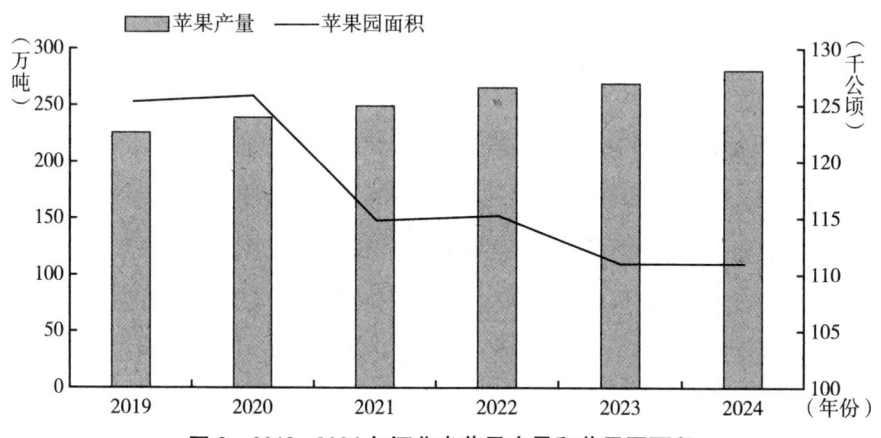

图2　2019~2024年河北省苹果产量和苹果园面积

资料来源：历年《河北农村统计年鉴》。

（2）梨园面积小幅下降，梨产量略有上升

2024年河北省梨园面积为110千公顷，比2022年略降3千公顷；梨产量为395.70万吨，占全国总产量的19.93%，较2022年（391.03万吨）上涨4.67万吨；2024年梨单产为3.42万吨/千公顷，比2022年增长7.7%。梨产量连年攀升，河北省梨产量和梨园面积均居全国首位。

（3）葡萄园面积缓慢下降，葡萄产量持续提升

2024年河北省葡萄园面积为41.7千公顷，相比2020年（43.7千公顷）下降2千公顷，相比2021年（42.3千公顷）下降0.6公顷。2024年葡萄产量为134万吨（见图3），相比2020年（124.6万吨）增长7.5%；葡萄单产为3.2万吨/千公顷，比2020年增长12.6%。

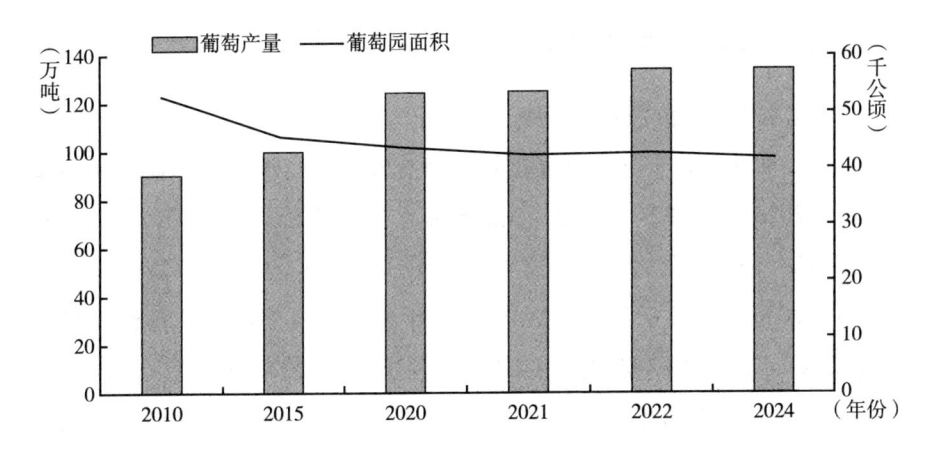

图 3 2010~2024 年河北省葡萄产量和葡萄园面积

资料来源：历年《河北农村统计年鉴》。

（4）桃园面积呈波动趋势，桃产量持续上涨

2024 年河北省桃园面积为 63.56 千公顷，比 2022 年略低 1.64 千公顷。桃总产量为 179.61 万吨（见图 4），较 2021 年（154.83 万吨）上涨 24.78 万吨。2024 年桃单产为 2.6 万吨/千公顷，同比增长 3.9%。

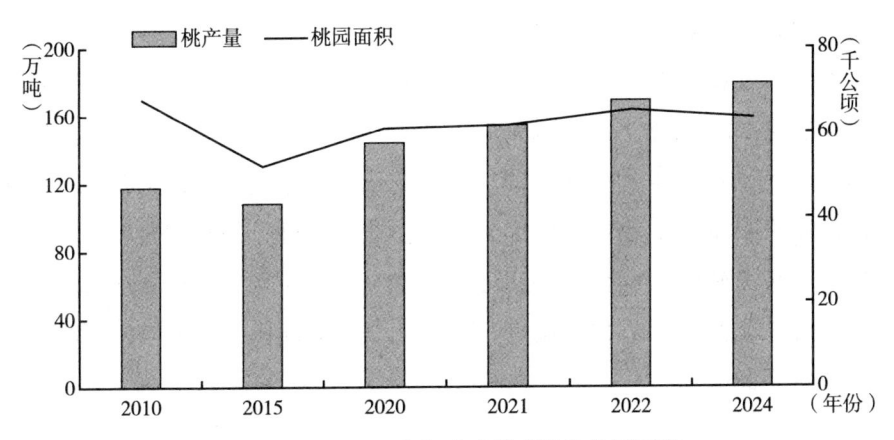

图 4 2010~2024 年河北省桃产量和桃园面积

资料来源：历年《河北农村统计年鉴》。

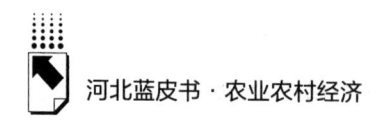

（二）2024年主要水果品种市场价格变化及国际竞争力

1. 典型水果品种价格变化趋势

2024年河北省富士苹果月度批发价格有较大幅度波动，总体高于2022年，低于2023年。2024年河北省富士苹果年度均价为5.69元/公斤，较2023年的6.53元/公斤下降12.86%，较2022年的4.80元/公斤上涨18.54%。2024年河北省鸭梨价格与2023年相比有所下降，但高于2022年价格。2024年河北省鸭梨均价为4.03元/公斤，与2023年价格相比下降了21.44%，与2022年价格相比上涨了9.51%。2024年全国梨均价为近三年最低价格。2024年全国梨均价为5.19元/公斤，2023年全国梨均价为6.87元/公斤，2022年全国梨均价为5.69元/公斤；2022年和2023年全国梨均价逐渐上升，但2024年出现明显下降趋势，2024年全国梨均价与2023年相比下降24.45%。2024年河北省草莓价格相对平稳，波动幅度不大，均价较往年偏高。2024年平均价格为24.32元/公斤，最高价格出现在12月，为26.48元/公斤，最低价格出现在3月，为22.92元/公斤，价差为3.56元/公斤，价格波动幅度较小。

2. 河北省梨果出口竞争力较强

河北省水果出口以梨果为主，截至2024年11月底，中国鲜梨出口量为57.72万吨，同比增长33.82%；出口金额达38.64亿元，同比增长14.03%。河北省鲜梨出口量为25.01万吨，出口量在全国排名第一，占全国出口量的43.34%；出口金额达14.32亿元，同比增长23.44%。其他水果出口量较低，例如，河北省鲜苹果出口量为8304.94吨，同比增长16.19%，占全国出口量的1.1%；出口额达881.12万美元，同比下降3.56%，占全国出口额的1.08%。

（三）产业组织模式呈多元化，但家庭经营仍占主体

经营模式以家庭经营为主，合作社和龙头企业的引领作用日益增强。河北省水果主产区已建立了一批国家、省级农业产业化重点龙头企业。例如，

有泊头亚丰果品有限公司、泊头东方果品有限公司、河北省晋州市长城经贸有限公司、河北天丰农产有限公司、河北天波工贸有限公司、河北吉东果业有限公司等。但一家一户的家庭式自主经营在经营主体中仍占据绝大部分，生产大多采用传统栽培模式，用工量大，受市场影响较大。流转土地进行水果生产的企业普遍具备很多劣势，在土地成本、人工成本等方面，明显高于农户，增加了企业经营成本，亏损企业比较多。与流通、服务等挂钩实现了产业融合的新型经营主体比单纯种植果品的合作社或企业效益要好。例如，顺平望蕊鲜桃农民专业合作社是国家级示范社，合作社对引进新技术、新模式的社员进行补贴，为社员提供冷库，组建桃树修剪工作队，开展对外服务，合作社社员效益较好，并带动了当地脱贫户增收。泊头东方、泊头亚丰、泊头庞龙以及河间中鸿等梨果龙头企业采用"龙头企业+科技+合作社+农户"的经营模式，与全国20多个省（区、市）建立了长期营销关系，培育出"金马""泊洋""广龙""玉娇""美玉""古塘湾"等梨果品牌。"泊头鸭梨"被国家质检总局批准实施国家原产地域产品保护。

二 技术创新持续提升产业竞争力

（一）新优品种呈多样化发展

河北省苹果品种日益多元化。在张家口、承德等北部冷凉地区，引种了"岳艳""岳阳红""寒富""锦绣海棠"等抗寒性品种以及优选"国光""王林""爱妃""瑞香红"等晚熟品种。在冀东北部山区栽培了着色系富士（如"烟富3"）、"玉冠"、"王林"、"维纳斯黄金"和"斗南"等。在太行山南部地区采用矮化栽培方式，选用短枝型"富士天红2号""王林""鲁丽""瑞雪"等。近年来推出的"鲁丽""华佳""华瑞""华硕"等早中熟品种在多地开始进入盛果期，价格相对较高，较受市场欢迎。除了传统的"鸭梨""雪花梨"外，"玉露香""雪青""新梨7号"等新品种种植面积逐渐增加。桃的北部产区主要集中在唐山、秦皇岛，主要品种有"绿化九""春蜜"等,设施桃主要品种有"春雪""金奥""金辉""中油11号""中桃红玉"等。中南部气候适宜,主栽品种有"大久保""大京红""绿化九""晚久保"等。河北省葡萄主栽品种是"巨峰",但栽培品种多样化的趋势日益明显。在设施栽培中以"阳光玫瑰""夏黑""维多利亚"品种为主。

(二)栽培模式正在向省力化栽培转变

苹果宽行密株的栽培模式、矮化砧的应用、高光照树形、果实套袋、绿色果品生产等管理技术已广泛推广应用;梨园发展注重"四化"栽培模式,实现梨园标准化、规范化管理,简约化、机械化生产,节本增效;桃园以开心形为主,近年来Y字形和主干形树形逐渐成为主体。

(三)农机农艺融合程度逐渐提高

随着河北省老旧果园改造及新建园都采用宽行密植栽培模式等省力化栽培技术,果园机械设备如移栽机、打药机、割草机、枝条粉碎机、开沟施肥机、旋耕机、果园作业平台、无人植保机、套袋机和电动果树剪等应用越来越广泛。

三 河北省水果产业发展存在的主要问题

(一)市场供给与消费需求结构性矛盾凸显,产业波动风险加大

自然灾害、水果供给与需求矛盾出现新变化,价格增长幅度较大。根据水果生产规模扩大趋势及开放的国际和国内市场判断,未来水果市场供给与消费需求结构性矛盾将越来越突出,水果滞销风险与产业波动风险加大。如何把河北省水果生产的数量优势转变为质量优势,进一步推动水果产业持续健康发展,是当前时期河北省水果产业发展亟待解决的重要问题。

（二）预警防控体系不健全，农业保险等灾后补救措施缺位

近几年，河北省灾害性天气频发，雹灾、冻灾等气象灾害及病虫害对果园影响较大，直接导致产量和水果优质率下降，反映了河北省果园预警防控体系不健全。灾害应对措施不到位、果园基础设施差、农业保险等灾后补救措施缺位等，气候变化及其所带来的气象灾害对水果产业发展（布局、产量、质量等）的影响日益扩大。建立健全预警防控体系，加强农业保险等，缓解气候变化及其灾害影响应得到业界高度关注。

（三）生产要素成本尤其是人工成本上升趋势明显，省力化技术适用性有待提高

果农老龄化、劳动力结构性紧缺，以及要素成本持续上涨已成为制约产业发展的因素，河北省水果栽培须由劳动密集型向技术密集型转变。然而，目前河北省水果省力化技术发展缓慢，化学疏花、疏果技术还停留在示范园；省力化机械运用，主要集中在运输、喷药、割草、施肥等作业环节。从促进河北省水果栽培方式转型升级的角度考虑，亟须研发与推广应用省力化综合配套技术与机械装备。

（四）郁闭老旧果园比例大，集成改造技术创新有难度

河北省是优势水果种植区域，种植历史比较长，一些优势产区果园树龄已经有20年以上，果园郁闭程度很高，机械化作业难度很大，比如现代化的水肥一体化技术、施肥和绿色防控技术难以实施，集成改造技术创新有一定的难度，改造任务仍然艰巨。

四 河北省水果产业高质量发展的建议

随着消费市场转变，传统的水果已无法满足消费者日益增长和多样化的消费需求，低品质果品的积压和滞销问题日益严重。传统销售渠道受到新兴

销售模式的冲击，水果产业频繁遭遇销售困难和销售缓慢的问题。河北省水果产业发展应继续按照"稳规模、提品质、增效益"的思路，加快推进品种培优、品质提升、品牌打造和标准化生产，构建产业链、市场链、价值链完整匹配的河北省现代水果经济体系。

（一）构建科技支撑体系

一是科学系统地做好水果产业发展布局规划。结合河北省水果主产区农村劳动力、土壤条件、气候特点等因素，对水果产业从育苗、种植、采收、储藏、加工、销售等方面进行全面系统的分析研究，逐步淘汰、改良生态条件较差、不适合栽种水果的果园。二是鼓励支持水果新品种研发培育、引进，对现有品种进行提纯、选优，对国内外优质品种进行引进、试种、推广，优化品种结构，实现多元化发展。三是根据不同地域的海拔、降水、地下水资源、土壤肥力等条件，研究确定适合发展的果树树型和栽培模式，发展生态种植，实现可持续发展。四是鼓励引进研发适合水果全程机械化生产的农机具及配套农艺，尤其是喷防、疏花、疏果、采摘、整地等关键环节，要尽可能做到机械化，降低人力成本；支持示范推广能够自动化生产、智能化管理的智慧果园建设。

（二）构建全链条产业体系

树立全产业链发展思路，从育苗、栽培、管理、采收、贮藏、运输、销售、加工等各个环节，全面构建河北省水果产业体系。一是抓好果树苗木繁育体系建设。开展有针对性的育种、育苗，满足自身产业发展的苗木需求。二是加快建设与生产能力相适应的冷库群。在水果主产区周边配套建设规模化、标准化冷库群，确保水果采摘后第一时间入库，提高商品率，延长水果市场的供应期。三是建好水果销售体系。充分利用京津冀协同的政策优势、便捷的交通优势，以高碑店新发地批发市场为核心，对接产地市场，建设河北水果采购展示服务中心，在南方及沿海发达地区建设河北水果供货中心及专卖店，提高河北水果影响力和市场竞争力。

（三）构建生产管理体系

一是建好示范园，树立"样板"。充分利用河北省水果产业技术体系专家团队的力量，做好示范区、示范园、示范基地建设，发挥示范带动作用。二是对区域环境质量进行综合评定，选择品种一定要充分分析海拔、土壤、气候、水资源等条件，确保把优质水果品种布局种植在条件最适宜的地区，做到适地适树，发挥好资源优势。三是要注重对果树生产全过程的把控，做好环境认证、产品认证、标准化生产和质量信息可追溯。

（四）构建保障体系

水果生产周期长，受自然条件影响大，特别是河北省果区干旱、冻害、冰雹、连阴雨等气象灾害时有发生，直接影响水果产量和品质。应构建水果产业保障体系，为水果产业健康发展和果农稳定增收保驾护航。一是不断加大防灾设施建设力度，加大果园的防雹网、喷灌、滴灌等设施建设力度，实现抗旱、防雹和抵御低温冻害能力。二是不断扩大水果商业保险覆盖面。吸引鼓励更多的保险机构参与水果保险，使水果险成为普惠性服务。

参考文献

曹永华等：《乡村振兴背景下静宁苹果产业链发展现状及对策》，《北方园艺》2025年第2期。

杨易：《我国苹果产业现代化高质量发展路径思考》，《中国果树》2025年第1期。

李丹阳、董洁芳、吴传云：《我国果园生产机械化发展趋势与思考》，《农机科技推广》2024年第8期。

王俊芹、张亮：《河北省水果生产要素配置及竞争力研究》，中国财政经济出版社，2023。

王俊霞：《浅谈果业发展的机械化、智能化技术研究》，《南方农机》2024年第14期。

吴中勇、李延荣、董中丹：《我国水果市场发展现状及对策研究》，《中国果菜》2023

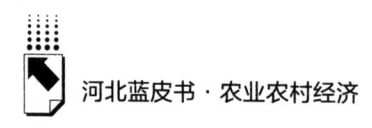

年第 11 期。

中国苹果产业协会等：《2022年苹果产业发展概况（二）——苹果期货、标准与品牌建设》，《中国果菜》2024年第4期。

艾永华：《陕西：从苹果大省向苹果强省迈进》，《陕西日报》2022年10月31日。

B.6
2024~2025年河北省渔业生产形势分析与预测

周栓林*

摘　要： 河北省学习运用"千万工程"经验，积极应对水产品价格下行压力，2024年全省渔业经济继续保持稳中有升的发展态势，水产品总产量为118.02万吨，同比增长2.86%。同时绿色养殖水平、港船监管水平、三产融合水平以及渔业增殖效果、渔业科技现代化水平均有不同程度的提升。针对渔业可持续发展空间受限、加工增值能力低、产业化经营体系不健全以及安全生产形势紧迫等挑战，本报告提出了强化顶层设计和责任落实、进一步提高水产养殖绿色发展水平、强化信息技术支撑、强化渔船渔港安全监管、强化渔业生态环境保护和建设海洋生态牧场等政策措施。

关键词： 渔业　绿色养殖　港船监管　加工增值

　　2024年，河北渔业系统深入贯彻落实习近平总书记树立大农业观、大食物观的有关要求，坚持以学习运用"千万工程"经验为引领，创新工作机制，谋实抓手载体，补短板、强弱项、抓关键、增动能，夯实渔业发展基础，提升水产品稳产保供水平，推进一二三产业融合发展，加强水生生物资源养护，保护水域生态环境，扎实有力推进渔业工作在水产养殖、渔业资源养护、渔业产业融合发展等方面不断取得新成效，圆满完成年度指标任务，实现渔业发展质量和效益不断提升。

---

* 周栓林，河北省农业农村厅渔业处副处长，主要研究方向为渔业资源管理、渔业行政执法、海洋牧场和休闲渔业管理。

一 2024年河北省渔业生产形势

2024年水产品总产量为118.02万吨，同比增长2.86%。其中，海水养殖63.31万吨，同比增长4.11%；淡水养殖28.11万吨，同比增长4.62%；海洋捕捞19.61万吨，同比增长3.12%；淡水捕捞4.54万吨，同比增长9.97%；远洋渔业2.46万吨。渔业一产产值为363.46亿元，同比增长3.49%。渔民人均纯收入为27805.3元，同比增长5.49%。[①] 2024年渔业发展形势呈现以下几个特点。

（一）水产养殖绿色发展水平更高

沿海高效水产养殖带，围绕昌黎扇贝、北戴河新区鲆鲽、唐山对虾、乐亭海参、曹妃甸河鲀、黄骅梭子蟹等6大优势特色主导品种，全方位、全要素、全链条集中打造河北现代渔业发展高地、标杆；城市周边休闲型水产养殖带，在环京津、绕省会、沿渤海等大中城市周边，推动水产养殖向休闲垂钓、生态观光等业态拓展，丰富群众生活、增加渔民收益；山坝生态型水产养殖带，重点建设了一批以虹鳟鱼、鲟鳇鱼、鲑鱼、中华鳖等名特品种为主导的高效设施渔业养殖基地。深入开展养殖池塘、生产车间等设施改造升级，新建立示范推广基地27个以上，全省累计提升改造养殖场近300个，规模化养殖场覆盖率达到90%以上。对6个国家级水产健康养殖和生态养殖示范区、1个国家级水产良种场、2个通过国家水产新品种审定的单位进行奖补。在唐山乐亭、秦皇岛昌黎适宜海域建设重力式深水网箱标准箱3万平方米以上，拓展了深远海养殖空间。由于土地限制、地方管理确权难等，全省养殖证发放率偏低，这是全国共同存在的难点问题，也是2023年稳产保供审计反馈需河北省持续整改的问题。2024年，河北省农业农村厅渔业处

[①] 本报告数据来源于农业农村部渔业渔政管理局、全国水产技术推广总站、中国水产学会编制《中国渔业统计年鉴（2024）》，中国农业出版社，2024；《河北省渔业统计年鉴2023年》（河北省农业农村厅内部资料）。

将养殖证发放作为"重中之重"综合施策、全力推进。在全省渔业工作会议上系统部署，组成 4 个工作组分赴水产养殖大县、养殖证发放率低的县摸底调研掌握一手资料，制作养殖证办理宣传短视频发放到各市县，会同省数据和政务服务局印发工作通报，印发渔业系统整改要求与安排，同步约谈水产养殖大县县政府主管领导，2024 年底全省养殖证发放率达到 66.6%，圆满完成年度发放率达到 65% 的整改目标。

（二）渔船渔港监管水平更高

加强渔船渔港安全监管。强化工作部署，研究制定各类专项工作方案，做到精准防控、分类施策；组织实施专项整治三年行动和"商渔共治 2024"专项行动，常态化抓好风险隐患排查整治和安全执法检查，先后在关键时间节点组织开展四轮渔业安全生产大检查，共检查渔船 8540 艘次，消除安全隐患 715 项。海洋涉渔"三无"船舶整治专项行动顺利收尾，共清理退出唐山、沧州地方"纳管船"1711 艘，查获处置"三无船"834 艘，全程未有群访、舆情等不良事件发生。加强对渔民的宣传教育，举办渔业"安全生产月"等宣传活动，开展应急演练，制作宣传片。共组织船员培训 50 期，共培训船员 3000 人次，举办安全宣传教育活动 165 场，直接参与渔民共 5500 人次。规范渔政执法及队伍建设。制定年度渔政执法和执法监督工作要点，印发《中国渔政亮剑 2025》系列专项执法行动方案和《2025 年河北省休禁渔管理工作方案》，对各地开展执法专项行动情况进行督导协调。组织开展渔业行政执法案卷评查工作，择优报送海洋伏季休渔典型案例、年度渔政执法案卷和安全生产执法监管案卷参加全国先进评选。目前河北省 2 个伏季休渔执法典型案例被农业农村部通报表扬。加强执法队伍建设，积极组织执法人员参加各类渔政执法监管和能力培训、执法队伍大练兵活动，通过比学赶超，促进渔政执法队伍整体素质提升。强化信息技术应用。加强渔船渔港动态监控管理，对渔船渔港动态监控管理系统进行功能模块和安全保护等级升级，强化系统应用和培训，指导各地运用信息化手段监管渔船渔港。全年对沿海渔业船舶自动识别系统（AIS）、北斗在线率通报123次，通报渔船6842艘。推进智慧渔港建设，在实现25座渔港视频监控、全部渔船实时位置监控的基础上，为16座渔港升级了进出港渔船身份自动识别、违规船只进出港自动报警功能，并对17处临时停泊点全部加装了监控设备，大幅度提升了渔业安全管理和执法效率。探索渔船更新改造方法路径。在完成13艘渔船更新改造任务的基础上，针对全省木质渔船多、老旧渔船多，严重影响渔船安全性能的突出问题，探索加快全省渔船更新改造的方法路径，组织开展海洋捕捞渔船更新改造专题调研，形成调研报告。摸底全省渔船更新改造需求，初步制定《河北省海洋捕捞渔船更新改造项目实施方案》，推动做好2025年海洋捕捞渔船更新改造工作，不断提高渔船安全风险保障和深远海生产能力，持续降低近海捕捞强度。

（三）渔业三产融合度更高

水产品精深加工与鲜活流通体系建设水平提高。水产品加工、仓储、保鲜等能力稳步提升，显著提高了水产品附加值和溢价能力。累计支持40余家水产加工企业设施设备提升，水产品加工总量较"十四五"之初增长近10%。河北省水产品出口在全省农产品出口中占据主导地位，其中海湾扇贝柱、冻章鱼出口量居全国前列，占全国同类产品出口量的70%，河鲀出口量占全国总量的60%以上。大水面生态渔业快速发展。深入挖掘湖泊、水库等资源，实行"一水一策"，增加优质水产品供给，推动渔业一二三产业融合发展。全省湖泊、水库等大中水面增养殖面积已经达到100万亩，发展生态渔业1000亩以上的水面近60处。成功举办河北优质水产品进京展销洽谈活动。在北京市举办2024年河北净菜进京"六进"活动暨河北优质水产品进京展销洽谈活动，这是河北省首次水产品进京专题活动，20余家优质水产品、农产品企业对60余种产品进行了集中展示，省内外水产品经销商、采购商、批发市场代表等100多人参加，《农民日报》、《中国渔业报》、《河北日报》、省政府要情快报、农业农村厅网站等对此次活动进行了报道。

（四）渔业增殖效果更实，增殖放流成效明显

全年在渤海海域和内陆大中型湖库开展水生生物增殖放流各类水产苗种30亿单位，和雄安新区管委会共同举办"6月6日全国'放鱼日'河北同步增殖放流"活动，首次在北戴河海域增殖国家二级水生野生动物松江鲈。调查监测显示，中国对虾增殖放流回捕率为2.84%，投入产出比为1∶29.44；三疣梭子蟹回捕率为9.72%，投入产出比为1∶15.30。海洋牧场示范区建设加强。新创建国家级海洋牧场示范区1家，累计创建20家，仅次于山东和辽宁，数量和规模均居全国第3位。全省累计建设海洋牧场30个，其中包括20个国家级海洋牧场示范区，涉海面积1.6万多公顷，投放人工鱼礁560多万空方。海洋牧场综合效益逐步显现，建设集水下监测、看护管理、旅游休闲、网箱养殖于一体的海洋牧场综合平台4座，在建2座，重力式网箱养殖已达6万多平方米，在建1.5万多平方米。以唐山湾国家级海洋牧场为例，其贝类底播增殖年产量达1000多万斤，4万多平方米的海上网箱养殖海参年产量达12万多斤。水产种质资源和白洋淀渔业资源持续好转。围绕20处国家级水产种质资源保护区，重点开展种质资源保护及巡查巡护。其中，白洋淀鱼类已经从2019年的33种增加至2024年的48种，鱼类多样性指数达到高级别水平，环境指示性物种中华鳑鲏成为淀区常见种。

（五）着力推动渔业科技现代化

主导品种养殖规模保持全国前列。河鲀、扇贝、中国对虾生产规模均居全国第2位，鲆鲽生产规模居全国第3位，海参生产规模居全国第4位，鲟鱼生产规模居全国第5位，梭子蟹生产规模居全国第6位。水产种业实现新突破。新创建国家级水产良种场1家、省级水产原良种场8家，省级以上水产原良种场达到57家。新申报国家水产品新品种2个，分别为中国对虾"冀海丰1号"和牙鲆"冀海1号"，"十四五"以来累计认定新品种3个。红鳍东方鲀、中国对虾、半滑舌鳎等优势特色品种苗种供应规模位居全国第一，河北省沿海地区已经成为北方地区重要的水产苗种供应集散地。经前期

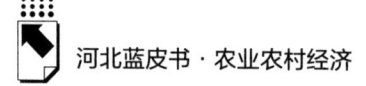

考察和深入对接，中国水产科学研究院渤海水产种业创新基地正式落户河北唐山，基地总投资达2.6亿元，建设周期两年，建成后，将为河北渔业发展提供强大的科技支撑。

二 2024年河北省渔业发展形势分析

当前渔业发展机遇与挑战并存、有利条件和不利因素同在。把握机遇、接受挑战，消除不利影响、充分发挥有利条件，推动渔业绿色高质量发展，是当前的工作重点。

（一）政策利好条件

一是领导重视。习近平总书记等党和国家领导人高度重视渔业生产，多次在大会上对渔业生产做出重要指示批示。尤其是2023年习近平总书记考察湛江时做出"中国是一个有着14亿多人口的大国，解决好吃饭问题、保障粮食安全，要树立大食物观，既向陆地要食物，也向海洋要食物，耕海牧渔，建设海上牧场、'蓝色粮仓'。种业是现代农业、渔业发展的基础，要把这项工作做精做好。要大力发展深海养殖装备和智慧渔业，推动海洋渔业向信息化、智能化、现代化转型升级"的指示，为渔业产业注入时代最强音。省委、省政府领导也高度重视渔业生产，多次在会上指出要实施"严格渔业生产"，听取全省渔业生产情况汇报，表明渔业工作在政府工作中所占的地位越来越重要。二是政策有力。近几年中央一号文件，分别提出"科学划定限养区，发展大水面生态渔业。建设现代海洋牧场，发展深水网箱、养殖工船等深远海养殖""支持深远海养殖"，省委一号文件提出"建设现代海洋牧场，发展深远海养殖"等一系列举措，为河北省渔业发展提供了基本遵循。三是资金充足。目前，河北省每年可用于渔业渔政基础设施建设、产业发展的资金规模超过2亿元。近几年还安排了一些重大工程，沿海3市均已启动渔港经济区建设，全面清理取缔了涉渔"三无"船舶，实施了整县域尾水治理、绿色循环水养殖，对于渔业产业均是重大利好。

（二）不利因素

一是空间受挤难题尚未有效破解。随着各地港口、码头、风电、光电等涉渔工程项目实施，渔业水域和滩涂被大量挤占，传统渔业水域持续减少，渔业可持续发展空间受限。2024年，海水养殖面积大幅缩减，上半年同比减少9299公顷，下降9.37%。唐山缩减8236公顷，秦皇岛缩减1063公顷。二是安全生产风险尚未根本消除，事故险情仍有发生，表明船员安全意识淡薄、渔船安全装备水平落后，安全生产形势依然严峻。在连续三年开展"治违禁、控药残、促提升"行动的情况下，每年在国家组织的产地水产品监督抽查中，河北省水产品均出现药物残留超标问题，说明河北省水产品质量安全风险依然存在。三是发展质量不高现状尚未得到扭转。与全国平均水平和先进省份相比，河北省渔业产业融合发展程度低，一产独大的问题十分突出，2023年渔业二三产业产值占比仅为14.8%，同全国平均51%的占比差距巨大。产业链条短，加工增值能力低，水产品销售仍以初级产品为主，水产小企业多、产加销一体的龙头企业少，品牌打造不足、知名品牌少。产业化经营体系不健全，小农思想突出、经营方式粗放，无"公司+基地+农户"的利益联结机制，增效益的联农带农能力弱。

三 2025年渔业经济形势研判

2025年，渔业经济将积极应对全球经济下行压力，不断挖掘科技创新动力和融合发展优势潜力，全省渔业经济将继续保持稳中有升的发展态势。

近海捕捞渔民人数、渔船总量和总功率将继续保持下降趋势，海洋捕捞产量继续保持"零增长"；淡水捕捞业对天然渔业资源依赖程度继续降低，淡水水域生态渔业和增殖业规模继续扩大，淡水捕捞产量有所增加。

整县域发展具有地方特色的水产养殖越来越被当地政府和渔民接受，集中发展水产种业、特色养殖、水产品精深加工，促进地方水产养殖更加多样化、高端化、高值化，渔民生产效益会有较大幅度增长。

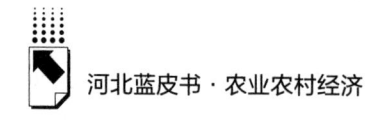

四 2025年河北渔业发展的对策建议

2025年，全省渔业系统将聚焦高质量发展、高水平保护和高效能治理，稳养殖、优捕捞、拓远海、强基础、保供给、求突破，向政策支持、科技创新、健全机制要动力，不断优化渔船渔港管理，加强安全生产监管，推进渔船更新改造，加快智慧渔港建设步伐，提升渔政执法能力和水平，筑牢产业发展基础，全省水产品总产量保持在115万吨以上。

（一）深入挖掘渔业发展潜力

一是强化顶层设计。及时按照最新国土空间规划，并与市县两级规划进行严密比对，调整河北省水域滩涂规划，尽量做到统一。严格按照省自然资源厅、省农业农村厅、省数据和政务服务局联合印发的《河北省优化养殖用海管理工作方案》，高效推动现有海水养殖海域使用和养殖"两证"核发。鼓励沿海市县开展渤海中部海域开发利用潜力研究，拓展养殖用海空间。定期调度渔业经济运行、渔业一产固定资产投资两项指标，做到应统尽统。充分利用现有渔业保险政策，提升渔业防灾抗灾能力。

二是强化责任落实。强化省级牵头协调、综合调度职能，压实市级对所辖县级指挥调度、督促指导责任，明确县级对渔业相关企业、单位、个人的业务指导、监督、检查等责任。督导全省依据《渔业统计工作规定》，逐步建立完善定期调度巡查、数据质量审核、统计培训、渔业生产经济分析及报告等渔业统计工作制度，指导基层渔业统计人员准确掌握工作范围和统计指标，做到科学统计、应统尽统。坚持把保障水产品有效供给作为渔业发展的首要任务，守牢水产品稳产保供和质量安全两条底线。指导相关执法、推广和质检机构，坚持产管并举、综合施策、持续发力。加强产地水产品药残监控，切实压实养殖生产经营者质量安全主体责任。做好质量安全监管执法，稳步提升基层监管部门质量安全监管能力。

三是优化产业结构。提高渔业二三产业占比，逐步改变河北省渔业一产独大的局面，通过开展强龙头、补链条、兴业态、树品牌等一系列活动，提升渔业产业链现代化水平。依托现有国家级海洋牧场、水产品加工龙头企业、新型渔业经营主体、休闲渔业企业等，推动海洋牧场深度开发、融合发展。在"接二连三"上下功夫，建成一批规模效益突出、产业特色鲜明、设施设备先进、产业链条完整、加工水平高、品牌影响力大的现代渔业产业园，推动渔业全产业链增值增效。

（二）进一步提高水产养殖绿色发展水平

积极改变工作思路和方法，实施扶强扶优政策，力争2025年首次打造7个现代渔业产业园区，通过强基础、补短板、延伸产业链，带动水产养殖业发展。重点鼓励养殖企业与省级以上大专院校、科研院所合作，开展重点养殖品种选育研究，到年底争取使1~2个新品种通过国家审定发布。落实国家种业振兴行动，加快水产种业能力提升，通过财政项目带动，撬动社会资本投入，大力提升苗种场繁育能力，力争年育苗达到900亿尾以上。积极推动水产养殖绿色健康发展，开展养殖池塘标准化改造和养殖基础设施提档升级，支持建设智慧渔场、推广新模式新技术应用、推动稻渔综合种养、积极发展深远海抗风浪网箱养殖，开展养殖尾水综合治理，推广适宜河北省发展的水产健康养殖模式，加快推动水产养殖业绿色发展，支持15个渔业高质量发展示范项目开展上述建设内容。积极开展省级水产健康养殖场和无规定水生动物疫病苗种场建设工作，加大水产品质量安全监测力度，配合开展水产养殖执法检查。开展重点水产品种专项整治，在重要节假日和重大活动期间，加大风险隐患排查力度，分阶段制定半月工作推进计划。指导开展水产绿色健康养殖技术推广"五大行动"（生态健康养殖模式示范推广、养殖尾水治理模式推广、水产养殖用药减量、配合饲料替代幼杂鱼、水产种业质量提升），确保全省水产品质量监督抽检合格率达到98%以上。

（三）进一步优化捕捞业发展方式

一是加强渔政执法监管。继续组织好休禁渔和"渔政亮剑2025"专项执法工作，加强渔政执法队伍建设和海上执法协作，加强渔政执法监管，加大与海警、海事等部门的联合执法力度，持续打击涉渔"三无"船舶，严厉查处各类涉渔违法违规行为。针对省委巡视组提出的"渔政执法存在不到位问题"进行认真整改。在完成年度正常执法的基础上，视情整合和抽调部分重点市县渔政执法装备和人员，集中开展8次专项执法行动，确保渔政执法能力建设提档升级。

二是强化信息技术支撑。加强省渔政指挥中心建设，对渔船渔港动态监控管理系统进行升级，推动具备常态化监控、进出港管理和电子围栏等功能的智慧渔港建设，实现海上渔船作业看得见、联得上、召得回，遇有风险主动预警，并紧盯涉韩朝海域作业渔船、长期省外停泊渔船等重点渔船船位监控，防止涉外渔业事件发生。

三是推动渔船更新改造。学习运用浙江海上"千万工程"经验，利用中央一般性转移支付资金放宽海洋捕捞渔船更新改造支持政策，将渔船更新改造为拖网、张网、三角虎网以外作业类型的非木质渔船全部纳入补助范围，力争2025年底将船龄达到25年以上的近海捕捞渔船更新改造为资源友好型或新材料渔船，打造一批让渔民可感可及、具有引领示范作用的"样板船"，提高渔船安全性能。

四是强化渔船渔港安全监管。继续实施渔业安全生产专项整治三年行动和"商渔共治2025"专项行动，加大渔船渔港安全隐患排查整治力度，会同有关部门联合开展宣传教育和执法监管，构建"港内港外齐发力、航行作业齐监管"的协同机制。不断优化涉外渔船管理方式方法，推进基层船管服务组织试点建设，加大涉外渔船管控和渔民教育培训力度，指导监督相关企业落实好主体责任，遵规守纪生产。优化提升渔港管理水平，鼓励有条件的地方引入第三方公司，进一步健全制度，规范渔港管理。

（四）进一步提高渔业资源养护水平

一是科学开展增殖放流。建立"数量适宜、分布合理、管理规范、动态调整"的增殖放流苗种供应体系，适当增加珍贵濒危物种放流数量，定期开展增殖放流效果评估。2025年计划增殖放流苗种30亿尾，其中放流珍贵濒危物种12万尾以上。二是强化渔业生态环境保护。继续支持国家级水产种质资源保护区建设与管理，积极开展保护物种繁育及放流，适当调整渤海湾国家级水产种质资源保护区。加强涉渔工程生态补偿工作，严格督导增殖放流、生态修复等补偿措施落实，严禁投放外来物种、杂交种以及其他不符合生态安全要求的物种。三是建设现代化海洋牧场。巩固提升投礁型海洋牧场建设，科学开展国家级海洋牧场年度监测评价与复查；积极探索发展底播增殖、深远海养殖、养殖工船、海上综合平台等新产业，支持2个平台建设，支持1个海洋底播品种繁育能力创新研发。推进海洋牧场全产业链开发，完善海洋牧场运营的监督管理体系，提升全省现代化海洋牧场建设水平。

参考文献

农业农村部渔业渔政管理局、全国水产技术推广总站、中国水产学会编制《中国渔业统计年鉴（2024）》，中国农业出版社，2024。

《河北省渔业统计年鉴2023年》（河北省农业农村厅内部资料）。

B.7
2024～2025年河北省农产品进出口贸易形势分析与预测

邵红岭　路　剑　李淑薪[*]

摘　要： 受全球经济缓慢复苏、世界贸易温和扩张、国际大宗农产品价格涨跌互现、国内经济稳中有进、省内农业经济稳中向好等的影响，2024年河北省农产品进口和出口规模齐增长，进出口农产品结构不断优化，贸易伙伴更加多元化，一般贸易农产品进出口额所占比重上升。2025年河北省农产品进出口贸易规模有望稳中有升，农产品进出口贸易结构将持续优化升级。面对复杂严峻的国内外形势，亟须强化政策支持与金融服务、加强质量提升与品牌建设、推动市场多元化与区域合作、加速科技创新与数字化转型、构建风险预警与防控机制等，以推动河北省农产品进出口贸易促稳提质。

关键词： 农产品　进出口贸易　河北省

在国内外多重因素的影响下，2024年河北省农产品进口和出口规模均出现不同程度的增长，农产品进出口贸易结构不断优化，但农产品进出口贸易面临的环境仍较复杂和严峻，因此河北省农产品进出口贸易仍面临较大的不确定性。

---

[*] 邵红岭，河北农业大学经济管理学院副教授，主要研究方向为农产品国际贸易；路剑，河北农业大学经济管理学院教授，主要研究方向为农业经济与管理；李淑薪，河北农业大学经济管理学院硕士研究生，主要研究方向为农业管理。

一　2024年河北省农产品进出口贸易形势与特点

（一）进口和出口规模齐增长

2024年河北省农产品进出口总额、出口额和进口额均出现不同程度的增长。其中河北省农产品进出口总额为79.30亿美元，同比增长2.96%；农产品出口额为23.39亿美元，同比增长8.47%；农产品进口额为55.91亿美元，同比增长0.82%；农产品进出口贸易逆差32.52亿美元，同比下降4.06%。分季度来看，2024年第一至第四季度农产品进出口总额分别为13.27亿美元、22.63亿美元、22.50亿美元和20.90亿美元，其中第二季度农产品进出口贸易规模最大。分月度来看，如表1所示，1~12月农产品进出口总额、出口额和进口额均呈波动变化态势，且进口额波动幅度大于出口额波动幅度。农产品进出口总额在8月达到年内最高值8.92亿美元，在2月达到最低值3.64亿美元，同比增长幅度在8月达到年内最高值38.94%，在2月达到最低值-52.04%。农产品出口额在12月达到年内最高值2.37亿美元，在2月达到最低值1.31亿美元，出口额同比增长幅度在6月达到年内最高值33.57%，在2月达到最低值-15.48%。农产品进口额在8月达到年内最高值7.04亿美元，在2月达到最低值2.33亿美元，进口额同比增长幅度在8月达到年内最高值51.40%，在2月达到最低值-61.42%。1~12月农产品进出口贸易均呈现逆差，且逆差幅度在8月达到高峰5.16亿美元。

表1　2024年河北省月度农产品进出口规模与同比增长情况

单位：亿美元，%

月份	进出口额	同比增长	出口额	同比增长	进口额	同比增长
1	5.47	0.18	2.04	11.48	3.43	-5.51
2	3.64	-52.04	1.31	-15.48	2.33	-61.42
3	4.16	-10.73	1.78	2.30	2.38	-18.49
4	5.65	16.98	1.76	-4.35	3.89	30.10

续表

月份	进出口额	同比增长	出口额	同比增长	进口额	同比增长
5	8.78	0.34	1.86	-1.06	6.92	0.73
6	8.20	17.48	1.91	33.57	6.29	13.33
7	5.29	-14.26	1.87	-2.60	3.42	-19.53
8	8.92	38.94	1.88	6.21	7.04	51.40
9	8.29	30.55	2.09	14.84	6.20	36.87
10	7.75	19.41	2.21	5.24	5.54	26.20
11	6.32	2.93	2.31	25.54	4.01	-6.74
12	6.83	-6.69	2.37	28.11	4.46	-18.46

注：此处农产品是指HS编码1~24章的产品（下同）。
资料来源：根据中国海关统计数据计算所得。

（二）进出口商品结构不断优化

运用赫芬达尔-赫希曼指数对河北省进出口农产品的集中度进行测算，可知2024年河北省进出口农产品集中度为0.2079，低于2023年的0.2910，且2024年出口农产品集中度为0.091，进口农产品集中度为0.365，说明河北省农产品进出口商品结构不断优化，且出口商品结构优于进口商品结构。

就出口商品结构来看，如表2所示，2024年河北省出口额排前十名的农产品包括糖及糖食、蔬菜及其制品、水果和坚果及其制品、水海产品及其制品、动植物油脂、动物饲料等劳动密集型产品。排前十名的农产品出口额占河北省农产品出口总额的比重为86.56%，略低于2023年的87.35%。HS编码17章的糖及糖食出口额所占比重最大，为14.41%。与2023年相比，2024年出口额排前十名的农产品出口额出现不同程度上升的是HS编码17章、20章、08章、07章、05章、23章和16章农产品，出口额出现不同程度下降的是HS编码15章、03章、21章农产品。出口额同比增长幅度最大的是HS编码17章的糖及糖食，相比于2023年增长了34.87%，主要是因为其他固体糖出口额的大幅增加。出口额同比下降幅度最大的是HS编码03章的水海产品，相比于2023年下降了24.83%，主要是因为鲜冷鱼、不属于甲壳动物及软体动物的水生无脊椎动物及活鱼出口有了较大幅度的下降。

就进口商品结构来看，2024年河北省进口额排前十名的农产品包括油籽油料、水果及坚果、肉及食用杂碎、水海产品、糖及糖食、乳品、谷物等。排前十名的农产品进口额占河北省农产品进口总额的比重为96.59%，略低于2023年的96.84%。HS编码12章的油籽油料进口额所占比重最大，为57.70%，主要是大豆进口。与2023年相比，2024年进口额排前十名的农产品进口额出现不同程度上升的是HS编码08章、02章、03章、15章、04章、10章和21章农产品，进口额出现不同程度下降的是HS编码12章、17章和11章农产品。进口额同比增长幅度最大的是HS编码08章的水果及坚果，相比于2023年增长了104.11%，主要是因为鲜荔枝、鲜火龙果和其他未列明鲜果等进口大幅增加，同时较大幅度增加了龙眼干、肉的进口。进口额同比下降幅度最大的是HS编码17章的糖及糖食，相比于2023年下降了21.93%，主要是因为大幅减少了未加香料或着色剂的其他甘蔗糖的进口。

表2 2024年河北省进、出口额排前十名的农产品及占比、同比增长情况

单位：%

排名	HS编码及对应出口农产品	出口额占比	出口额同比增长	HS编码及对应进口农产品	进口额占比	进口额同比增长
1	17(糖及糖食)	14.41	34.87	12(含油子仁及果实；杂项子仁及果仁；工业用或药用植物；稻草、秸秆及饲料)	57.70	-18.34
2	20(蔬菜、水果、坚果或植物其他部分的制品)	13.85	15.36	08(食用水果及坚果；甜瓜或柑橘属水果的果皮)	14.31	104.11
3	08(食用水果及坚果；甜瓜或柑橘属水果的果皮)	13.50	19.42	02(肉及食用杂碎)	6.42	74.99
4	07(食用蔬菜、根及块茎)	8.89	12.12	03(鱼、甲壳动物、软体动物及其他水生无脊椎动物)	5.41	89.48
5	15(动、植物或微生物油、脂及其分解产品；精制的食用油脂；动、植物蜡)	7.33	-15.81	15(动、植物或微生物油、脂及其分解产品；精制的食用油脂；动、植物蜡)	5.17	13.16

续表

排名	HS 编码及对应出口农产品	出口额占比	出口额同比增长	HS 编码及对应进口农产品	进口额占比	进口额同比增长
6	05（其他动物产品）	6.66	5.96	17（糖及糖食）	2.72	-21.93
7	23（食品工业的残渣及废料；配制的动物饲料）	5.95	10.36	04（乳品；蛋品；天然蜂蜜；其他食用动物产品）	2.13	72.67
8	03（鱼、甲壳动物、软体动物及其他水生无脊椎动物）	5.72	-24.83	10（谷物）	1.18	29.43
9	16（肉、鱼、甲壳动物、软体动物及其他水生无脊椎动物、昆虫的制品）	5.25	5.13	11（制粉工业产品；麦芽；淀粉；菊粉；面筋）	0.87	-3.87
10	21（杂项食品）	5.00	-10.90	21（杂项食品）	0.68	90.82

资料来源：根据中国海关统计数据计算所得。

（三）贸易伙伴更加多元化

与2023年相比，2024年河北省农产品进出口贸易伙伴更加多元化，出口贸易伙伴遍及六大洲的170多个国家（地区），进口贸易伙伴遍及六大洲的100多个国家（地区），市场结构不断优化。

从区域布局来看，如表3所示，2024年河北省与各洲的农产品进出口总额所占比重最高的是拉丁美洲，其次是亚洲，这两个洲所占的比重达到77.41%，所占比重较少的是非洲和大洋洲，仅分别为2.73%和2.30%。与2023年相比，除了北美洲和大洋洲所占比重下降之外，其他各洲所占比重均有不同程度的上升。其中，出口区域中亚洲所占比重遥遥领先，达到59.60%。相比于2023年，亚洲、北美洲和大洋洲所占比重有所下降，其他各洲所占比重有所上升。进口区域中，拉丁美洲所占比重最高，其次是亚洲，两者所占比重达到83.05%。相比于2023年，北美洲和大洋洲所占比重有所下降，其他各洲所占比重有所上升。与2023年相比，2024年河北省与各洲的农产品进出口总额同比下降的有北美洲和大洋洲，尤其是北美洲下降幅度较大，下降了58.78%。与亚洲、欧洲、拉丁美洲、非洲的农产品进出口总额出现了不同程度的增长,其中增长最多的是非洲,增长了54.29%。2024年河北省对各洲的农产品出口额同比增长幅度最大的是欧洲,为44.39%,同比下降幅度最大的是北美洲,下降了17.70%。河北省自非洲农产品进口额同比增长幅度最大,增长了70.54%,自北美洲农产品进口额同比下降幅度最大,下降了69.48%。

表3　2024年河北省农产品进出口贸易区域分布

单位:%

区域	贸易额所占比重			贸易额同比增长		
	进出口	出口	进口	进出口	出口	进口
亚洲	34.40	59.60	23.86	25.26	6.87	52.74
欧洲	8.89	18.31	4.95	39.37	44.39	32.24
北美洲	8.67	12.12	7.22	-58.78	-17.70	-69.48
拉丁美洲	43.01	4.36	59.19	12.94	11.05	13.00
非洲	2.73	3.09	2.57	54.29	29.67	70.54
大洋洲	2.30	2.51	2.21	-4.29	-6.83	-3.04

资料来源:根据中国海关统计数据计算所得。

从国家(地区)布局来看,如表4所示,2024年河北省农产品十大出口国家(地区)是东盟、欧盟、日本、韩国、美国、中国台湾、中国香港、澳大利亚、加拿大和俄罗斯,河北省对其农产品出口额占河北省农产品出口总额的比重合计为84.94%,略低于2023年的86.27%。与2023年相比,2024年东盟仍然稳居河北省农产品第一大出口市场,所占比重达26.05%,欧盟由第4位上升为第2位,日本由第2位下降为第3位,韩国由第5位上升到第4位,美国由第3位下降为第5位,中国台湾由第7位上升为第6位,中国香港由第6位下降为第7位,澳大利亚和加拿大位次没变,俄罗斯取代了墨西哥成为河北省第十大农产品出口市场。2024年河北省农产品十大进口来源国家(地区)是巴西、东盟、美国、欧盟、厄瓜多尔、印度、澳大利亚、加拿大、塞内加尔和智利,河北省自其农产品进口额占河北省农产品进口总额的比重合计为94.27%,略高于2023年的94.16%。与2023年相比，2024年巴西仍然稳居河北省农产品第一大进口来源地，所占比重高达52.70%，东盟、欧盟、厄瓜多尔和澳大利亚位次均有所上升，而美国、印度和加拿大位次有所下降，塞内加尔和智利取代阿根廷和日本进入河北省十大农产品进口来源地。

表4 2024年河北省农产品十大出口市场和进口来源地情况

单位：%

排名	出口市场		进口来源地	
	国家（地区）	所占比重	国家（地区）	所占比重
1	东盟	26.05	巴西	52.70
2	欧盟	16.40	东盟	19.39
3	日本	11.65	美国	5.74
4	韩国	10.78	欧盟	4.09
5	美国	10.40	厄瓜多尔	4.04
6	中国台湾	2.96	印度	2.97
7	中国香港	1.97	澳大利亚	1.73
8	澳大利亚	1.85	加拿大	1.49
9	加拿大	1.72	塞内加尔	1.20
10	俄罗斯	1.16	智利	0.92

资料来源：根据中国海关统计数据计算所得。

（四）一般贸易比重提升

河北省农产品进出口贸易以一般贸易为主，加工贸易和其他贸易为辅。如表5所示，2024年河北省一般贸易农产品进出口额为75.33亿美元，同比增长5.89%，占河北省农产品进出口总额的94.99%，较2023年提升了2.63个百分点。其中，一般贸易农产品出口额为22.58亿美元，同比增长12.02%，占河北省农产品出口总额的96.54%，较2023年提升了3.05个百分点；一般贸易农产品进口额为52.75亿美元，同比增长3.47%，占河北省农产品进口总额的94.35%，较2023年提升了2.43个百分点。加工贸易农产品进出口总额为2.55亿美元，同比下降25.29%，占河北省农产品进出口总额的3.22%，较2023年下降了1.22个百分点。其中，加工贸易农产品出口额为0.68亿美元，同比下降50.70%，占河北省农产品出口总额的2.91%，较2023年下降了3.51个百分点；加工贸易农产品进口额为1.87亿美元，同比下降7.94%，占河北省农产品进口总额的3.34%，较2023年下降了0.32个百分点。加工贸易以进料加工贸易为主，2024年农产品进料加工贸易额占农产品加工贸易总额的比重达99.50%，高于2023年的98.71%。其他贸易农产品进出口总额为1.42亿美元，同比下降42.53%，占河北省农产品进出口总额的1.79%，较2023年下降了1.41个百分点，主要是海关特殊监管区域物流货物和保税监管场所进出境货物进口出现了较大幅度的下降。此外，在数字化浪潮的推动下，河北省农产品跨境电商较快发展，供出口的一些优势农产品如梨、桃、苹果、马铃薯加工品、速冻蔬菜、错季蔬菜等在跨境电商领域表现突出，借助跨境电商进一步扩大了市场份额。

表5 2024年河北省农产品进出口贸易方式

单位：亿美元，%

贸易方式	进出口总额	进出口同比增长	进出口所占比重	出口额	出口同比增长	出口所占比重	进口额	进口同比增长	进口所占比重
一般贸易	75.33	5.89	94.99	22.58	12.02	96.54	52.75	3.47	94.35
加工贸易	2.55	-25.29	3.22	0.68	-50.70	2.91	1.87	-7.94	3.34
其他贸易	1.42	-42.53	1.79	0.13	469.43	0.56	1.29	-47.35	2.31

资料来源：根据中国海关统计数据计算所得。

二 影响河北省农产品进出口贸易发展的主要因素

（一）全球经济缓慢复苏

2024年全球经济缓慢复苏但区域与国别之间分化趋势明显。国际货币基金组织（IMF）2025年1月发布的《世界经济展望》报告中提到2024年全球经济增长3.2%，相比于2023年小幅下降0.1个百分点，其中发达经济体的经济增速与2023年持平，均为1.7%。新兴市场和发展中经济体的经济增速整体高于发达经济体，从2023年的4.4%放缓至2024年的4.2%。亚太地区经济展现出巨大活力，IMF预计2024年亚太地区经济增长4.6%，对全球经济增长的贡献率达60%左右。2024年尽管部分国家仍受高通胀的困扰，但整体来看全球通胀压力有所缓解。IMF预计2024年全球居民消费价格指数（CPI）同比涨幅为5.8%，较2023年下降0.9个百分点。地缘政治冲突不断、贸易保护主义加剧、公共债务不断膨胀、消费和投资信心不足等因素影响了2024年全球经济增长的动力。

（二）世界贸易温和扩张

2024年世界贸易面临诸多挑战，不确定性增加。如表6所示，2024年世界贸易不确定性指数均值相较于2023年有所提升，尤其是2024年第四季度世界贸易不确定性指数大幅度提升。尽管面临诸多不确定性，但2024年世界贸易仍展现出较强的韧性和恢复力，整体低位反弹。世界贸易组织2024年10月发布的《全球贸易展望与统计》报告预计2024年世界货物贸易量将增长2.7%，略高于4月2.6%的预期，较2023年增长3.9个百分点，摆脱了2023年贸易量萎缩的困境。但贸易限制措施不断增加，全球经贸摩擦指数仍处于高位或中高位。世界贸易组织相关资料显示，2023年10月中旬至2024年10月中旬，世界贸易组织成员推出了169项新的贸易限制措施，其涵盖的贸易额估计为8877亿美元，比上年度引入的限制措施所涵盖的贸易额高5500亿美元。截至2024年10月中旬，进口限制措施影响的贸易额占全球进口总额的11.8%，比上年同期增长了1.9个百分点。出口限制措施影响的贸易额占全球出口总额的1.1%，比上年同期增长了0.4个百分点。如图1所示，2024年全球经贸摩擦指数多个月份处于高位，尤其2月达到全年最高值299，之后变化相对平缓。整体来看，2024年全球经贸摩擦形势较2023年有所缓和。

表6　2023年和2024年世界贸易不确定性指数（WTUI）

季度	2024年	2023年
第一季度	3.03	22.98
第二季度	1.91	7.23
第三季度	9.88	1.87
第四季度	37.35	1.92
平均	13.04	8.50

资料来源：Word Uncertainty Index，https：//worlduncertaintyindex.com/data/。

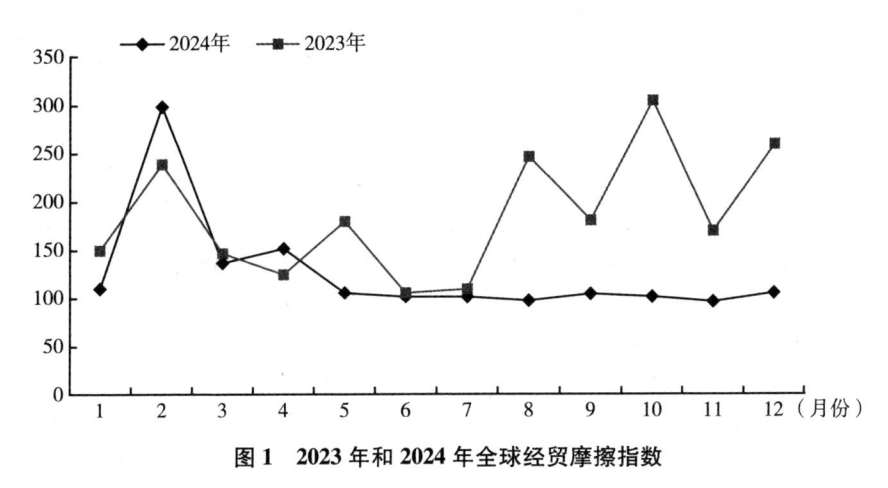

图1　2023年和2024年全球经贸摩擦指数

资料来源：贸易风险预警网，http：//www.risk-info.com/list.aspx?id=8。

（三）国际大宗农产品价格涨跌互现

极端天气、地缘政治紧张局势、贸易政策调整以及运输成本上涨等多种因素叠加冲击国际农产品市场，导致部分大宗农产品供需失衡，进而引起国际农产品价格波动变化。如表7所示，与2023年相比，2024年谷物和食糖的价格指数大幅下跌，从平均值来看分别下跌了13.29%和13.24%，肉类、奶类和植物油价格指数有所上涨，从平均值来看分别上涨了2.72%、4.77%和9.42%。具体来看，2024年1~12月肉类价格指数整体呈先升后降的趋势，除了1月、5月和6月低于2023年同期水平外，其他月份均高于2023年同期水平。奶类价格指数整体呈上升趋势，除了1~4月低于2023年同期水平外,其他月份均高于2023年同期水平。谷物价格指数呈波动变化趋势,12个月均低于2023年同期水平。植物油价格指数整体呈上升趋势,除了1~3月低于2023年同期水平外,其他月份均高于2023年同期水平。食糖价格指数呈波动变化趋势,除了1~3月高于2023年同期水平外,其他月份均低于2023年同期水平。

表7 2023年和2024年国际农产品价格指数

月份	肉类 2024年	肉类 2023年	奶类 2024年	奶类 2023年	谷物 2024年	谷物 2023年	植物油 2024年	植物油 2023年	食糖 2024年	食糖 2023年
1	108.9	110.5	118.7	144.7	119.9	147.5	122.5	140.4	136.4	116.8
2	112.5	112.1	120.7	138.7	113.8	146.7	120.9	135.9	140.8	125.2
3	114.9	114.1	124.0	135.3	110.9	138.6	130.6	131.8	133.4	127.0
4	116.6	116.0	123.8	129.3	111.6	136.1	130.9	130.0	126.6	149.4
5	116.7	117.4	126.3	121.7	118.7	129.3	127.8	118.7	117.1	157.2
6	118.1	118.6	127.9	119.9	115.2	126.6	131.8	115.8	119.4	152.2
7	120.0	117.9	127.9	119.1	110.7	125.9	135.0	129.8	119.5	146.3
8	122.0	114.5	131.3	114.5	110.2	125.0	136.1	125.8	113.9	148.2
9	119.9	113.4	136.5	112.0	113.6	126.3	142.4	120.9	126.3	162.7
10	119.2	112.0	139.0	114.6	114.4	124.8	152.7	120.0	129.6	159.2
11	118.5	111.6	139.9	116.5	111.4	121.0	164.1	124.1	126.4	161.4
12	119.0	111.2	138.9	118.7	111.3	122.8	163.3	122.3	120.0	134.2
平均	117.2	114.1	129.6	123.7	113.5	130.9	138.2	126.3	125.8	145.0

资料来源:联合国粮农组织。

如表8所示,除了稻米2024年国内和国际价格均高于2023年外,小麦、玉米、大豆、棉花、油料和食糖2024年国内和国际价格均低于2023年。与2023年相比,2024年除了玉米国内外价差的绝对值缩小外,其余大宗农产品国内外价差绝对值均不同程度扩大。2024年稻米和油料的国内价格低于国际价格,小麦、玉米、大豆、棉花和食糖的国内价格高于国际价格,存在价格倒挂现象。

表8　2023年和2024年部分大宗农产品国内外月度价格均值及价差

农产品	国内价格 2024年	国内价格 2023年	国际价格 2024年	国际价格 2023年	国内价格-国际价格 2024年	国内价格-国际价格 2023年
稻米(元/斤)	2.05	2.03	2.33	2.17	-0.28	-0.14
小麦(元/斤)	1.46	1.62	1.38	1.64	0.08	-0.02
玉米(元/斤)	1.20	1.42	1.06	1.22	0.14	0.20
大豆(元/斤)	2.47	2.91	1.93	2.56	0.54	0.35
棉花(元/吨)	15989	16727	15599	16606	390	121
油料(元/斤)	3.92	4.20	4.22	4.42	-0.30	-0.22
食糖(元/吨)	6304	6662	5576	6202	728	460

资料来源：根据农业农村部《2024年12月大宗农产品供需形势分析月报》和《2023年12月大宗农产品供需形势分析月报》数据计算所得。

（四）国内经济稳中有进

面对外部压力加大、内部困难增多的复杂严峻形势，2024年我国国民经济运行总体平稳，稳中有进。国家统计局数据显示，2024年我国国内生产总值为1349084亿元，按不变价格计算，同比增长5.0%，低于2023年的5.2%。其中，第一产业增加值为91414亿元，同比增长3.5%；第二产业增加值为492087亿元，同比增长5.3%；第三产业增加值为765583亿元，同比增长5.0%。全年全国居民人均可支配收入为41314元，同比名义增长5.3%，实际增长5.1%。其中，城镇居民人均可支配收入为54188元，同比名义增长4.6%，实际增长4.4%；农村居民人均可支配收入为23119元，同比名义增长6.6%，实际增长6.3%。城乡居民人均收入比为2.34，比2023年缩小0.05。河北省统计局数据显示，2024年河北省地区生产总值为47526.9亿元，按不变价格计算，同比增长5.4%。其中，第一产业增加值为4522.3亿元，同比增长3.5%；第二产业增加值为17470.5亿元，同比增长5.8%；第三产业增加值为25534.1亿元，同比增长5.4%。全年居民人均可支配收入为34665元，比上年增长5.4%。其中，城镇居民人均可支配收入为45610元，同比增长4.5%；农村居民人均可支配收入为22022元，同

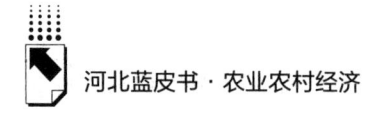

比增长6.4%。城乡居民收入差距进一步缩小，城乡居民人均可支配收入比为2.07，比上年缩小0.04。

（五）省内农业经济稳中向好

2024年河北省农业经济呈现良好的发展态势，在多个领域取得显著成果。一是粮食生产再获丰收。得益于全省深入落实"藏粮于地、藏粮于技"战略，持续加强高标准农田建设，积极推进种业振兴，众多科研成果助力粮食增产，河北省统计局数据显示，全年粮食总产量为3908.8万吨，比上年增长2.59%。其中，夏粮产量为1513.0万吨，同比增长0.96%；秋粮产量为2395.8万吨，同比增长3.65%。二是畜牧业生产总体稳定。主要畜禽肉产量为478.1万吨，比上年下降2.6%；禽蛋产量增长显著，达到425.6万吨，比上年增长5.2%；生鲜乳产量为560.4万吨，比上年下降2.0%。这一变化体现了河北省畜牧业在结构调整和市场需求适应方面的动态发展。三是蔬菜水果生产平稳。蔬菜产量为5717.3万吨，比上年增长4.0%。园林水果产量为1217.6万吨，比上年增长4.4%。丰富的蔬果供应不仅满足了本地市场需求，也为农产品加工和销售产业提供了坚实的基础。四是特色农业发展成效显著。2024年，河北省张北马铃薯、大名小磨香油、兴隆山楂、馆陶黄瓜、昌黎扇贝5个农业品牌入选农业农村部办公厅公布的农业品牌精品培育名单。随着京津冀协同发展的推进，"河北净菜"成为"北京好菜"，特色农产品销售市场不断拓展，有力带动了农民增收。

三 2025年河北省农产品进出口贸易形势展望

受地缘政治冲突、贸易紧张局势加剧以及高成本和高债务等影响，全球经济贸易下行风险依然不容忽视。国际货币基金组织2025年1月发布的《世界经济展望》报告中预计2025年全球经济增速为3.3%，比2024年高0.1个百分点，低于3.7%的历史平均水平（2000~2019年）。其中预计发达经济体经济增速为1.9%，比2024年高0.2个百分点；预计新兴市场和发展中经济体经济增速为4.2%，与2024年持平。世界贸易组织2024年10月发布的《全球贸易展望与统计》报告预计2025年世界商品贸易量的增速为3.0%，低于2024年4月预计的3.3%。国际货币基金组织将中国2025年经济增长预期上调至4.6%，较2024年10月的预测值提高0.1个百分点。世界银行将中国经济增速上调至4.5%，较2024年6月的预测值提高0.4个百分点。2025年中国经济增速预计仍将明显高于全球经济增速，中国将继续成为全球经济增长的主要动力之一。外部经贸环境不确定性增加和内部经济发展困难犹存会给河北省农产品进出口贸易发展带来较大的不确定性。

2025年河北省农产品进出口贸易规模有望稳中有升，农产品进出口贸易结构将持续优化升级。出口方面，依托京津冀协同物流网络和环渤海港口优势，在政策支持、市场需求等有利因素的推动下，主要优势农产品如蔬菜、水果及一些深加工农产品出口潜力较大，有望保持增长态势，但仍面临贸易保护主义抬头、市场竞争激烈、气候等方面的挑战。进口方面，以补充省内高附加值农产品为主，进口规模有望稳步增长。肉类仍将以牛肉进口为主导，进口牛肉主要满足中高端需求，随着消费需求升级，牛肉进口量有望保持增长态势，但也可能会受到政策不确定性的影响，如商务部对进口牛肉进行保障措施立案调查后将要采取的措施。猪肉进口量因国内产能的恢复可能小幅下降。随着生活水平的提高和消费观念的转变，居民对高品质、多样化水果的需求将继续增加，水果进口量有望保持增长态势，且水果进口在品种和来源上可能会更加丰富多元。水海产品进口有望保持增长态势，但可能会受到关税调整、食品安全、市场竞争等因素的影响，在品种结构上可能会有所变化。饲料和压榨行业对大豆的需求仍较为旺盛，大豆进口可能会保持稳定或有一定程度的增长，整体仍会处于较高水平，进口来源可能会进一步多元化，若南美天气异常或中美贸易摩擦加剧，进口价格和供应链稳定性将面临挑战。

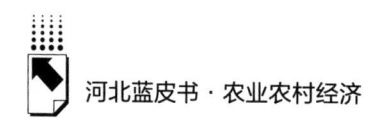

四 河北省农产品进出口贸易发展的对策建议

以农业对外开放高质量发展为主线,坚持"走出去"和"引进来"相结合,统筹利用国际国内两个市场、两种资源,多点发力推动河北省农产品进出口贸易促稳提质。

(一)强化政策支持与金融服务

一是加大补贴力度。设立农产品出口专项基金,对中小企业开拓市场给予物流费用补贴、海外参展资助,对部分高附加值农产品(如部分有机食品和功能性农产品)出口给予物流费用补贴等。二是优化出口退税机制。对于高附加值农产品可以提高退税比例,以减轻企业资金压力。试点"出口退税快车道",让信用良好的企业快速收到出口退税款,助力外贸企业远航。三是完善贸易便利化政策。进一步简化通关流程,实现农产品快速验放。试点"预检放行",对低风险农产品实施到港前实验室预检,以缩短通关时间。推动国际标准互认,与主要贸易伙伴签订有机认证、地理标志互认协议,减少重复检测。四是强化金融服务。扩大出口信用保险覆盖面,针对新兴市场提高保费补贴比例,以降低企业收汇风险。基于区块链技术搭建跨境贸易融资平台,助力中小外贸企业贸易融资。

(二)加强质量提升与品牌建设

首先,提升农产品质量及安全保障能力。一是进一步推广标准化生产,建立完善的农产品质量标准体系,农产品生产、运输的每个环节都严格遵循标准执行,确保出口农产品质量稳定且符合国际标准。二是开展循环农业试点,打造低碳农业体系。推广有机与碳中和认证,提升出口产品合规性,突破绿色贸易壁垒。三是加大农产品深加工投入和监管力度,将初级农产品转化为高附加值的加工品,提高产品利润空间和出口竞争力。四是全链条质量监管升级。对出口农产品实现"一物一码"全链条可追溯。对进口农产品,在主要口岸建立区块链平台，实现从产地到货架全程可追溯，对境外供应商实施"源头认证+飞行检查"，确保符合中国农残、疫病标准。其次，加强品牌建设。一是深入挖掘农产品的地域特色、文化内涵，培育和打造具有国际影响力的农产品品牌，并推动"河北农品"区域品牌国际认证。二是在目标市场举办或参加农产品品鉴会、展销会、文化节等活动，通过品牌宣传增强当地消费者的品牌认知，提升产品知名度和美誉度。三是加强农产品品牌保护，打击假冒伪劣产品，维护品牌形象和市场秩序，确保品牌农产品在国际市场中的竞争力。

（三）推动市场多元化与区域合作

一是在巩固传统农产品出口市场的基础上，积极搭建与国外采购商直接沟通的平台，深耕 RCEP 市场，拓展"一带一路"新兴市场，利用关税及其他贸易措施方面的优惠扩大市场份额。同时，构建多元化农产品进口来源，降低对单一国家或地区的依赖程度，分散关键农产品品类依赖风险。二是积极布局海外农业合作区，鼓励企业与国外优质农产品供应商建立长期稳定的合作关系，通过签订长期贸易合同或投资参股国外农业企业等方式，掌控上游资源，保障农产品的稳定供应；积极参与世界贸易组织、联合国粮农组织等国际组织的农业合作项目，与其他国家共同开展农业科技研发、资源保护等工作，为农产品进出口贸易营造有利的国际环境。

（四）加速科技创新与数字化转型

一是将传统农业与新质生产力相结合。让新质生产力为农业转型升级注入新动能，推动传统农业朝数字化、智能化、精细化和绿色化方向发展，不断优化农业产业链供应链价值链。二是推动智慧口岸建设与数字清关。搭建和应用 AI 智能审单系统，自动审核进出口单据，自动识别单据风险，提升农产品通关效率。使用无人机开展港口巡检，提高港口的安全性和运营效率。使用无人机抽检集装箱、检测疫病风险等。三是精准匹配消费需求。通过跨境消费大数据分析不同市场需求，挖掘区域消费偏好。

指导企业精准备货、定向出口或进口。运用虚拟现实（VR）技术，向海外采购商展示本地农产品生产基地实景，增强海外采购商采购信心，促成线上签约。四是发展数字贸易新模式。加强网络基础设施和物流基础设施建设，为数字贸易提供坚实的网络支撑和物流保障。降低中小微企业开展数字贸易的成本和门槛，支持传统外贸企业数字化转型。积极布局跨境电商，不断完善跨境电商产业链，加强跨境电商平台建设，支持企业发展直播带货、社交电商等新模式，直接触达海外消费者，促进跨境电商与传统产业的深度融合，带动产业升级和贸易增长。

（五）构建风险预警与防控机制

一是构建贸易壁垒预警机制。及时收集、分析国际市场上的重点农产品信息和贸易壁垒信息，实时监测欧盟、日本、美国等市场的农兽药残留新规，为出口企业提供预警服务，帮助企业提前做好应对准备。二是构建农产品进口监测预警机制，实时跟踪国际农产品价格、产量、政策、疫病等动态变化，及时发布市场信息，为企业和农户提供决策参考。提前预判市场风险，动态调整农产品进口节奏和进口规模，以有效应对价格波动和贸易摩擦带来的风险。三是构建农产品进口损害预警机制。当进口农产品对省内相关产业造成实质性损害或存在实质性损害威胁时，及时采取贸易救济措施，以维护省内农业产业的合法权益，并加强对受损产业的帮扶和调整。四是加强疫病和灾害防控。推动跨境动植物疫病联防，与贸易对象国家（地区）共享疫病疫情数据。开发洪涝、干旱等灾害保险产品，稳定生产预期。

参考文献

"World Economic Outlook," International Monetary Fund，https：//www.imf.org/en/Publications/WEO/Issues/2025/01/17/world-economic-outlook-update-january-2025.

"Global Trade Outlook and Statistics," World Trade Organization，https：//www.wto.org/english/res_e/reser_e/gtos_e.htm.

《2024年经济运行稳中有进 主要发展目标顺利实现》，国家统计局网站，2025年1月17日，https：//www.stats.gov.cn/sj/zxfb/202501/t20250117_1958332.html。

《2024年河北省经济形势新闻发布稿》，河北省统计局网站，2025年1月22日，http：//tjj.hebei.gov.cn/hbstjj/sj/fbh/101731892570597.html。

B.8
2024~2025年河北省农产品生产者价格形势分析与预测

张 妍[*]

摘 要： 2024年，河北省委、省政府深入贯彻落实党中央、国务院关于"三农"工作决策部署，全力保障农业生产，切实加强粮食等重要农产品供给保障，全省主要农产品生产者价格总指数为96.01，较上年下降3.99%，其中农业、林业、牧业产品价格指数分别下降3.60%、0.65%、5.20%，渔业产品价格指数上涨1.01%。预计2025年农产品生产者价格以稳为主，重点要稳定畜禽市场、稳定农民生产信心。

关键词： 农产品 生产者价格 农业经济

一 农产品生产者价格指数的重要意义

农产品生产者价格指数是衡量农产品生产者销售其产品时价格变动的指标，它反映了一定时期内农产品生产者获得的平均价格变化，涵盖了各类农产品，如粮食、蔬菜、水果、肉类等。

农产品生产者价格指数一是能够反映农产品市场供需变化，价格指数上涨可能表明需求增加或供应减少，价格指数下跌则可能反映供应过剩或需求下降。二是可以指导生产决策，农产品生产者可以根据价格指数调整种植或

---

[*] 张妍，国家统计局河北调查总队农业调查处一级主任科员，主要研究方向为农产品生产者价格、农产品集贸市场价格。

养殖结构，优化资源配置，提高经济效益。三是可作为政策制定依据，政府可以通过该指数了解农产品市场动态，制定或调整农业政策，如补贴、价格干预等，以稳定市场和保障农民收入。四是影响消费者价格指数，农产品生产者价格指数的变化会传导至零售环节，影响消费价格指数，进而影响整体通胀水平。五是可作为国际贸易参考依据，该指数可以帮助评估一国农产品的国际竞争力，影响进出口策略。六是可衡量农民收入增长情况，该指数直接关系农民收入，价格上涨通常意味着收入增加，价格下跌则可能导致收入减少。

因此，农产品生产者价格指数作为衡量农产品市场价格变动的重要工具，对生产者、消费者、政府和国际贸易等都具有重要意义。通过监测和分析该指数，各方可以更好地应对市场变化，促进农业经济的稳定与发展。

二 十年来河北农产品生产者价格指数运行情况

（一）十年来河北省农产品生产者价格指数变化情况

2015~2024年，农产品生产者价格指数运行呈现倒V字形。其中2020年农产品生产者价格指数达到最高值111.52，2023年为最低值95.53（见图1）。[①]

（二）十年来河北省四大板块农产品生产者价格指数变化情况

2024年，从农、林、牧、渔四大板块来看，农业、林业、牧业农产品生产者价格指数降幅分别为3.60%、0.65%和5.20%，渔业农产品生产者价格指数上涨1.01%（见图2）。

---

① 本报告数据来源于国家统计局河北调查总队。

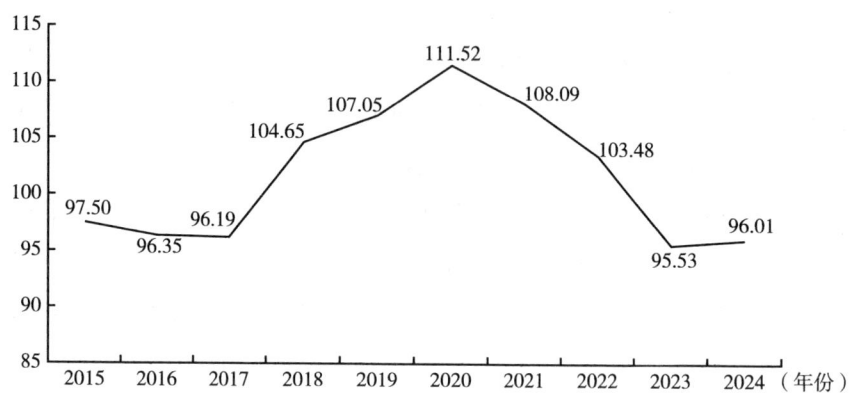

图1 2015~2024年河北省主要农产品生产者价格指数变化情况

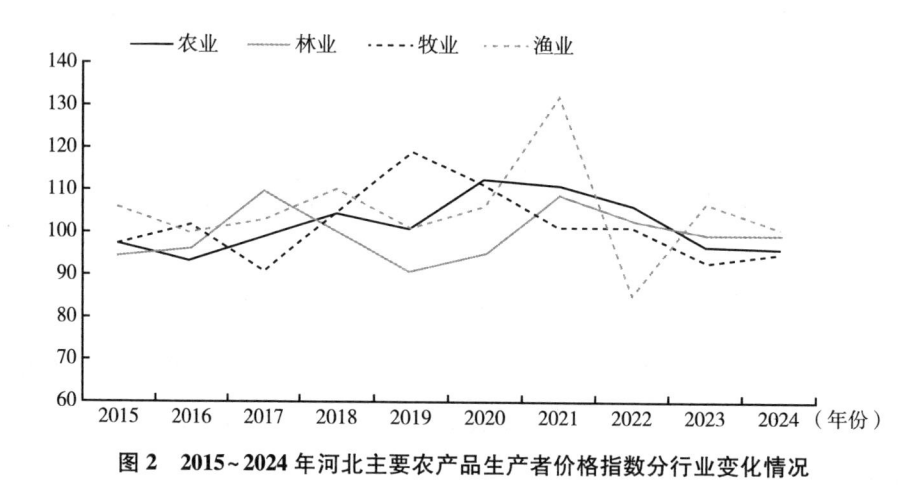

图2 2015~2024年河北主要农产品生产者价格指数分行业变化情况

(三)十年来河北省主要农产品生产者价格指数的变化情况

2015~2024年,小麦、玉米、蔬菜和水果的生产者价格指数变化总体呈现波动变化(见图3),活猪、活牛、活羊、生牛奶和禽蛋中活猪的波动较大(见图4)。

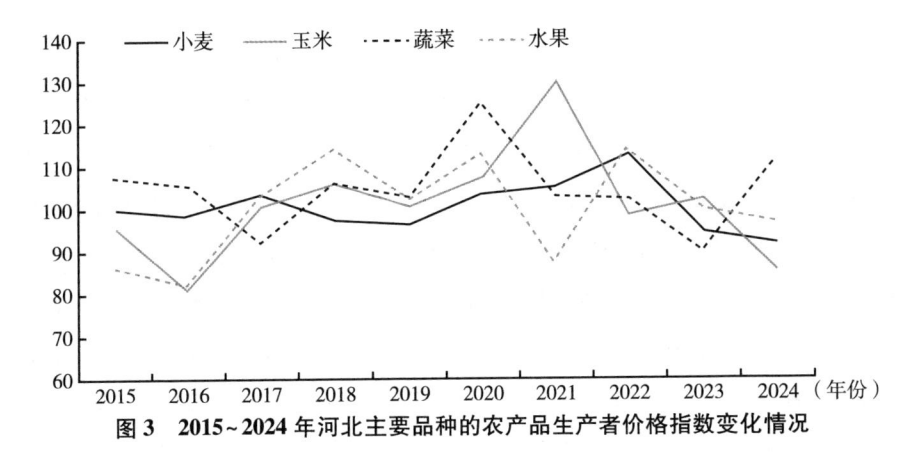

图3 2015~2024年河北主要品种的农产品生产者价格指数变化情况

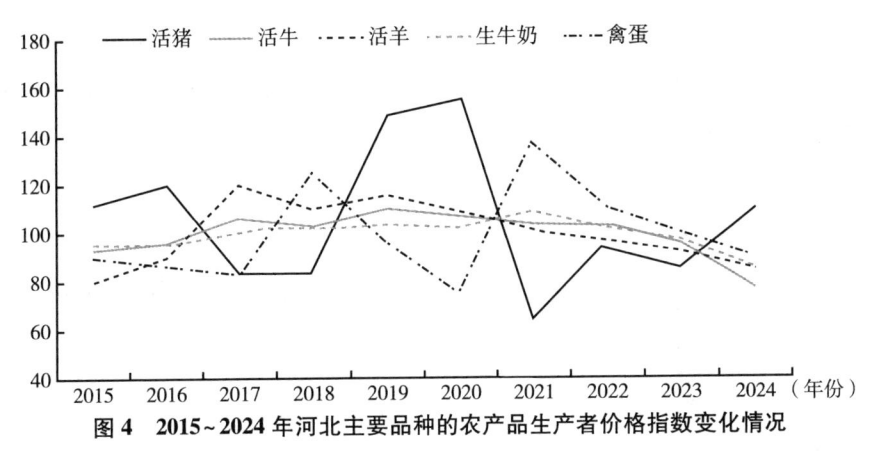

图4 2015~2024年河北主要品种的农产品生产者价格指数变化情况

三　2024年河北农产品生产者价格指数运行情况

据河北省11个市43个县（市、区）的598个农业生产经营户调查数据，2024年河北主要农产品生产者价格总指数为96.01，同比下降3.99%。其中，第四季度主要农产品生产者价格总指数为95.35，同比下降4.65%。一是农业农产品生产者价格指数有所下降。2024年农业农产品生产者价格指数为96.40，其中第四季度农业农产品生产者价格指数为92.13。分类别看，谷物、薯类、油料、豆类、水果及坚果和香料原料等六类农业农产品的生产者价格指数分别下降11.83%、26.94%、19.07%、11.79%、3.59%和4.12%；棉花、蔬菜及食用菌类农业农产品的生产者价格指数分别上涨1.84%和11.07%。从具体产品看，芹菜、板栗、马铃薯、带壳花生和黄大豆生产者价格指数分别下降47.25%、31.98%、26.94%、19.07%和11.79%。二是林业农产品生产者价格指数略降。2024年林业农产品生产者价格指数为99.35，出售类别仅有松树树苗。三是牧业农产品生产者价格指数下降。2024年牧业农产品生产者价格指数为94.80，除活猪、半细羊毛和剪羊毛的生产者价格指数分别上涨10.38%、8.57%和10.96%以外，其他均呈下降态势。其中，第四季度牧业农产品生产者价格指数为100.42，活猪生产者价格指数上涨15.34%，其余品种生产者价格指数均下降。四是渔业农产品生产者价格指数略涨（见图5）。2024年渔业农产品生产者价格指数为101.01。其中，鲤鱼、草鱼生产者价格指数分别上涨1.64%、1.36%，鲢鱼生产者价格指数下降15.79%。其中，第四季度鲤鱼、草鱼和鲢鱼生产者价格指数分别为98.53、99.40和85.71。

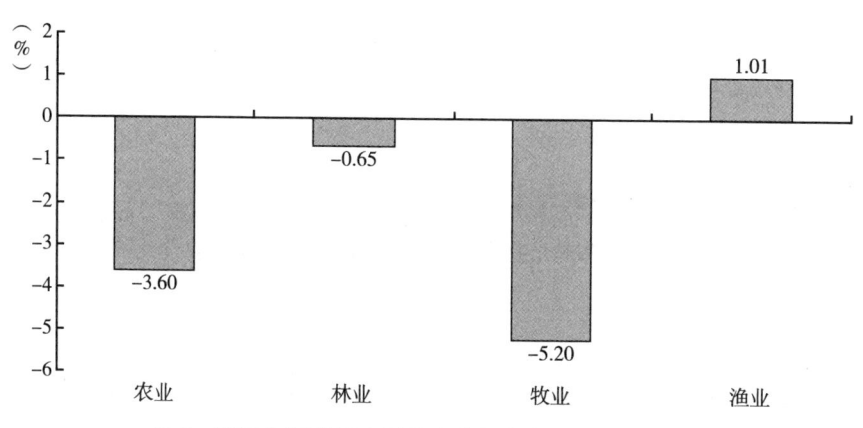

图5 2024年河北四大板块农产品生产者价格运行情况

四 2024年主要农产品生产者价格指数变化原因分析

（一）小麦、玉米生产者价格指数双降

2024年小麦、玉米价格分别为每公斤2.34元、1.97元，生产者价格指

数分别为91.56、85.72。

小麦生产者价格指数下降的主要原因，一是近年来小麦连续丰收，产量稳步提升，市场供应充足，而需求没有上升；二是当前面粉行业产能过剩，面粉企业对面粉的需求量有所减少。

玉米生产者价格指数下降的主要原因，一是上年玉米产量较高，进口玉米数量增长，市场玉米供大于求；二是饲料玉米需求量降低。

（二）蔬菜生产者价格指数小幅上升

2024年蔬菜生产者价格指数为111.93。在8个蔬菜小类中，有6类生产者价格指数上涨，2类生产者价格指数下降。其中，白菜类、甘蓝类、瓜菜类、豆菜类、茄果类和葱蒜类生产者价格指数分别上涨22.99%、17.74%、6.11%、9.86%、20.23%和51.14%；叶菜类、根茎类生产者价格指数分别下降34.45%、2.69%。

白菜类生产者价格指数上涨的主要原因，一是部分地区雨水过大，大白菜产量下降；二是部分地区受降雨的影响，运输成本升高。

甘蓝类生产者价格指数上涨的主要原因，一是10月当地结球甘蓝只有少量成熟；二是主产区（山东、河南）雨水过大，结球甘蓝受灾，市场出现供不应求的现象。

大葱生产者价格指数上涨的原因，一是部分大葱种植户担心冬季行情不稳定，储存大葱成本又比较高，故在第三季度就大量售出，第四季度大葱出售量减少；二是上年大葱价格较低，部分种植户亏本，2024年减少了种植面积，产量有所降低。

西红柿生产者价格指数上涨的主要原因是受夏季连续降雨影响，西红柿坐果率下降，产量下降，同时降雨提升了运输成本。

（三）苹果生产者价格指数下降

2024年苹果生产者价格指数为97.53。生产者价格指数下降的主要原

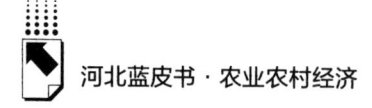

因是大部分红富士苹果为10月以后成熟采摘，第四季度苹果供给量较充足。

（四）活猪生产者价格指数略涨，活牛活羊生产者价格指数双降

2024年活猪生产者价格指数为110.38，平均价格为每公斤16.94元。价格上涨的原因，一是近几年猪肉价格较低，部分养殖户压栏惜售，市场上生猪供应量减少；二是第四季度遇国庆假期，猪肉需求量有所增加。

2024年活牛、活羊生产者价格指数分别为77.16、83.53。活牛全年的平均价格为每公斤24.24元，活羊中的细毛羊、其他绵羊和其他山羊的全年平均价格分别为每公斤23.29元、21.77元和25.78元。活牛、活羊价格下降的原因，一是进口牛、羊肉量增多，市场供应量较大；二是市场牛、羊肉供给量增大后，本地牛、羊肉价格下降，部分小型养殖户选择外出打工，而不再处置出售活牛、活羊；三是部分奶牛养殖场淘汰的奶牛进入牛肉市场，其他活牛价格下降。

（五）生牛奶生产者价格指数下降

2024年生牛奶生产者价格指数为85.45，平均价格为每公斤2.97元。第四季度生牛奶生产者价格指数下降14.55%。第四季度生牛奶平均价格为每公斤2.82元，较第三季度下降0.03元。生牛奶生产者价格指数下降的原因是受我国新生儿出生率下降的影响，乳制品市场消费量已趋于饱和，消费需求疲软。

（六）禽蛋生产者价格指数双跌

2024年肉鸡和鸡蛋生产者价格指数分别为92.74和89.10，平均价格分别为每公斤8.46元和7.87元。肉鸡价格下降的原因，一是饲料、鸡苗等养殖成本有所下降；二是肉鸡产能扩张速度加快，速冻鸡肉库存积压较多，市场鸡肉供应已达饱和。鸡蛋价格下降的原因是国庆节之后，鸡蛋消费需求有所降低。

五 存在的问题及后市研判

预计2025年主要农产品生产者价格以稳为主，2024年降幅较大的牛肉、生牛奶跌幅将放缓。

（一）牛肉价格长期低位运行

2024年以来牛肉价格一直处在低位运行态势，第四季度气温降低后，价格仍未上升。2025年，随着肉牛存栏减少，自产牛肉供应能力将有所降低，但是进口牛肉数量将保持在较高水平，牛肉价格指数仍将低位运行。

（二）乳制品市场消费需求疲软

由于乳制品市场供应量趋于饱和，替代品逐步增多，生牛奶价格持续低迷。随着行业去产能力度逐步加大，2025年生牛奶生产者价格指数将保持小幅波动。

六 需要关注的问题

（一）继续稳定畜禽市场，助力养殖户渡过难关

目前，畜禽产能仍不能快速降低，消费增长乏力，短期内畜禽价格缺乏大幅回升的动力，需助力养殖户平稳度过困难阶段。一是有关部门应继续健全完善产能调控机制，做好畜禽市场的监测预警，及时监控、发布畜禽市场信息，引导养殖户根据供需市场动态调整出栏规模，避免盲目压栏、出栏等非理性行为；二是要加大对畜禽养殖、生产、加工、储运、销售等全产业链的信贷投放力度，实施差异化信贷支持，缓解养殖户流动资金困难。

（二）稳定农民生产信心，保护农民利益

当前小麦、玉米等部分农产品生产者价格仍处于低位，要防止局部地区出现"价低伤农"的情况。一是相关部门要落实好最低收购价相关政策，稳定农产品市场价格，确保农民种植的农产品能够有效出售；二是河北省作为粮食主产区之一，可以扩大粮食收储规模，缓解供应压力；三是通过补贴和奖励，鼓励农民种植有特色的农产品；四是相关部门要积极引导农产品生产企业遵纪守法、诚信经营，加强行业自律，共同维护良好的市场环境。

参考文献

乔金亮：《保持农产品价格在合理水平》，《经济日报》2024年12月24日。

柳宜可：《内蒙古农产品价格变动及其对策研究》，《内蒙古财经大学学报》2022年第1期。

杜雨萌：《中央财办：打出政策"组合拳"促进粮食等农产品价格企稳回升》，《证券日报》2025年2月25日。

B.9 2024~2025年河北省农村居民收入形势分析与预测

范 旻*

摘 要： 2024年，河北省认真贯彻落实党中央、国务院决策部署，加快推动一揽子增量政策持续显效，全力巩固经济回升向好势头，全省农村居民收入保持平稳增长。本报告认为，2025年，稳经济政策效果持续显现，增量政策加快落地，但受有效需求不足、市场预期偏弱等因素影响，经济下行压力依然较大。各级地方政府需持续关注农村居民工资性、经营性、财产性、转移性收入，推动农村资源重组，发展农村特色产业，强化公共财政支农偏向，促进农村居民收入增长。

关键词： 农村居民 可支配收入 工资性收入

2024年，河北省坚持以习近平新时代中国特色社会主义思想为指导，认真贯彻落实省委、省政府决策部署，着力推动高质量发展。国家统计局河北调查总队住户收支与生活状况调查资料显示，2024年，河北省农村居民人均可支配收入为22022元，较上年增长6.4%，与城镇居民收入增速相比，快1.9个百分点。[1]

---

* 范旻，国家统计局河北调查总队居民收支调查处二级主任科员，主要研究方向为农村居民收入。

[1] 本报告数据来源于国家统计局河北调查总队。

一 历年河北省农村居民收入运行特征

（一）农村居民收入平稳增长，持续恢复

党的十八大以来，全省农村居民人均可支配收入水平稳步上升，由2012年的8158元增长至2024年的22022元，2012~2019年河北省农村居民人均可支配收入增速均在7.9%及以上，2020年增速下降，在2020年基数较低的情况下，2021年增速为10.4%，2022~2024年增速相对稳定（见图1）。

图1 2012~2024年全省农村居民人均可支配收入及同比增速

资料来源：国家统计局河北调查总队。

居民收入虽保持增长态势，但也应注意到2024年农村居民人均可支配收入增速低于上年增速0.4个百分点，全年四个报告期也呈现回落态势（第一季度6.8%、上半年6.6%、前三季度6.4%、全年6.4%）。

（二）农村居民收入增速较快，城乡差距不断缩小

党的十八大以来，党中央、国务院始终高度重视农民增收问题，中央

一号文件连续多年对农民增收做出具体部署，河北省委、省政府也多举措、多思路、多产业联动促增收。农村居民收入增速连续多年快于城镇居民收入增速，城乡居民收入差距逐步缩小。河北城乡收入比由2012年的2.48，缩小到2024年的2.07，城乡收入比缩小0.41。农村居民人均可支配收入增速从2019年的9.6%降到2024年的6.4%，增速有明显波动，但总体平稳。

二 2024年农村居民收入增长特征

2024年，河北省农村居民人均可支配收入为22022元，同比增长6.4%，较上年同期回落0.4个百分点。与前三季度相比，增速持平，比上半年增速低0.2个百分点，比第一季度增速低0.4个百分点。

（一）2024年四项收入全面增长

1. 工资性收入仍为增收主力

2024年，河北省农村居民人均工资性收入为11804元，同比增长7.2%，占比超五成，为53.6%，拉动收入增长3.8个百分点，对收入增长的贡献率为59.2%，仍是农民增收主力（见表1）。2024年，河北省农民工总量为1591万人，同比增加18万人，同比增长1.1%。全年农民工月均从业时间为25.2天，较2023年增加0.3天；月均收入为5605元，较2023年增加248元，同比增长4.6%，高于全国平均水平0.8个百分点。河北省相关部门制定的《关于促进高校毕业生等青年就业创业的十二条措施》《关于加强农民工职业技能培训工作的十五条措施》等政策，河北省民政厅等十个部门联合公布的《关于加强低收入人口动态监测　做好分层分类社会救助工作的实施意见》，对符合条件有劳动能力且有就业意愿的低收入人口通过创业担保贷款及贴息、社会保险补贴、培训补贴等方式分类给予就业救助，都有效地促进了农村居民就业。

表1　2024年河北农村居民人均可支配收入及构成

单位：元，%

指标名称	水平	增量	同比增长	占比
可支配收入	22022	1334	6.4	100
工资性收入	11804	789	7.2	53.6
经营净收入	7078	330	4.9	32.2
财产净收入	490	44	9.8	2.2
转移净收入	2650	171	6.9	12.0

资料来源：国家统计局河北调查总队。

2. 经营净收入增速趋稳

2024年，河北省农村居民人均经营净收入为7078元，同比增长4.9%，占农村居民人均可支配收入的比重为32.2%，拉动收入增长1.6个百分点，对收入增长的贡献率达到24.7%。2024年，河北粮食播种面积为6460.1千公顷，同比增长0.1%；粮食产量为3908.8万吨，同比增长2.6%；单位面积产量6050.6公斤/公顷，同比增长2.5%。渔业农产品生产者价格指数上涨1.01%。2024年，蔬菜价格指数为111.93。其中，白菜类、甘蓝类、瓜菜类、豆菜类、茄果类、葱蒜类生产者价格指数分别上涨22.99%、17.74%、6.11%、9.86%、20.23%、51.14%。省农业农村厅制定《河北省2024年脱贫地区产业帮扶工作要点》，培育30个乡村旅游重点村镇，重点培育3个省级乡村旅游集聚区，完善联农带农机制，大力推行"龙头企业+农民合作社+基地+农户"四位一体经营模式等助力集体经济、家庭农场、农村旅游发展，农村第二、三产业增速较快。

3. 财产净收入增速提升

2024年，河北省农村居民人均财产净收入为490元，同比增长9.8%，占农村居民人均可支配收入的比重为2.2%，拉动农村居民人均可支配收入增长0.2个百分点，对收入增长的贡献率为3.3%，是四项收入中增长最快的一项。2024年上半年，河北省土地流转总面积为3821.7万亩，流转率为46.3%。农村居民红利收入、转让承包土地经营权租金净收入是推动财产净收入较快增长的主要因素。

4. 转移净收入持续增长

2024年，河北省农村居民人均转移净收入为2650元，同比增长6.9%，占比达到12.0%，拉动收入增长0.8个百分点，对收入增长的贡献率为12.8%。养老金或离退休金、家庭外出从业人员寄回带回收入、赡养收入及报销医疗费增加等促进转移净收入稳定增长。从2024年1月起，河北省城乡居民基础养老金变更，其最低标准提升，每人每月提高10元，达到每人每月148元。从2024年7月1日起，每人每月再增加20元，河北省城乡居民基础养老金月最低标准达到168元。农村低保标准提高8.2%。2024年6月24日，省人力资源和社会保障厅、省财政厅印发《关于调整失业保险金标准的通知》，将失业保险金标准由当地最低工资标准的80%提高到90%，调整后失业保险金月发放标准为1980元、1800元、1620元三档；2024年城乡居民基本医疗保险筹资标准不低于1070元/人。

（二）农村居民收入增速超越城镇，城乡差距持续收窄

分季度看，2024年以来河北省农村居民收入增长始终快于城镇，城乡收入比值呈现逐季改善态势。第一季度至前三季度，农村居民人均可支配收入同比增速分别达6.8%、6.6%、6.4%，连续三个季度领先城镇1.9个百分点，形成系统性追赶态势；2024年农村居民人均可支配收入达22022元，同比增长6.4%，增速较城镇（4.5%）保持1.9个百分点的优势，河北省城乡居民收入比收窄至2.07:1，优于全国均值0.27个点，年内降幅达0.04。

（三）收入水平低于全国，增速慢于全国

从收入绝对量来看，2024年全省农村居民人均可支配收入达22022元，低于全国均值（23119元）1097元，居全国第17位，排前16位的省（区、市）依次为上海、浙江、北京、天津、江苏、福建、广东、山东、辽宁、

江西、湖北、内蒙古、安徽、重庆、湖南、海南。从增速来看，2024年河北省农村居民人均可支配收入增速为6.4%，较全国增速（6.6%）低0.2个百分点，居全国第16位，但显著优于环京津地区，领先辽宁、天津、山西、山东、内蒙古等5个省（区、市），低于北京，与河南持平。

（四）增速相较于中部省份排位靠前

2024年，河北省农村居民人均可支配收入水平与中部十省相比，高于河南、黑龙江、吉林、山西，低于江西、湖北、安徽、湖南、海南，居第6位；增速分别高于湖北、山西、湖南、黑龙江、江西、吉林0.4个、0.4个、0.3个、0.3个、0.2个、0.1个百分点，低于海南0.5个百分点，与河南、安徽并列第2位。城乡居民收入比为2.07∶1，分别低于湖南、山西、安徽、江西、湖北0.24、0.23、0.13、0.03、0.01，高于海南、河南、吉林、黑龙江0.07、0.10、0.18、0.25。

三　2024年全年形势分析及面临的压力

2024年以来，全省持续关注乡村发展、乡村建设、乡村治理等重点工作，全年农村经济总体保持良好发展态势，农业经济稳中有增，农民稳定增收。同时，经济下行压力依旧较大，国内需求仍显不足，农产品价格仍需稳定，农村居民增收面临多方面不确定性因素。

（一）有利因素

1.多举措促进工资性收入增长

一是农村外出务工人员数量增多，农村居民转移就业形势较好。2024年，河北省非农劳动力总量保持增长，转移就业企稳向好。2024年河北省农民工总量为1591万人，同比增加18万人，同比增长1.1%。其中，本地农民工总量为869万人，同比增长0.6%；外出农民工总量为722万人，同比增长1.7%。外出劳动力占比达45.4%，较上年同期提升0.3个百分点。

二是河北省固定资产投资增长平稳。2024年全省固定资产投资较上年增长6.8%，与1~10月相比，增速加快0.1个百分点。建设项目投资增长11.2%，三次产业投资全面增长，大规模设备更新政策显效，为增加居民就业岗位、提高工资性收入创造有利条件。三是就业扶持政策持续发力。河北省人力资源和社会保障厅、河北省农业农村厅印发《关于做好2024年全省脱贫人口就业帮扶工作的通知》《关于加强农民工职业技能培训工作的十五条措施》，促进实现稳定就业。

2. 经营净收入稳定增长

一是农业生产形势平稳，全省各级党委、政府高度重视粮食生产，持续加大粮食生产扶持力度，不断夯实粮食安全根基，全省粮食总产量为3908.8万吨（781.8亿斤），比上年增产98.9万吨（19.8亿斤），首次迈上780亿斤新台阶，连续12年稳定在700亿斤以上。二是河北省各地积极贯彻党的二十届三中全会"壮大县域富民产业，构建多元化食物供给体系，培育乡村新产业新业态"的改革要求，河北省农业农村厅印发《2024年河北省巩固提升脱贫地区农业特色产业工作方案》，积极推广"政府+科技+金融+公司+农民合作社+脱贫户"等五种创新模式，促进农村居民经营净收入增长。

3. 各项惠民政策落地见效

一是城乡居民基础养老金标准提高，养老金收入预计稳步提升。2024年，河北省城乡居民基础养老金月最低标准达到168元。二是各项补贴政策效果显现。比如，在新中国成立75周年之际，面向特困人员、孤儿等困难群众，发放了一次性生活补助6.16亿元，惠及61.6万名困难群众；2024年6月13日，河北省民政厅联合十个部门发布《关于加强低收入人口动态监测做好分层分类社会救助工作的实施意见》，对特定人群给予相应的医疗救助等。三是稳经济各项举措进一步落实，将带动就业需求扩大，增加就业岗位。预计农村居民中倾向于外出务工的人员数量会有所增加，务工时间会随之增加，寄回带回收入也会继续增长。

（二）不利因素

1. 与全国收入增速仍有差距

2024年，河北农村居民人均可支配收入同比增长6.4%，较全国平均水平低0.2个百分点。相比于周边省份，河北农村居民人均可支配收入增速分别高于辽宁、天津、山西、山东、内蒙古0.5个、0.4个、0.4个、0.2个、0.2个百分点，低于北京0.3个百分点，与河南持平。从京津冀三地对比情况看，北京、天津农村居民人均可支配收入分别是河北的1.81倍、1.49倍。

2. 省内收入差距仍然存在

一是城乡仍有差距。2024年河北省城乡居民收入比降至2.07∶1，较上年收窄0.04，但绝对值差距仍高达23588元，农村居民人均可支配收入仅相当于城镇的48.3%。尽管城乡收入差距连续多年缩小，但是城乡收入"半壁鸿沟"尚未根本突破。二是区域发展不均衡。唐山市农村居民人均可支配收入以27691元领跑全省，承德市为18331元，区域差达9360元，承德市仅相当于唐山市的66.2%。

3. 工资性收入增长乏力

2024年，河北农村居民工资性收入增速为7.2%，与上年相比，下降1.8个百分点。较第一季度、前三季度分别下降2.6个、0.7个百分点。虽然工资性收入依旧是农村居民增收的第一动力，但其对收入增长的贡献率较上年缩小9.3个百分点，拉动收入增长减少0.9个百分点，需要关注。

4. 农产品价格下降影响农村居民收入

2024年，河北省农村居民人均经营净收入为7078元，同比增长4.9%，其中，第一产业经营净收入下降1.6%。2024年，河北主要农产品生产者价格指数为96.01，同比下降3.99%。从农、林、牧、渔四大板块来看，农业、林业、牧业生产者价格指数降幅分别为3.60%、0.65%和5.20%，渔业生产者价格指数上涨1.01%。从第四季度指数看，河北主要农产品生产者价格指数为95.35，同比下降4.65%。2024年小麦、玉米价格双降，分别为每公斤2.34元、1.97元，生产者价格指数分别为91.56、85.72。2024年活牛、活羊生产者价格指数分别为77.16、83.53。2024年河北省猪牛羊禽肉产量为478.1万吨，较上年下降2.6%。其中，猪肉产量为268.0万吨，同比下降5.4%；牛肉产量为59.7万吨，同比增长0.6%；羊肉产量为36.4万吨，同比下降2.8%。生猪出栏同比下降5.9%，肉羊出栏同比下降3.8%。

四 对策建议

（一）推动农村资源重组，增加农村居民工资性收入

目前农民的收入来源中工资性收入仍占主导地位，占河北农村居民人均可支配收入比重高达53.6%，其对农民增收的贡献率达到59.2%。因此，要整合农村资源，多渠道提升农民工资性收入水平。一要加大农业科技投入力度，推动农业内涵式发展，实现科技兴农；二要加大农民职业培训力度，促使传统农民向职业农民转型，实现人才兴农；三要优化创业环境，吸纳剩余劳动力，加大培训力度并提升培训的针对性与实效性，助力农民返乡创业就业，切实提升农民收益。

（二）发展农村特色产业，促进农民经营净收入快速增长

经营净收入的占比和贡献率仅次于工资性收入，在农民增收过程中也起到了重要作用，要发展农村特色产业。一是支持新型农业经营主体采纳新种质、新器械、新技术，加大农业特色化、规模化经营补贴力度，优化农业产业结构，加大对农业生产大户、家庭农场等新型农业经营主体的补贴力度以及农业机械化补贴力度，推动农业机械化、规模化、特色化经营，实现农村一二三产业融合发展，提高农业经营收入。二是支持新型农业经营主体学习新方法、新思路，使用现代经营、营销理念拓展农业价值链，如在绿色认

证、地理标志品牌建设方面给予技术指导或政策奖励。三是解决小农户面临的市场信息不对称的困境，接续推进生产要素革新，加快高标准农田建设、水利设施建设等，扩大农村普惠金融覆盖面，探索农业保险多维风险分担机制，将小农户纳入现代产业链，进一步降低小农户生产风险。

（三）多渠道增加农民财产净收入

2024年，农村居民财产净收入占比低于同时期城镇居民财产净收入占比7.3个百分点，除去城镇居民的房屋虚拟租金，农村居民财产净收入仅为城镇居民财产净收入的21.1%。为此，要支持群众通过土地、房产等要素的使用权、收益权提升直接收益和股权收益，充分利用农村居民所拥有的资源获利，使闲置的资源发挥作用，有效流转可用资源与权益，满足规模经营主体的用地需求，给予规模经营主体稳定的政策预期；要继续推进农村土地制度改革，进一步健全和完善农村土地供给制度，持续提高财产净收入所占比重及其对农民增收的贡献率。

（四）强化公共财政支农偏向，提高农民转移净收入

要提高农村居民转移性支出，就要强化公共财政支农偏向，优化公共财政支农支出结构，加大农业特色化、规模化经营及绿色发展补贴力度。一要加大农业基础设施建设投入力度，为农业生产保驾护航，加大财政支持力度，有效对接现代农业发展，根据对农村电网、公路、水利、通信、互联网等基础设施提出的新要求，对农业进行数字化改造，推动农业现代化发展。二要提高农民社会保障水平，实现城乡一体化发展，逐步提升农村居民基础养老金标准，提高医保报销比例，为农村居民解决养老、医疗、失业等现实问题保驾护航。三要加大教育、医疗、公共文化等公共事业性支出力度，加大对低收入群体的转移支付力度，充分依靠政策落实提高转移性收入。

参考文献

张维刚：《公共财政支农偏向、城乡收入差距与农业高质量发展》，《现代经济探讨》2024年第10期。

颜仙风、刘宏宇：《农民返乡创业问题与对策》，《合作经济与科技》2024年第22期。

孔祥智、李愿：《新型农业经营体系建设：实践成效、现实问题与政策取向》，《华南师范大学学报》（社会科学版）2024年第4期。

B.10
2024~2025年河北省农村居民生活消费形势分析与预测

刘康燕*

摘　要： 2024年，河北省农村居民消费支出实现稳定增长，八大项消费支出全面上升，服务性消费占比持续提高，消费结构进一步优化升级。随着一系列扩内需、促消费政策的落地见效，居民消费潜能得到有效释放。2025年，河北省农村居民消费将继续保持稳步增长态势。为进一步促进消费、提振农村居民消费信心，可以通过增收固本、基建强基、政策扶持、顺应趋势和观念引导五大策略，推动农村产业发展、完善基础设施、优化消费环境、提升消费品质，全面促进农村消费升级和乡村振兴。

关键词： 农村居民　生活消费　河北

2024年，河北省深入贯彻党的二十大和二十届二中、三中全会精神，坚决落实党中央、国务院决策部署，坚持稳中求进工作总基调，有效落实各项稳增长政策，扎实推进乡村全面振兴，农村居民工资性和经营性收入快速提升。多部门出台一系列促消费政策增强消费市场活力，释放居民消费潜能，农村居民消费不断扩容提质，为扩内需稳增长、助力乡村振兴带来了强劲动力。

---

* 刘康燕，国家统计局河北调查总队居民收支调查处一级主任科员，主要研究方向为居民消费。

一 2024年河北省农村居民生活消费的主要特点

（一）农村居民消费支出稳定增长，水平低于全国及京津

2024年，全国农村居民人均消费支出为19280元，同比增长6.1%。河北省农村居民人均消费支出为18412元，低于全国平均水平868元，同比增长6.8%，高于全国平均水平0.7个百分点，且高于河北城镇居民1.8个百分点。[1] 河北省农村居民消费支出水平在全国排第16名，增速在全国排第14名。

从区域对比来看，河北省农村居民消费支出水平与京津地区存在较大差距。2024年，北京市农村居民人均消费支出为27349元，高于河北8937元，是河北的1.49倍；天津市农村居民人均消费支出为23129元，高于河北4717元，是河北的1.26倍，绝对差值较大。

（二）居民消费需求释放，结构升级

2024年，河北省在持续推进"两新"政策方面成效显著，市场活力与消费潜力被大幅激发。河北省社会消费品零售总额达15869.4亿元，同比增长5.5%。随着生活水平的提高，居民基本生活消费占比呈下降趋势。从恩格尔系数来看，2024年河北省农村居民恩格尔系数为30.6%，与2023年相比减少1.8个百分点，表明农村居民在食品消费上的支出占比有所下降，消费结构进一步优化，生活质量不断提高。

（三）消费八大项全面上涨

2024年，河北省农村居民消费支出呈现稳步增长和结构优化的特点。一是基础类消费基本保持稳步增长。农村居民人均食品烟酒支出为5638元，

---

[1] 本报告数据来源于国家统计局河北调查总队。

同比增长1.0%；衣着支出为1121元，同比增长2.7%；居住支出为3311元，同比增长7.4%；生活用品及服务支出为1094元，同比增长7.4%。二是随着人们对生活品质要求的提高，相关消费支出增长较快。交通通信支出为2816元，同比增长13.1%；教育文化娱乐支出为2103元，同比增长13.2%；其他用品和服务支出为408元，同比增长12.2%。三是受健康意识增强和医疗保障政策完善的推动，医疗保健支出为1922元，同比增长9.2%（见表1）。

表1　2024年河北省农村居民人均生活消费支出情况

单位：元，%

指标	支出	同比增长
农村居民人均生活消费支出	18412	6.8
食品烟酒	5638	1.0
衣着	1121	2.7
居住	3311	7.4
生活用品及服务	1094	7.4
交通通信	2816	13.1
教育文化娱乐	2103	13.2
医疗保健	1922	9.2
其他用品和服务	408	12.2

注：因四舍五入存在误差。

（四）服务性消费支出占比上升

2024年，河北省农村居民服务性消费支出呈现快速增长态势，人均服务性消费支出达到6919元，同比增长13.1%，增速快于生活消费支出6.3个百分点。服务性消费占生活消费支出的比重为37.6%，较2023年提高2.0个百分点。从具体消费类别来看，农村居民在交通通信、教育文化娱乐、医疗保健等领域的消费增长显著，随着生活水平的提升和消费观念的转变，农村居民对服务性消费的需求也日益旺盛。

（五）城乡差距缩小，六项消费增速快于城镇

2024年，河北省城镇居民人均生活消费支出为29310元，同比增长5.0%；农村居民人均生活消费支出比城镇居民少10898元，增速快1.8个百分点。从绝对差值看，城乡居民生活消费支出绝对差值从2023年的10662元增长到2024年的10898元。虽然绝对差值有所扩大，但城乡消费比有所下降，2024年，城乡消费比为1.592，较2023年的1.618下降0.026，表明城乡消费差距在相对缩小。

从具体消费类别来看，河北省农村居民居住、生活用品及服务、交通通信、教育文化娱乐、医疗保健、其他用品和服务六类消费分别快于城镇居民6.8个、3.0个、2.1个、2.2个、3.7个、7.8个百分点。

二 2024年河北省农村居民生活消费影响因素分析

（一）有利因素

1.收入水平稳定增长

2024年，河北省农村居民人均可支配收入实现稳定增长，增速较城镇快1.9个百分点。从收入构成看，四项收入均呈现增长态势：工资性收入为11804元，同比增长7.2%，占农村居民人均可支配收入的53.6%，拉动收入增长3.8个百分点，对收入增长的贡献率达59.2%，是农村居民增收的主要动力；经营净收入为7078元，同比增长4.9%，占比32.2%，拉动收入增长1.6个百分点，对收入增长的贡献率为24.7%；财产净收入为490元，同比增长9.8%，占比2.2%，拉动收入增长0.2个百分点，对收入增长的贡献率为3.3%，增速居四项收入之首；转移净收入为2650元，同比增长6.9%，占比12.0%，拉动收入增长0.8个百分点，对收入增长的贡献率为12.8%。

2.政策提供支持保障

2024年，河北省深入贯彻党中央、国务院有关决策部署，坚持深化供

给侧结构性改革和着力扩大有效需求协同发力，出台一系列政策引导居民消费潜力逐步释放，如《河北省推动大规模设备更新和消费品以旧换新实施方案》《河北省促进服务消费高质量发展三年行动方案（2024—2027年）》等。推动汽车换"能"、家电换"智"、家装厨卫"焕新"，进一步拓展了居民消费空间，挖掘出新的消费潜力。同时，社会保障体系不断完善，农村居民养老、医疗等社会保障水平的提高，在一定程度上降低了居民的预防性储蓄动机，缓解了居民对未来不确定性的担忧，为消费增长提供了有力支撑。

3. 新型消费激发活力

近年来，随着电商网络基础设施的持续完善和物流网络的不断普及，河北省电子商务与农业、农村等领域的融合大幅加深，以数字经济为代表的新型消费模式不断适应农村居民的消费升级趋势。各类新业态、新模式有效促进了供需匹配和产销对接，满足了农村消费者的多元化需求。大数据算法、电子商务和移动支付的普及，极大地便利了消费者购物，进一步激发了农村居民的消费意愿，推动了农村线上消费的快速增长。2024年，河北省网上零售额达4940.7亿元，同比增长8.8%，其中实物商品网上零售额增长7.1%，占社会消费品零售总额的比重为27.8%。这一增长不仅体现了新业态对经济增长的强大驱动力，也反映了农村消费市场的巨大潜力。

4. 消费观念转变升级

在乡村振兴战略持续推进的过程中，农村居民的消费观念不断转变。收入水平的提升、眼界视野的拓展使得农村居民消费从注重量的满足向追求质的提升转变。一是基础性生活消费品质不断提高，主食消费明显减少，肉蛋奶消费显著增加，膳食结构更趋合理。比如在食品烟酒大类中，农村居民烟酒、饮料和饮食消费支出的增速分别为7.3%、11.8%和9.2%，而食品消费支出下降2.8%。二是发展性和享受性消费逐渐增多，如教育文化娱乐、交通通信及其他服务性消费等涨幅明显。2024年，河北省农村居民人均服务性消费支出占总消费支出的37.6%，较2023年提高2.0个百分点。

5. 传统消费改善需求旺盛

随着生活水平的稳步提升，农村居民对传统生活物资的消费需求不再局限于基础满足，而是朝更高品质和更多元化方向发展。智能家电逐渐走进农村家庭，节能、多功能的家电产品受到广泛青睐，智能冰箱、节能空调等产品在农村地区的销量显著增长。同时，传统交通工具的升级换代需求旺盛，更安全、舒适且续航能力强的电动车和代步车成为热门选择。在政策的有力推动下，以汽车和家电为代表的耐用品消费大幅增长。2024年，河北省农村居民人均汽车拥有量增速为2.2%，其中人均新能源汽车拥有量增速高达84.7%。此外，助力车、洗衣机、电冰箱、空调、热水器拥有量增速分别为4.3%、1.2%、1.5%、5.9%和17.1%。

（二）不利因素

1. 收入水平依旧较低

2024年，河北省农村居民人均可支配收入为22022元，同比增长6.4%，增速在全国排第16位，低于全国平均增速0.2个百分点。与周边省份相比，河北省农村居民人均可支配收入增速分别高于辽宁（5.9%）、天津（6.0%）、山西（6.0%）、山东（6.2%）0.5个、0.4个、0.4个、0.2个百分点，但低于北京（6.7%）0.3个百分点。从京津冀三地对比来看，北京、天津农村居民人均可支配收入分别为39856元和32715元，分别是河北的1.8倍和1.5倍，显示出河北省农村居民收入与京津两地仍存在较大差距。尽管河北省农村居民收入增速较快，但收入水平仍有较大提升空间。

2. 消费信心仍显不足

2024年，河北省农村居民工资性收入增速较上年下降1.8个百分点。尽管工资性收入仍是农村居民增收的主要动力，但其对收入增长的贡献率较上年同期缩小9.3个百分点，拉动收入增长的作用减少0.9个百分点。此外，河北省农产品价格走低和畜牧业产量下降，导致农村居民第一产业收入增速明显放缓。2024年，河北省猪牛羊禽肉产量为478.1万吨，较上年下降2.6%；其中，生猪出栏总量同比下降5.9%，肉羊出栏同比下降3.8%。同时，小麦、玉米等主要农产品价格下滑，带动亩净利润减少。受此影响，2024年河北省农村居民第一产业经营净收入下降1.6%，较上年回落3.6个百分点。受经济环境和就业形势等多种因素影响,农村居民的收入预期不佳,进而降低了消费意愿。在这种情况下,居民对加大消费力度持谨慎态度,避险情绪上升,导致整体消费意愿偏低。

3. 消费观念有待进一步转变

一方面,部分农村居民仍秉持重储蓄、轻消费的理念,消费意愿较低。即便收入水平有所提升,他们也更倾向于储蓄而非积极消费,这在一定程度上导致消费市场活力不足。另一方面,部分农村地区存在盲目跟风和过度消费的现象,尤其是在人情往来、婚丧嫁娶等传统习俗中,过度攀比和铺张浪费较为突出。此外,农村居民在消费过程中对商品和服务质量的认知与辨别能力仍有待提高。部分居民仍坚持"不坏不换"的消费观念,在很大程度上限制了消费升级的进程。调查数据显示,在河北地区,空调、洗衣机、冰箱、电视、电脑、吸油烟机、热水器等7类常用大家电中,使用时间在5年以上的占比达68.2%,使用时间在10年以上的占比为25.5%。这反映出居民更倾向于选择保守的消费方式。

4. 农村消费群体存量有限

随着工业化与城镇化进程的不断加速,河北省农村消费群体的规模和结构也随之发生变化,大量农村人口尤其是青壮年劳动力为寻求更好的发展机会和更高的收入,持续向城市转移,留守在农村的大多是老弱妇孺,"空心化"现象突出。这种人口结构的变化,导致农村消费市场规模缩小或更为分散。由于消费群体的减少和消费能力的限制,一些高品质商品和服务在农村市场的推广和普及面临较大困难。

三 促进河北省农村居民生活消费的对策

(一)增收固本,夯实消费基础

一是推进农村产业融合发展。进一步推进农村产业兴旺,通过农业与工业的融合式发展,延长产业链,增加农产品附加值,从而提高农民经营性收入。推动农业与旅游业、文化产业深度融合，发展休闲农业、乡村旅游、文化创意等新业态，增加农民财产性收入和转移性收入。二是完善农村社会保障体系。加大对农村居民社会保障支出力度，健全低保保障标准和补助水平与经济社会发展水平相适应的动态调整机制。提高社会保障待遇水平，进一步完善农村养老、医疗等保障体系，减少农村居民的后顾之忧，从而降低预防性储蓄动机，释放消费潜力。三是稳就业保就业，提升就业能力。持续加强政策扶持，拓宽农村居民就业渠道，保障农村居民就业需求。强化技能培训，提升农村居民就业能力。通过开展针对性技能培训，帮助农民掌握更多实用技术，增强其在就业市场中的竞争力。进一步规范就业市场，保障农村居民就业权益。

（二）基建强基，优化消费环境

加强农村基础设施建设是推动农村消费市场发展的重要基础。首先，应着力改善农村交通条件，提高公路等级和通达性，确保农村地区具备便捷的出行和物流运输条件。这不仅能方便农村居民的日常生活，还能为农产品外运和工业品下乡提供有力支撑。其次，要充分发挥邮政普遍服务的优势，发展第三方配送和共同配送模式，持续实施"快递进村"工程，彻底打通乡村物流的"最后一公里"。通过优化物流配送网络，降低物流成本，提高配送效率，让农村居民能够更便捷地获取各类商品。同时，加快农村商业设施建设，布局建设农村商贸中心、超市、便利店等商业网点，丰富农村消费市场的供给。通过完善商业设施，降低农村居民的购物成本，提升消费便利性，进一步激发农村消费潜力。此外，还需大力培养农村电商人才，引导具有实践经验的电子商务从业者从城镇返乡创业，鼓励电子商务企业到农村拓展业务。通过人才和技术的注入，推动农村电商发展，拓宽农产品销售渠道，促进农村消费升级。最后，要进一步提升农村宽带速度和网络覆盖范围，普及网络应用，为电商发展创造良好的条件。通过完善数字基础设施，缩小城乡数字鸿沟，为农村电商发展和居民数字消费提供有力保障。

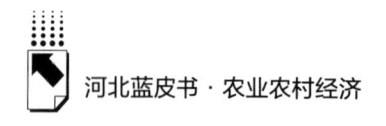

（三）政策扶持，提振消费预期

精准分析农村居民在消费需求、消费能力和消费环境等方面的差异，合理设置并扩充补贴政策及品类。例如，针对绿色消费、智能家电、新能源汽车等领域，加大财政支持力度，通过发放消费券、补贴等方式，降低消费成本，激发消费热情。及时跟进已出台促消费政策的市场反馈和数据分析，合理调整活动范围、频率和力度，并将家装、建材、适老等新兴领域消费品纳入补贴范围，适时优化补贴标准，确保其能有效激发购买欲望。鼓励金融机构下乡，积极稳妥扩大生产性和消费性信贷，建立多层次消费金融支持体系，助力农村居民通过消费贷款购买高价值商品或服务，降低消费门槛，增强消费能力。

（四）顺应趋势，提升消费品质

必须立足农村特色资源，因地制宜发展新产业新业态，顺应农村居民消费升级趋势，推动服务性消费扩容提质。立足特色资源，因地制宜发展乡村旅游、休闲农业等新产业新业态，贯通产加销，融合农文旅。丰富农村消费供给，打造县域新型文旅商业消费集聚区，提升餐饮、文化娱乐、休闲康养等消费场所的质量。通过完善基础设施和优化消费环境，吸引更多游客和消费者。结合本地特色，举办各类消费活动，发展以农业科普、农耕体验、乡村文旅等为主题的新型乡村旅游。此外，应加强政策支持，优化营商环境，鼓励社会资本参与农村文旅项目建设。通过整合资源、创新模式，进一步提升农村消费市场的吸引力和竞争力。同时，加强人才培养和引进，为农村消费市场的转型升级提供智力支持。

（五）观念引导，促进消费升级

一方面，加强宣传教育，通过线上线下多种渠道普及消费知识，帮助农村居民树立正确的消费价值观。特别是在人情往来、婚丧嫁娶等传统习俗中，倡导勤俭节约、适度消费的理念，避免盲目跟风和过度消费。另一方面，提升农村居民的数字素养和消费能力，通过开展培训、推广活动等方式，普及网络购物、移动支付等新兴消费方式，助力其适应消费升级趋势。同时，强化消费教育，提升居民对商品和服务质量的辨别能力，引导其从"不坏不换"的保守消费模式向追求品质和功能的理性消费模式转变，推动农村消费市场健康、可持续发展。

参考文献

刘松涛：《着力扩大有收入支撑的农村居民消费研究》，《农业经济》2024年第9期。

展小瑞、孙广华：《乡村振兴战略背景下农村居民消费升级及潜力挖掘》，《农业经济》2024年第9期。

丁越峰：《扩大内需背景下新型城镇化影响农村居民消费的传导机制》，《商业经济研究》2024年第10期。

B.11
2024~2025年河北省农民工就业形势分析与预测

水 宁[*]

摘　要： 2024年，河北省农民工就业形势稳定，农民工总量为1591万人，同比增长1.1%，就业地域范围以省内就业为主，女性农民工占比、大龄农民工占比均有所提高；农民工就业行业呈现由二产向三产转移态势，从事第三产业农民工占比为52.8%，同比提高0.4个百分点；农民工收入持续增长，月均收入为5605元，同比增长4.6%。本报告认为职业技能培训率偏低、劳动合同签订率下降、社会保障水平较低、拖欠工资问题等需要重点关注，提出了加大技能培训力度、加大全面监管力度、营造良好的信息环境、优化农村产业结构、发挥部门综合效能等建议。

关键词： 农民工　就业保障　河北省

农民工是改革开放催生的一个重点群体，越来越多的农村劳动力从土地上解放出来，在城乡之间长时间、大范围有序有效转移，用辛勤奋斗改变了个人和家庭的命运，也成为经济社会发展的重要支撑。

为切实做好农民工工作，加强部门间的协调配合，2006年依据《国务院关于同意建立农民工工作联席会议制度的批复》（国函〔2006〕19号），国务院农民工工作联席会议成立。其职责包括：研究拟订农民工工作的重大政策措施，为国务院决策提供意见建议；督促检查各地区、各部门相关政策

---

[*] 水宁，国家统计局河北调查总队住户监测处四级调研员，主要研究方向为农民工监测调查。

落实情况和任务完成情况，协调解决政策落实中的难点问题；研究确定年度工作要点和阶段性工作计划；定期向国务院汇报农民工工作情况，并及时通报各地区、各部门。2013年6月14日，为进一步加强对农民工工作的组织领导，国务院决定成立国务院农民工工作领导小组，作为国务院议事协调机构，国务院农民工工作联席会议同时撤销。2023年为统筹全国就业促进和劳动保护工作，整合成立国务院就业促进和劳动保护工作领导小组，统筹安排农民工工作。

2024年，河北省坚持以习近平新时代中国特色社会主义思想为指导，深入贯彻党的二十大和二十届二中、三中全会精神，坚持稳中求进工作总基调，全面落实省委、省政府关于农民工工作的决策部署，农民工就业形势稳定，总量、收入持续增长。

一　农民工规模和流向

（一）农民工总量持续增长

2024年以来，河北全力以赴稳就业，加大就业优先政策实施力度，实施多种形式的就业帮扶举措，就业形势保持稳定，河北省人力资源和社会保障厅等部门印发《关于促进高校毕业生等青年就业创业的十二条措施》和《关于加强农民工职业技能培训工作的十五条措施》，进一步稳定和扩大就业容量，提升就业质量，促进高校毕业生等青年就业创业，健全终身职业技能培训制度，促进农民工技能提升和就业创业，不断强化就业政策扶持。

农民工监测调查显示，2024年河北省农民工总量为1591万人，同比增加18万人，增长1.1%（见图1）。其中，本地农民工总量为869万人，同比增长0.6%；外出农民工总量为722万人，同比增长1.7%。外出劳动力占比达45.4%，较上年提升0.3个百分点。[①]

---

① 本报告数据来源于国家统计局河北调查总队。

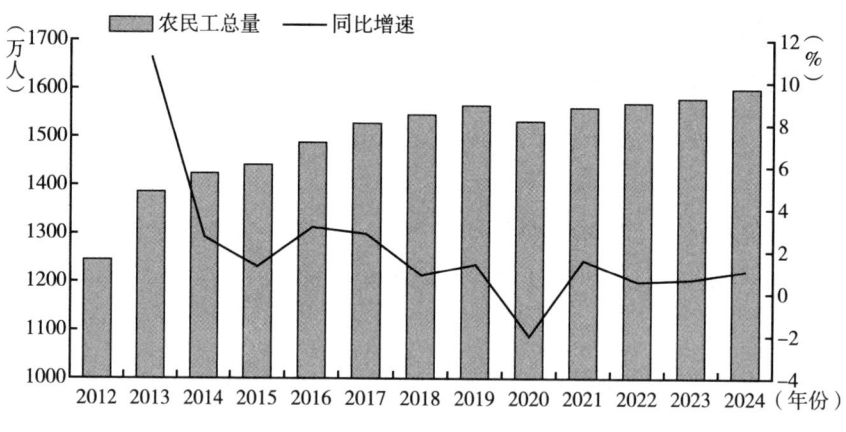

图1 2012~2024年河北农民工总量及同比增速

（二）省内从业农民工增加，省外从业农民工减少

从外出地区来看，外出农民工省内从业占69.6%，同比增加0.3个百分点；省外从业占30.4%，同比减少0.3个百分点。其中：东部地区占22.4%，同比减少1.4个百分点；中部地区占2.3%，同比减少0.1个百分点；西部地区占4.9%，同比增加1.6个百分点；东北地区占0.6%，同比减少0.4个百分点；其他地区占0.2%，与上年持平（见表1）。

表1 2023~2024年河北外出农民工从业地区占比情况

单位：%，个百分点

外出地区	2024年	2023年	同比增减
省内	69.6	69.3	0.3
省外	30.4	30.7	-0.3
东部地区	22.4	23.8	-1.4
中部地区	2.3	2.4	-0.1
西部地区	4.9	3.3	1.6
东北地区	0.6	1.0	-0.4
其他地区	0.2	0.2	0.0

注：表中其他地区指中国港澳台地区及国外地区。

近年来，河北按照《河北省就业促进"十四五"规划》要求，坚持就业优先、政策协同、扩容提质、优化结构、市场主导、政府调控、聚焦重点、守住底线的基本原则，积极扩大就业容量，鼓励支持创业带动就业，提高重点地区就业承载力，统筹做好重点群体就业，提升劳动者技能素质，完善人力资源市场体系和公共就业服务体系，强化劳动者权益保障，防范化解就业失业风险，从而创造了大量就业岗位，也催生了许多新兴职业，为农民工省内就业提供了有力支撑。

二 农民工基本特征

（一）女性农民工占比持续提升

长期以来，女性承担着照顾家庭和养育子女的重担，尤其是在农村家庭中，很多育龄妇女和中老年妇女虽有就业意愿但无法外出就业。2022年修订的《中华人民共和国妇女权益保障法》的施行和"福嫂"品牌的深入人心，在全省范围内营造了关心女性、支持女性就业的良好氛围，女职工的合法权益得到有力维护，特殊权益得到有力保障。一大批农村妇女劳动力实现了转移就业，满足了妇女求职就业和用人单位用工的双向需求。调查显示，2024年女性农民工占比37.1%，同比增长2.0个百分点（见图2），但仍与男性相差25.8个百分点，占比较2012年的25.1%上升12.0个百分点。

（二）大龄农民工占比有所提高

在城镇化进程中，农民工群体一直是推动城市建设与发展的中坚力量。近年来，大龄农民工的数量呈持续增长态势。这一庞大群体的就业问题，正逐渐成为社会经济发展中不容忽视的关键议题。从年龄结构来看，34岁及以下的农民工占23.9%，同比下降0.8个百分点；35~50岁的农民工占

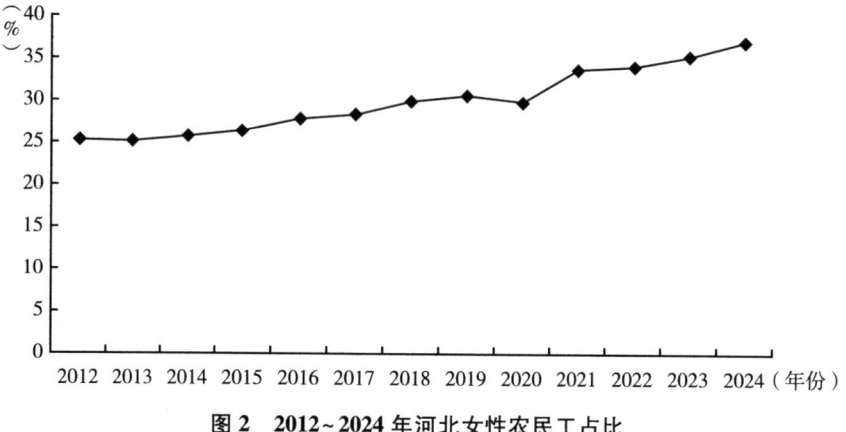

图 2　2012~2024 年河北女性农民工占比

46.4%，同比提高 0.5 个百分点；51 岁及以上的农民工占 29.7%，同比提高 0.3 个百分点。

大龄农民工普遍受教育程度较低，在劳动力市场中处于较为劣势的地位，无法与年轻的农民工竞争，导致其工资待遇低、劳动强度大。他们年轻时多从事建筑、运输等行业，近年来建筑业发布的"清退令"，使得这部分人群为保障日常生活，只能从事街道保洁、园林看护、城市绿化等工作，但这类工作需求的人员数量较少，难以满足需求。

（三）农民工整体受教育程度持续提升

近些年，在一系列提高农民工素质、促进农民工融入城市政策的推动和社会各界的努力下，农民工素质逐步得到提升，农民工受教育程度进一步提高。调查显示：2024 年未上过学的农民工占 0.3%，与上年持平；小学文化程度的占 10.5%，同比减少 0.6 个百分点；初中文化程度的占 58.7%，同比减少 1.4 个百分点；高中文化程度的占 17.4%，同比增加 1.0 个百分点；大专及以上文化程度的占 13.1%，同比增加 1.0 个百分点。初中文化程度的农民工仍占大多数，高中及以上文化程度的农民工占比明显提升，整体受教育程度提高（见表 2）。

表2　2023~2024年河北农民工受教育程度情况

单位：%，个百分点

受教育程度	2024年	2023年	同比增减
未上过学	0.3	0.3	0.0
小学	10.5	11.1	-0.6
初中	58.7	60.1	-1.4
高中	17.4	16.4	1.0
大专及以上	13.1	12.1	1.0

三　农民工就业情况

（一）第三产业吸纳就业能力不断增强，从业人员占比提高

2024年，河北省农民工从事第一产业的占0.3%，同比增加0.1个百分点；从事第二产业的占46.9%，同比减少0.5个百分点；从事第三产业的占52.8%，同比增加0.4个百分点。分行业看，2024年农民工从事制造业，批发和零售业，信息传输、软件和信息技术服务业的占比分别为31.9%、14.0%、2.1%，同比分别增加1.1个、1.0个、0.7个百分点。从事建筑业的占比为11.7%，同比减少2.0个百分点。农民工就业呈现由二产向三产转移，同时二产内部由建筑业向制造业流动的特点。其中，批发和零售业，信息传输、软件和信息技术服务业等行业吸纳就业能力较强，从业人数增幅明显，同时采矿业，电力、热力、燃气及水的生产和供应业，金融业，文化、体育和娱乐业等行业占比也有不同程度的提高，就业更加多元化（见表3）。

第二产业一直是河北农民工就业的传统产业，受房地产市场调整影响，建筑业就业状况不佳。农民工从事建筑业的占比继续下降，大量建筑业农民工转而从事第三产业，这也在一定程度上影响了农民工就业的稳定性。

表3 2023~2024年河北农民工从事行业占比情况

单位：%，个百分点

本年度从事主要行业	2024年	2023年	同比增减
第一产业	0.3	0.2	0.1
第二产业	46.9	47.4	-0.5
采矿业	1.3	1.1	0.2
制造业	31.9	30.8	1.1
电力、热力、燃气及水的生产和供应业	2.0	1.8	0.2
建筑业	11.7	13.7	-2.0
第三产业	52.8	52.4	0.4
批发和零售业	14.0	13.0	1.0
交通运输、仓储和邮政业	8.4	9.6	-1.2
住宿和餐饮业	5.1	5.4	-0.3
信息传输、软件和信息技术服务业	2.1	1.4	0.7
金融业	0.8	0.6	0.2
居民服务、修理和其他服务业	13.1	13.5	-0.4
文化、体育和娱乐业	0.9	0.5	0.4
其他	8.4	8.4	0.0

（二）月均从业时间增加，收入稳步增长

从工作时长来看，2024年河北省农民工从业时间增加。调查数据显示，全年农民工月均从业时间为25.2天，同比增加0.3天。其中，本地农民工和外出农民工月均从业时间分别为25.0天和25.5天，同比均增加0.3天。随着社会经济全面恢复，社会用工需求逐渐扩大，农民工就业机会增多，从业时间更长、就业较为饱满，为稳岗增收提供了扎实保障。

从收入水平来看，2024年河北农民工月均收入为5605元（见图3），同比增加248元，同比增长4.6%，高于全国平均水平0.8个百分点。其中，本地非农务工月均收入为5576元，同比增长6.2%；外出农民工月均收入为5649元，同比增长2.3%。工资性收入已是农民收入的第一支柱，稳定农民

工就业容量、提升农民工就业质量，不仅对稳定就业大局至关重要，对促进农民增收、实现共同富裕也具有重要意义。

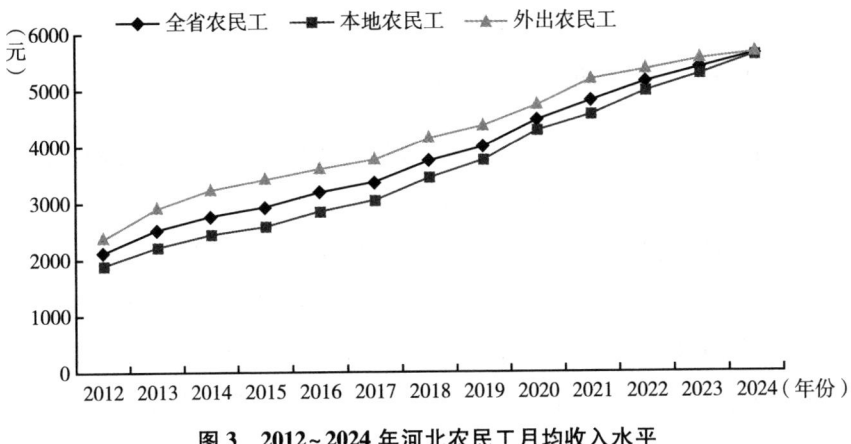

图3　2012~2024年河北农民工月均收入水平

（三）外出就业半径继续缩小，县外市内占比提高

近年来，随着城镇化进程的不断推进，各级地方政府通过推动就业政策落实、拓宽就业渠道、开展就业指导、强化技能培训等多种方式，积极引导农民工就地就近就业。农民工就业半径逐渐缩小，越来越多的农民工选择在县外市内就业。从省内外出农民工流向来看，2024年选择在乡外县内务工的农民工占34.0%，同比减少1.1个百分点；选择在县外市内务工的农民工占28.8%，同比增加1.6个百分点；选择在市外省内务工的农民工占6.8%，同比减少0.2个百分点（见表4）。

表4　2023~2024年河北农民工省内外出从业占比情况

单位：%，个百分点

外出地区	2024年	2023年	同比增减
省内	69.6	69.3	0.3
乡外县内	34.0	35.1	-1.1
县外市内	28.8	27.2	1.6
市外省内	6.8	7.0	-0.2

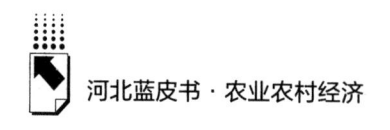

四 农民工权益保障情况

（一）接受职业技能培训率偏低

随着我国经济的转型升级，产业结构不断调整优化，传统劳动密集型产业逐渐萎缩，而新兴产业如高端制造业、信息技术产业等蓬勃发展，但这些产业对劳动者的技能和素质要求较高。调查结果显示，2024年河北省农民工中，8.6%接受过农业职业技能培训，同比提高0.4个百分点；14.4%接受过非农职业技能培训，同比降低0.4个百分点。文化素质不高和缺乏就业相关的技能，使得农民工在就业市场中竞争力不强、择业自主性较差，多数只能选择收入较低的劳动密集型行业。

（二）劳动合同签订率下降

长期以来，用人单位降低管理成本、农民工自身文化素质偏低和维权意识薄弱是导致农民工劳动合同签订率下降的主要因素。调查结果显示，2024年河北省农民工劳动合同签订率为16.1%，同比降低7.7个百分点。其中，签订一年以下劳动合同的占1.9%，同比提高0.1个百分点；签订一年及以上劳动合同的占10.5%，同比下降5.4个百分点；签订无固定期限劳动合同的占3.7%，同比下降2.4个百分点。《中华人民共和国劳动合同法》施行后，农民工劳动合同签订率虽有一定的提高，但总体签订率仍然较低。

（三）社会保障水平较低

尽管政府出台了一系列政策保障农民工权益，但在实际执行过程中，仍存在落实不到位的情况。如一些企业为降低成本，不愿为农民工缴纳社会保险，或者只缴纳部分险种，导致他们在遭遇工伤、生病、失业等情况时，无法得到应有的保障。2024年，农民工中由单位或雇主缴纳养老保险、医疗保险、失业保险、生育保险和住房公积金的占比分别为17.0%、15.6%、

14.4%、11.7%和8.3%，同比分别提高0.2个、1.4个、0.3个、0.7个、和0.8个百分点；缴纳工伤保险的占比为29.3%，同比下降0.2个百分点。农民工缴纳"五险一金"占比呈现"五升一降"态势，但覆盖面仍不到三成，整体保障水平仍然偏低。

（四）工资拖欠问题仍需关注

农民工工资拖欠问题一直是社会关注的焦点，关系农民工的切身利益和社会稳定。近年来，尽管政府高度重视并出台了一系列措施打击拖欠农民工工资的行为，但这一问题依然存在，特别是在建筑业等行业。调查数据显示，2024年0.2%的农民工遭遇工资拖欠，平均每人拖欠金额为6123元，主要集中在建筑行业，多为部分拖欠，调查对象均表示已与雇主协商延期发放。如某市某县刘某等三人2024年从事建筑业，分别被拖欠工资4000～7000元。

五 农民工就业政策建议

（一）加大技能培训力度，提高农民工整体素质

一是开展有针对性的就业技能培训。发挥政府引导作用，摸清企业用工需求，切实提高培训精准度，确保农村非农劳动力实现对口就业。二是采取多样化的宣传方式，通过送培训下乡及联合职业院校、企业等方式，为农民工量身定制制造业、建筑业、家庭家政服务业等实用性技术培训。通过优惠政策激励用人单位对农民工群体有针对性地开展技能培训，提高培训的精准度。三是鼓励有创业意愿的农民工参加创业培训和创办企业培训。针对不同创业需求和特点，开展内容丰富、针对性强的创业培训。四是立足当前劳动者特别是新生代劳动者的就业需求，在职业教育、技能培训等方面大力开发数字化教学培训资源，培养掌握数字化教学技能的师资队伍，切实提升农民工的技能水平。

（二）加大全面监管力度，强化农民工权益保障

一是严格执行用工程序，相关劳动保障单位要加大监管力度，有效指导和帮助农民工与用人单位先签订合同后实际用工，推广农民工劳动合同范本，简化农民工劳动合同的签订与解除手续。二是加大对农民工合法权益保障的监察力度。劳动监察、社会保障、民政等相关部门应联合执法、形成合力，加大对本地用工单位的监督力度，重点查处用人单位少报、漏报、瞒报参保人数和缴费基数问题，实现应保尽保。三是提升信用惩戒的时效性，扩大其覆盖面，通过全国信用信息共享平台实现跨地区、跨部门数据互通，从源头遏制欠薪行为。持续推动法律落实、加强基层执法能力，并结合经济扶持政策缓解中小企业的资金压力，形成"预防—惩戒—修复"的全链条治理模式。

（三）营造良好的信息环境，畅通农民工就业信息获取渠道

良好的信息环境是农民工获取信息的重要保障。一是建立多级服务网络，实现信息精准对接。依托基层平台与乡镇、村对接，利用网格群覆盖广大农民工群体，收集汇总农民工求职信息和企业招聘需求信息，实现信息的精准对接。二是组织开展岗位募集推送服务，分类建立岗位信息台账，兼顾农民工不同年龄阶段和受教育程度，线上线下精准推送，确保农民工及时掌握就业信息。三是对不同性别、年龄、收入水平和文化程度的农民工进行调研，用精准、高质量的信息服务，使农民工体会到信息带来的便利，培养信息需求意识，促使其主动搜寻利用信息。

（四）优化农村产业结构，充分发挥就业带动效应

加速推进农村产业结构优化升级，通过技术创新、农村产业转型升级、资源优化配置等手段，调整农村一二三产业布局，使其更加适应现代经济的发展需要，提高农村经济发展的质量和效益，有效促进农村劳动力转移和增加就业，促进其增收，减小城乡间收入差距。一是抓住数字乡村建设的契

机，大力推进传统优势产业和农村电商深度融合，推动农村中小企业充分利用电商平台转型，推进县域特色产业与电商平台融合发展。二是充分结合农村当地特色，深度挖掘可商业化的产品或服务技能。政府部门联合社会各界力量，确保当地产业优化升级顶层设计的科学性，建立以产业布局为导向的联动机制，积极鼓励以县域优势产业为导向建立电商经济产业示范区。政府部门积极引导并大力支持一二三产业融合发展的农村产业园建设。与此同时，为促进县域经济的盘活，还应大力发展农村电商物流、冷链物流，完善配套"互联网+"服务体系，加快电商人才培养。

（五）发挥部门综合效能，推动就业创业政策落地见效

一是针对农民工创业的特点和农民工创业存在的困难和问题，结合地方实际进一步完善就业政策实施细则和办法，通过加大授权、先行先试更加积极的就业政策，激发地方干事创业活力。二是加大金融扶持力度，引导金融机构在信贷方面加强对农民工创业的支持，破解融资难融资贵问题，丰富契合农业生产实际的金融产品，鼓励农民工以创业促进就业。三是采取有效措施，完善管理办法，加强资金监管，统筹用好就业补助资金、职业技能提升行动资金、失业保险基金等，切实提高资金效益，使其真正发挥促进就业创业的作用。四是努力为农民工返乡创业营造宽松的环境，力争做到"创业一个、成功一个、发展一个"。

参考文献

高建军、张瞳光、董婧：《乡村振兴背景下农村创新创业带头人培育问题研究》，《农村经济与科技》2022年第9期。

邱超奕：《着力提升农民工就业质量》，《人民日报》2025年1月2日。

周明：《让农民工好就业就好业》，《陕西日报》2025年2月14日。

专题篇

B.12
河北省加快推进农业特色产业发展对策研究

唐丙元[*]

摘　要： 发展农业特色产业是实现乡村振兴的重要途径。河北省动植物种质资源丰富、农业生产条件良好，随着规模化、标准化生产的推进和新技术、新品种的推广应用，全省农业特色产品、特色品牌不断涌现，农业特色产业较快发展。但随着市场需求和国内外宏观形势的变化，农业生产基础设施薄弱、产业发展标准不高、产业融合发展程度不深等问题日益显现，亟须进行补短板、强弱项、提质量。河北省要坚持大农业观、大食物观，加强农业基础设施建设、培育壮大特色农产品品牌、加快全产业链全价值链建设、强化产业政策支持，做好"土特产"文章，不断提升农业发展质量、效益和竞争力。

关键词： 特色农业产业　农产品　农业品牌　融合发展

---

[*] 唐丙元，河北省社会科学院农村经济研究所研究员，主要研究方向为宏观经济、开放经济。

特色产业是农业发展、农民增收和农村繁荣的重要基础。习近平总书记指出，产业振兴是乡村振兴的重中之重，要落实产业帮扶政策，做好"土特产"文章，依托农业农村特色资源，向开发农业多种功能、挖掘乡村多元价值要效益，向一二三产业融合发展要效益。[1] 农业特色产业是指依托独特的资源禀赋、生态环境、人文商贸等条件，围绕市场需求，突出产品特色化、差异化而形成的特色突出、规模适度、效益良好的农业生产体系。河北省地形地貌类型齐全、动植物种质资源丰富、农业生产条件良好，为农业特色产业发展奠定了扎实基础。近年来，河北省坚持大农业观、大食物观，积极优化农业生产结构和产业布局，加快农业技术研发推广，农业特色产品、特色品牌不断涌现，成为提升全省农业发展质量效益和竞争力的重要支撑。

一 河北省农业特色产业发展特点分析

河北省特色农业的发展历史久远，改革开放以后随着农业种植结构调整，全省农业生产逐渐由传统粮棉油种植向农林牧渔多种经营转变。随着规模化、标准化生产的推进和新技术、新品种的推广应用，河北省农业特色产业保持较快发展。

（一）产业规模不断扩大

河北省坚持稳中求进工作总基调，全力抓好"三农"各项工作，保障粮食等重要农产品稳产保供，全省农业生产保持平稳。为调整优化农业生产结构，河北省大力发展畜牧、蔬菜、果品三大农业特色产业。通过政策引导、项目带动、标准引领、品牌培育等综合施策，畜牧、蔬菜、果品三大农业特色产业规模稳步扩大。2024年，河北省三大农业特色产业产值占全省农林牧渔业总产值的56.1%。从具体品种看，迁西板栗、武安小米、藁城

---

[1]《习近平在中央农村工作会议上强调锚定建设农业强国目标 切实抓好农业农村工作》，《人民日报》2022年12月25日，第1版。

强筋小麦、泊头鸭梨、内丘富岗苹果、平泉食用菌、青县蔬菜、巨鹿金银花、鸡泽辣椒、黄骅冬枣等特色农产品产业链条不断延伸，形成一批特色农产品产业集聚区。截至2024年，河北省共评定特色农产品优势区140个，涉及全省92个县（市、区），占全部县（市、区）的55.1%。其中，瓜果蔬菜类产品优势区41个、林果类产品优势区41个、畜牧类产品优势区12个、粮油类产品优势区28个、水产类产品优势区5个、药材类产品优势区9个、其他类产品优势区4个。从特色农产品产量来看，2024年河北省蔬菜产量为5717.3万吨，同比增长4.0%；园林水果产量为1217.6万吨，同比增长4.4%；猪牛羊禽肉产量为478.1万吨，同比下降2.6%；禽蛋产量为425.6万吨，同比增长5.2%；生鲜乳产量为560.4万吨，同比下降2.0%。[1]

（二）特色农业品牌不断增加

河北省各地立足本地特色资源，深入挖掘地域乡土文化、民俗文化、农耕文化、饮食文化等文化内涵，加强"三品一标"认证登记和区域公用品牌评选，培育了一批具有地方特色的文创农副产品品牌。2024年，河北省共有24个农产品区域公用品牌入选中国农业品牌目录2024农产品区域公用品牌名单、149个特色农产品入选全国名特优新农产品名录，[2] 入选数量均居全国前列。据不完全统计，2024年河北省共创建省级以上农产品区域公用品牌145个、省级农业企业领军品牌120个。在区域公用品牌带动下，各类农业生产经营主体积极注册商品商标，全省农产品品牌数量年均增长8%～10%。[3] 围绕粮油、畜禽、果蔬、水产、中药材、食用菌等传统特色优势产业，河北省加快标准制修订工作，全省特色产品质量标准、生产技术规程等相关地方标准达370余项，有力保障了特色农产品标准化、规模化、集约化生产。"冀"字号农产品的市场知名度与影响力持续提升，成为推动农业高质量发展的重要引擎。

---

[1] 数据来源于河北省农业农村厅。
[2] 数据来源于中国农产品市场协会、农业农村部农产品质量安全中心。
[3] 数据来源于河北省农业农村厅。

（三）有效带动脱贫地区发展

河北省持续推进巩固拓展脱贫攻坚成果同乡村振兴有效衔接，把培育壮大特色产业作为主攻方向，加大整合资源力度，加快补齐技术、设施、营销等短板，着力培育壮大农业龙头企业，推动农业特色产业加快转型升级。河北省62个脱贫重点帮扶县均把发展农业特色产业作为重要工作抓手，实施了特色种养、林果、电商、乡村旅游、家庭手工业等产业提升工程，强化农业品牌创意设计，扩大宣传范围，对接个性化消费需求开展产品营销，农业特色产业发展的质量效益和市场竞争力不断提升。截至2024年底，河北省脱贫地区农产品区域公用品牌数量为55个，万全糯玉米、兴隆山楂、巨鹿金银花、平泉香菇等15个品牌入选中国农业品牌目录2024农产品区域公用品牌名单，占当年全省入选数量的62.5%；脱贫县拥有省级龙头企业309家、农业产业化联合体272个、农业产业强镇29个。[①]

二 河北省农业特色产业发展存在的主要问题

河北省农业特色产业发展成效明显，但仍存在农业生产基础设施薄弱、产业发展标准不高、产业融合发展程度不深等问题，需要持续进行补短板、强弱项，夯实产业发展基础。

（一）生产基础设施薄弱

河北省高标准农田比例不高，全省已建成高标准农田面积占全部耕地面积的比重为59.0%，40%以上的中低产田存在设施不配套、田块碎片化、耕地质量下降、抗灾能力不强等问题。同时，受自然灾害破坏、工程建设标准偏低等因素影响，部分已建成的高标准农田不同程度地存在设施损坏、工程不配套等现象，影响农业生产。河北省是水资源匮乏省份，同时是全国粮食主

---

① 数据来源于河北省农业农村厅。

产省、"菜篮子"产品生产大省，蔬菜、水果、粮油作物等属于高耗水作物，普及节水新品种、推广应用农艺节水新技术、建设滴灌喷灌节水工程等任务繁重。河北省设施种植、设施畜牧、设施渔业等设施农业生产设备老化严重，设施农业生产的集约化、标准化、绿色化、数字化水平还有待提升。

（二）产业发展标准不高

河北省特色农产品数量众多，但全省性的特色农产品名录尚不健全，部分特色农产品还未得到深入挖掘与产业化开发。一些农业生产经营主体对特色农产品的质量标准、生产技术规程重视不足，缺乏标准与有标准不执行等现象并存，生产过程的非标化仍较普遍。多数特色农产品区域公用品牌仅按有关要求制订了产品标准和生产技术规程，但并未明确产品质量检验规程，产品生产质量难以得到有效保障。一些具有地方特色的农产品仍未进行区域公用品牌评选认定，部分区域公用品牌特色农产品缺乏品牌塑造和创意设计，品牌识别、产品识别不清晰，通过品牌运作提升产品市场影响力、附加值的潜力有待挖掘。同时，河北省农业特色产业发展的科技支撑水平不高，现有农业技术研发推广偏向大宗农产品的产能提升，针对特色农产品的新品种培育、产品开发、生产技能培训不多，专业化生产经营人才缺乏，农业特色产业技术支撑体系有待完善。

（三）产业融合发展程度不深

部分地区农业特色产业发展缺乏高水平长远规划，生产、储运、加工等环节与传统大宗农产品相近，突出表现为依靠要素投入驱动产业规模扩张，发展方式仍较粗放。相当比例的特色农产品销售前缺乏细分市场调研分析，目标市场、目标客户不明确，产品进入中高端市场渠道不畅，优质特色产品难以卖出好价格。在推动农业特色产业发展时，多数地区往往注重生产环节而忽视产前、产后环节，良种繁育、产地保护、储运加工、市场营销等难以适应产业规模的快速扩张，造成产品质量下降、市场竞争加剧。河北省农业特色产业集聚区发展有待进一步提质，农业与旅游、康养、加工等产业结合不紧密，产业链条短，重点龙头企业数量少，示范带动能力不强。同时，规模化农业经营主体与普通农户利益联结机制不完善，农民分享产业增值收益程度不高。

三 推进农业特色产业发展的对策建议

推进农业特色产业高质量发展是做好"三农"工作的重要抓手，河北省要全面贯彻落实中央经济工作会议、中央农村工作会议精神，完善农业基础设施，壮大特色农产品品牌，加快全产业链全价值链建设，做好"土特产"文章，持续促进农业增效、农民增收。

（一）加强农业基础设施建设

高质量推进高标准农田建设，强化农业装备支撑，夯实农业特色产业发展基础。一是强化耕地保护。加大农田建设投入力度，严格落实"田长制"，健全日常管护和专项维护相结合的管护机制，逐步把具备条件的永久基本农田全部建成高标准农田。严格耕地占用审批，有序推进补充耕地建设，确保垦造和恢复耕地符合高标准农田建设要求，确保高标准农田数量不减少、质量不降低。加强地力保护，因地制宜推广耕地深松深耕，提高耕地防涝和蓄水保墒能力。建立健全耕地质量监测监管机制，及时掌握土壤污染状况，改善土壤环境。稳步推动盐碱地综合利用试点建设，探索盐碱地治理有效路径。二是强化农业装备支撑。培育壮大农业特色产业种业创新团队、育繁推一体化种业领军企业、商业化育种中心和创新联合体，提高产业良种率。大力发展设施种植、设施畜牧、设施渔业，推广使用新型棚室，发展工厂化集约养殖、立体生态养殖等，提高设施农业生产效率。围绕河北省山地丘陵等农机薄弱区域，加快农机装备研发和推广应用，促进农机装备迭代升级。三是加强农业生产防灾减灾能力建设。健全自然灾害、生物灾害监测预报预警体系，强化灾害应急会商和信息共享，及时开展灾害监测预报预警，提高防灾减灾能力。

（二）培育壮大特色农产品品牌

健全特色农产品质量标准体系、检验检测体系和生产技术规程，加强品牌创建和保护，不断提升品牌、产品识别度。一是强化标准引领。引导特色农产品生产经营管理人员牢固树立标准化生产观念，由生产、储运、加工、销售、科研等人员等共同组成专业团队，科学编制特色农产品生产技术规程、分级分类标准和质量检验检测方法等地方标准和企业标准，使特色农产品生产流通有标可依。加快现有各类标准的重新修订，有效解决标准不完善、不适用等问题。二是加大品牌建设力度。深入挖掘特色产业发展潜力，强化农产品地理标志和商标保护，培育壮大特色产品品牌。整合现有区域公用品牌产品，筛选培育特色农产品区域公用品牌旗舰产品，提升河北特色农产品品牌知名度。加强品牌创意设计和宣传推广，促进区域公用品牌与企业商标并行使用，提升企业市场竞争力。三是提升农业特色产业发展科技含量。整合各类优势创新资源，健全产学研融合创新机制，协调推进农业特色产业项目、平台、人才、基地等建设。健全农业特色产业科技领军企业培育制度，完善企业主导的产学研深度融合创新机制，强化企业创新主体地位。组织实施农业特色产业科技计划专项，加强关键核心技术攻关，加快科技成果转化应用，培育农业新质生产力。

（三）加快全产业链全价值链建设

培育壮大龙头企业，引导农民创新创业，推进农业特色产业集群集聚发展，将更多增值环节留在农村。一是积极培育农业产业化龙头企业。支持企业进行技术改造、装备升级和模式创新，梯次培育国家级、省级农业产业化龙头企业，引领带动农业特色产业向产业链中高端发展、向研发设计和品牌营销端延伸。发挥河北省农业产业化龙头企业协会作用，以省级以上农业产业化龙头企业为重点，加强企业管理人员技术培训，提升企业经营管理能力。二是发展壮大农业特色产业集群。以特色优势产业规模化种养基地为基础，依托龙头企业，集聚现代生产要素，建设集生产、加工、科技于一体的农业现代化示范区、农村产业融合发展示范园，打造农业特色产业发展高地。大力发展乡村特色产业专业村镇，打造一批具有较强影响力的典型范例。三是支持农民创新创业。围绕区域农业特色产业需求，采取集中培训、参观考察、资源对接等方式，培养一批乡村创业带头人，引领农业特色产业发展。鼓励企业与合作社、家庭农场、农户等建立利益联结机制，风险共担、利益共享，协同打造具有竞争力的特色农产品品牌，让农民更多地分享加工流通带来的增值收益。四是推动产业融合发展。挖掘农村多元价值，拓展农业多种功能，围绕特色资源和特色农产品，大力发展乡村旅游、休闲康养等新业态，积极发展农产品加工业，促进农村一二三产业融合发展。

（四）强化产业政策支持

深化农业领域"放管服"改革，营造法治化、便利化营商环境，引导工商资本为农业特色产业发展提供资金、技术、管理等支持。搭建村企合作平台，探索工商资本与村集体组织合作共赢发展模式，发展壮大集体经济。健全粮食生产支持政策体系，稳定耕地地力保护补贴政策，加强特色农产品市场信息发布和预期引导，保护农民生产积极性。加大农业特色产业招商引资力度，组织举办产业、企业专项洽谈交流活动，争取引进更多大型知名涉农企业投资河北。充分运用产业帮扶政策，整合现有帮扶资金、项目等资源，集中打造一批带动力强的农业特色产业集群，有效增加脱贫人口收入。

参考文献

刘建兵：《河北省特色农业产业发展现状及对策》，《农业科技通讯》2024年第10期。

蒋和平、郭超然、蒋黎：《乡村振兴背景下我国农业产业的发展思路与政策建议》，《农业经济与管理》2020年第1期。

郭红东：《因地制宜推动特色农业高质量发展》，《国家治理》2025年第4期。

蔡海龙：《从"新土特产"看特色农业产业的发展方向》，《人民论坛》2024年第10期。

张卫：《建设质量并重的高标准农田　进一步夯实国家粮食安全基础》，《河北日报》2024年3月10日。

B.13 打造"河北净菜"生产基地重点举措研究*

时方艳 李鑫**

摘　要： "河北净菜"进京一头连着乡村振兴,一头连着京津冀协同发展,相关部门坚决贯彻落实河北省委、省政府决策部署,创新工作思路,扎实推动"河北净菜"进京工作取得积极成效。本报告首先对净菜的基本含义进行了分析,净菜的迭代大致分为净菜1.0、净菜2.0和净菜3.0三个阶段。其次,分析了"河北净菜"进京发展取得的成效,政策赋能不断强化,产业经营主体不断壮大,净菜生产加工品质不断提升,品牌宣传不断加强,销售渠道不断拓宽。再次,剖析了影响"河北净菜"可持续发展的制约因素,"净菜"概念有待进一步普及,净菜加工环节烦琐带来较高的生产成本,净菜加工保鲜运输设备有待进一步完善。最后,提出打造"河北净菜"生产基地的对策建议,包括大力发展现代设施农业、加快净菜产业科技创新、加强净菜产业发展政策引导、壮大净菜产业经营主体、全面创新净菜销售渠道和做好"河北净菜"品牌宣传六个方面。

关键词： "河北净菜"　现代设施农业　净菜产业

---

* 本报告系2023~2024年度河北省社会科学基金项目"河北省数字乡村赋能农业全产业链可持续发展效率评价与现实路径研究"（项目编号：HB23ZT069）、河北省社会科学院智库项目"提升'河北净菜'品牌与市场份额对策研究"（项目编号：Z2025022）阶段性研究成果。

** 时方艳,河北省社会科学院农村经济研究所助理研究员,主要研究方向为农村经济、产业经济等；李鑫,山东信息职业技术学院中级经济师,主要研究方向为跨境电子商务。

2024年河北省一号文件强调，"大力发展现代设施农业，打造一批'河北净菜'生产基地"。随着北京市居民生活水平的提高和消费能力的增强，净菜作为生鲜业态的一种新模式，以新鲜、便利、安全、低碳为特征，逐渐进入居民生活。河北省坚持种好"菜园子"、保障京津"菜篮子"的发展定位，有效对接北京市场需求，深入推进"河北净菜"进京专业化、规模化、品牌化发展。

一　净菜的基本含义

净菜的迭代大致分为三个阶段。第一阶段净菜1.0，即净菜进城，广义的净菜是指经过分级整理（如筛选去掉不可食用的部分）后的蔬菜，如无菜根、无泥沙、无枯叶黄叶、无杂物的根茎类、果实类和叶类果蔬。第二阶段净菜2.0，即包装净菜、精品蔬菜净菜，对净菜1.0进行了更进一步的加工，是指经过分级、修整、清洗、去皮去核、切分、洗涤、称重、包装等加工操作之后的果蔬。第三阶段净菜3.0，即免加工、鲜切即用菜（新鲜消毒蔬菜），其与净菜2.0的主要区别是免洗、免加工，经过真空包装销售，如鲜切菜。

如今，净菜在发达国家已经得到普遍使用，欧美国家有90%的城市消费者使用净菜，日本东京的净菜使用率几乎达到100%，而我国的净菜产业尚处于发展初期，北京城市发展处于国内领先水平，居民生活水平相对较高，是全国最早推广净菜的城市之一，已完全实现净菜1.0流通，净菜2.0市场占有率不断增高，净菜加工水平及要求正在逐步向净菜3.0发展。当前所指的净菜默认是净菜2.0和净菜3.0，在保障精品蔬菜净菜供给的基础上，积极发展鲜切即用菜。

"河北净菜"是河北省农业生产基地、合作社及加工配送、供应链、销售终端等相关企业根据食品卫生要求，按照有关标准和需求进行选摘、清洗、切分或分装等加工处理的蔬菜、果品、肉类、蛋类、水产品，是河北省输出粗（初）加工鲜活食用农产品广义质量品牌的统称。

二 持续推动"河北净菜"发展的重要意义

(一)有利于推动京津冀协同发展走深走实

"河北净菜"进京是河北在对接京津、服务京津中加快发展自己的具体抓手,对保障北京市场供应、降低垃圾处理压力意义重大。河北依托"五位一体"交通枢纽优势,打造面向京津冀都市圈的立体现代化交通网络,京津雄核心区半小时通达,京津冀主要城市1~1.5小时交通圈基本形成,构建起"出了北京,就是河北"的交通优势,为"河北净菜"进京提供了强大的物流保障。净菜发展需在农业种植技术、保鲜技术、加工设备等方面加大投入力度,以满足京津居民对净菜的高品质需求,这有助于河北农业企业加大与北京科研院校的合作力度,共同研发适合净菜生产的新技术、新品种,促进农业科技领域的交流合作,实现河北农业现代化转型。"河北净菜"把不能吃的部分留下循环利用,提升了产品附加值和品质水平,相较于毛菜减少了约20%的城市生活垃圾,实现生活垃圾源头的减量化和资源化,降低了北京垃圾处理成本和压力,有利于改善城市生态环境,提高城市治理水平。

(二)有利于构建全国统一大市场

全国统一大市场是畅通国内大循环、构建新发展格局的基础支撑和内在要求。河北制定《"河北净菜"货运通行证申办指引》,有序推进"京籍"车证申办、使用和管理,打通进京配送的"最后一公里",成立河北净菜(北京)物流有限公司,建立完善的冷链物流体系和销售网络,有助于打破地区之间由流通环节不畅、信息不对称等造成的市场壁垒,实现净菜高效自由流通。河北制定的团体标准实现京津冀三地互认,京津冀市场监管部门共同编制了《农产品批发市场食用农产品入场查验技术规范》,保定市与丰台区签订了《区域食品协作监管框架协议》,实现了跨区域协同监管和食用农产品追溯。这有助于建立起统一的净菜行业标准体系,使净菜质量有标准可依,减少由标准差异导致的市场混乱,提高农产品市场规范化、有序化水平。随着"河北净菜"与北京等地市场深度融合,需建立市场信息收集和发布平台,实时掌握不同地区净菜的市场需求、价格波动、销售趋势等信息,这会助推农业生产者、加工企业和销售商及时调整生产和经营策略,优化资源配置,提高农业资源利用效率。

(三) 有利于打造乡村产业发展新高地

净菜作为一种从田间地头直达厨房甚至直达餐桌的农业新业态,是实现农产品价值增值、农民增收致富的新型产业模式,是现代化农业发展的重要组成部分,推动农业从规模化发展向高质量发展迈进。净菜在种植环节采用精准施肥、智能灌溉、病虫害绿色防控等科学种植技术,提高农业生产效率与质量,加工环节引入先进设备和工艺,促使蔬菜从初级农产品向高附加值产品转变,延长农业产业链,实现传统农业朝现代化、标准化、精细化方向升级。净菜产业涉及种植、加工、仓储、运输、销售等多个环节,横跨农业、食品加工业、物流服务业、信息技术产业等多个领域,其发展打破了产业界限,促进产业深度融合,有利于构建更具活力和竞争力的现代化产业体系。净菜的仓储、运输需要专业的冷链物流服务,这会推动农村地区冷库、冷藏车等冷链物流基础设施建设,引入先进的物流信息技术,提高冷链物流效率,升级农村物流网络,促进物流服务业发展。

(四) 有利于河北推进乡村全面振兴

持续推进"河北净菜"进京已列入2025年河北省委一号文件,发展净菜产业有利于拉动就业、助力农民增收、带动河北推进乡村全面振兴。7~9月张家口、承德错季菜在北京市场占比70%以上,坝上西蓝花、生菜、甘蓝等6种蔬菜在北京夏季市场占比90%以上。推进环京津设施蔬菜产业集群建设,培育环京周边蔬菜生产基地,对巩固拓展脱贫攻坚成果同乡村振兴有效衔接、扎实推进乡村全面振兴意义重大。净菜发展通过与市场紧密对接,保障蔬菜销售和价格的稳定性，涉及的蔬菜种植、采摘、净菜加工、包装、运输、销售等各个环节可为当地农民提供丰富的就业岗位，实现农村富余劳动力就近就地就业，创造更多增收渠道，如土地流转收入、入股分红收入等，全方位实现农民增收。净菜产业注重蔬菜的品质和安全，在种植过程中推广绿色防控技术，减少农药化肥使用量，有利于保护农村生态环境，推进美丽乡村建设再上新台阶。净菜产业发展态势良好、前景广阔，需培养一批掌握现代种植技术、加工技术、营销知识的新型职业农民，同时吸引一批有技术、有资金、有市场经验的人才返乡创业，带回先进的理念、技术和管理经验，为推进乡村全面振兴提供坚实的人才支撑。

三 "河北净菜"发展取得的成效

"河北净菜"进京一头连着乡村振兴，一头连着京津冀协同发展，相关部门坚决贯彻落实河北省委、省政府决策部署，创新工作思路，扎实推动"河北净菜"进京工作取得积极成效。2023年河北省主要"菜篮子"产品在北京市场中的占有率达41.8%，北京市蔬菜上市量达671.88万吨，河北省年供应量约达280万吨，已超过山东省。河北省农业农村厅统计数据显示，2024年河北蔬菜在首都蔬菜市场中的占有率达42.5%，河北已成为京津蔬菜市场供应第一大省。其中，衡水市2024年蔬菜产量达382.6万吨，衡水蔬菜在首都蔬菜市场中的占有率达12%。

（一）净菜发展实现新突破，政策赋能不断强化

京冀两地高度重视"河北净菜"发展，坚持主要领导亲自谋划、高位推进，召开京津冀党政主要领导座谈会，将推进"河北净菜"服务北京列入《京津冀协同发展三年行动计划（2023—2025年）》、《深入推进京津冀协同发展2024年重点任务》和北京市第十三届委员会第三次全体会议重点任务。金晖副省长两次召开工作机制调度会，明确部门分工，协调解决堵点难点问题。

河北制定了《河北净菜》《河北净菜加工规范》《河北净菜配送规范》三项团体标准，实现京津冀三地互认。完善了《河北净菜配送规范》并升级为河北省地方标准，会同农业、发改等部门制定《"河北净菜"产业发展规划》，提供科学指导。申请了"京籍"货运通行证，打通进京配送的"最后一公里"，及时将新鲜蔬菜送至北京各大商超、食堂、饭店，实现鲜菜24小时内新鲜上市。

河北省财政厅、农业农村厅统筹2024年省级财政资金1.3亿元，支持建设衡沧高品质蔬菜产业基地、加工园区和示范园区。农业银行河北省分行推出河北净菜产业集群贷等专项金融产品，为净菜企业提供金融支持达386亿元。"河北净菜"进京工作得到商务部充分肯定，商务部办公厅刊发《商务参阅》，向全国推广"河北净菜"进京典型经验做法。

（二）搭建市场化服务平台，净菜产业经营主体不断壮大

河北充分发挥区位优势，与北京共建环京周边蔬菜生产基地158家，培育100家净菜生产示范基地，与大型农批市场如北京新发地市场种植者联盟签署基地共建协议。河北省商务厅成立了河北净菜有限责任公司，会同省国资委有序推动河北物产集团、河北交投集团、中外运河北物流有限公司参与增资扩股，积极打造市场化产业公共服务平台。

河北净菜有限责任公司充分运用市场化手段，打造"河北净菜"产业综合服务平台，整合配置仓储运输资源，强化供应链全环节管理和金融赋能，推动"河北净菜"进京规范化和标准化，厚植"河北净菜"品牌，依托品牌授权，扩大市场份额，坚持横向整合资源、纵向全链贯通，推动净菜产业数字化、标准化。河北制定了《"河北净菜"商标授权使用管理办法》，授予了首批20家企业"河北净菜"商标使用权，共培育85家"河北净菜"品牌授权企业。在石家庄开设了首家"河北净菜"体验店，在京津设立了"河北净菜"共享仓储配送中心。

（三）蔬菜区域布局持续优化，净菜生产加工品质不断提升

河北稳居外埠进京蔬菜供应量之首，净菜品质不断提升。全省年交易

额在 1 亿元以上的农产品批发市场共 109 家。河北拥有国家地理标志 85 个、省级公共品牌 145 个，如石家庄赵县雪花梨、承德平泉香菇、张家口张北马铃薯、秦皇岛昌黎扇贝、唐山玉田白菜、廊坊安次甜瓜、保定满城草莓、沧州黄骅梭子蟹、衡水深州黄韭、邢台隆尧大葱和邯郸鸡泽辣椒等。饶阳县南北岩村的设施蔬菜万亩棚区可以实现净菜 24 小时内到达北京市民餐桌。

河北实施千亿级蔬菜产业工程，建设环京津设施蔬菜产业集群，创建衡沧高品质蔬菜产业示范区，持续推动"河北净菜"进京。形成了特色蔬菜五大产区，分别为衡沧高品质蔬菜产区，主栽蔬菜为番茄、茄子、黄瓜、芹菜、辣椒、食用菌；冀北夏秋露地蔬菜产区，主要蔬菜为大白菜、生菜、胡萝卜、架豆、甘蓝、白萝卜、芹菜、西兰花、彩椒、香菇；环京津冬季设施蔬菜产区，主要蔬菜为黄瓜、胡萝卜、番茄、甘蓝、茄子、赤松茸、香菇、韭菜；冀东深冬温室蔬菜产区，主要蔬菜为番茄、大白菜、黄瓜、辣椒、甘蓝、白萝卜、生姜、豆角、香菇；冀中南春秋设施蔬菜产区，主要蔬菜为芹菜、菠菜、甘蓝、番茄、洋葱、大蒜、黄瓜、辣椒、羊肚菌、金针菇、白玉菇。五大产区实现设施栽培与露地生产有机结合，错位发展、交替上市。

净菜生产品质不断提升，建成崇礼彩椒、玉田白菜、馆陶黄瓜、永清胡萝卜等一批品牌规模化产区，培育口感番茄、水果黄瓜、芽球菊苣等一批精品蔬菜，满足了京津高端化、特色化消费需求。如青县大司马现代农业园区先后引进 500 余种名特优蔬菜、瓜果新品种，年产量达 3200 吨，有效满足北京市高品质、个性化需求。

净菜加工产业发展持续升级，鲜切菜、预制菜发展迅猛。如饶阳县共有农产品生产、加工企业 600 余家，蔬菜加工类企业 80 余家，蔬菜加工品种类以清洗、鲜切及包装为主，加工转化率约为 10%。饶阳康瑞农业净菜加工基地建设产供销一体化基地，以鲜食果蔬、休闲果蔬食品加工为主，主要面向北京中高端果蔬市场。例如，固安县完善净菜生产加工流程和质量控制体系，贯穿生产运输全过程，发挥邻近北京优势，构建环京 1 小时精品果蔬供应链条。

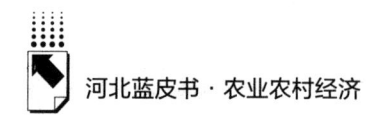

（四）加强品牌宣传，"河北净菜"影响力不断扩大

在北京各部门的大力支持下，"河北净菜"成功注册，成为全国第一个省级净菜公共品牌。品牌形象进一步提升，依托中央电视台、《人民日报》、新华社、学习强国、北京电视台、河北电视台等中央和京冀主流媒体，通过拍摄制作主题宣传片、播放公益宣传片、刊发评论员文章和专访等方式，进一步加大"河北净菜"区域公用品牌宣传力度。《瓣瓣同心——京津冀协同发展十年》专题纪录片报道了"河北净菜"进京故事。在北京西客站设置"河北净菜，北京好菜"宣传灯箱，在廊坊经洽会上开展农产品冷链物流专场推介活动，在北京社区菜店、商超发放主题宣传品1000余件。"河北净菜"区域公用品牌进一步叫响，"河北净菜，北京好菜"的好口碑初步形成。

（五）广泛开展交流合作，销售渠道不断拓展

以市场化方式推进"河北净菜"销售渠道拓展，积极签订战略合作框架协议，开展产销推介活动。河北省商务厅在商务部、海关总署、农业银行总行、国家开发银行总行成功举办"河北净菜"展示展销活动，引发了"一部一署两行"干部职工的购买热潮。与商务部机关食堂、北京学校基地直供平台、北京市餐饮行业协会、京东、圣农（天津）集团等签订了长期供货协议，签约金额达70余亿元。在商务部、国家开发银行、中国残联、大兴机场安装"河北净菜"自提柜。与北京城建集团达成合作共识，拟在300余个小区安装"河北净菜"自提柜。"河北净菜"产品在京广受欢迎，销售渠道进一步拓展。例如，固安顺斋瓜菜种植专业合作社净菜产品打造了"农超对接""农餐对接""农食对接"三种销售模式，年销售额达8000多万元，对77个京客隆超市门店直接配送15年，直配量最高达200多吨/天。

四 "河北净菜"可持续发展的制约因素

"河北净菜"在京的市场占有率越来越高，销售渠道越来越宽，但

仍面临制约因素，影响"河北净菜"持续进京，主要体现在以下几个方面。

（一）"净菜"概念有待进一步普及

大多数消费者对"净菜"的概念界定仍不清晰，河北省蔬菜市场中净菜1.0已全面普及，北京市净菜2.0的市场占有率越来越高，很多消费者在超市购买到的净菜经过塑料袋或者保鲜膜包装，且进行了加工。而《北京市生活垃圾管理条例》所指的"净菜"包括即食净菜和即用净菜，即净菜3.0。随着净菜产业的不断发展，"净菜"概念不断延伸，内涵不断丰富，要求不断改变，消费者对"净菜"概念的认知存在差异，在一定程度上不利于净菜的全面推广和有序管理。除此之外，净菜原料来源广泛，蔬菜副食品种类繁多，规格及质量差异较大，且存在季节性差异，从生产到加工、流通的商品标准体系不健全，净菜产品质量参差不齐，难以满足众多消费者的不同需要。

（二）净菜加工环节烦琐带来较高的生产成本

河北省大多数净菜经营企业的原材料由农产品批发市场供应，由蔬菜种植到为消费者提供净菜的过程，经过农户、产地批发市场、销地批发市场、净菜加工者、零售市场、餐饮市场等6~7个环节，每个环节损耗约20%，夏季损耗程度更高，导致净菜成本逐层递增。相较于普通蔬菜，净菜在最终销售之前经过一系列加工环节，存在相关成本，价格比普通蔬菜贵30%~40%。

（三）净菜加工保鲜运输设备有待进一步完善

不同蔬菜切成条、块、丝等各种形状的尺寸要求不同，净菜加工过程中很多蔬菜没有适用的加工设备，尤其缺乏小型半自动化的前处理设备或工具。净菜对保鲜要求极高，无论是鲜切过程中全程冷链控制还是冷链运输都需要保鲜，但河北省大部分净菜加工企业对温度、卫生、保鲜等方面的控制

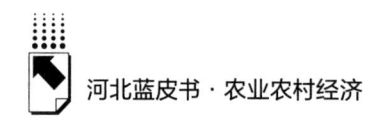

水平还有待提高。净菜冷链运输发展缓慢，冷链配送投入多、产出少，风险和费用均较高，难以实现净菜产前、产中、产后、终端冷链的无缝衔接。

五 高质量打造"河北净菜"生产基地的对策建议

"河北净菜"进京受到消费者青睐，要严格执行标准化生产，保证净菜品质，完善专项政策支持体系，加大品牌宣传力度，拓宽产品销售渠道，打造顺畅、高效、安全的"河北净菜"全产业链条，不断提升"河北净菜"产业化水平。

（一）大力发展现代设施农业

推进传统优势农产品设施升级改造，聚焦设施蔬菜、水果、食用菌等传统优势产品，推进老旧低效设施改造，推广高效宜机棚型，应用新型节能建筑材料、新能源装备，升级配套自动调控设备、智能作业装备，提高土地利用率和产能效率。探索建设现代设施农业引领区，推广新品种、新机械、新技术、新模式，建设大跨度钢构大棚、大型连栋温室等高端设施，发展垂直农场、植物工厂等高端经营模式，配套智能监测等高端设备。

优化区域布局，建设规模化基地，依托河北环京津区位优势，在交通便利、基础良好的地区建设规模化、标准化净菜生产基地，加强环京周边净菜加工基地建设，鼓励设施蔬菜生产基地就近建立大型蔬菜加工基地或净菜加工中心，并建立蔬菜冷藏链，保障产品新鲜。加大财政补贴力度，对设施农业的基础设施（如温室、大棚、智能设备等）建设提供专项补贴，对设施农业的水、电、气等能源消耗给予价格优惠。扶持净菜加工企业发展，提供用地、融资等方面的产业支持，将净菜纳入绿色通道，增加净菜品类，降低净菜价格，实现净菜规模化、标准化生产。

（二）加快净菜产业科技创新

农业产业科技创新是提高农作物产量、高效配置资源、增强抗风险能力的核心动力。加强品种选育，探索发展集约化种苗繁育基地，围绕蔬菜产业区域布局，科学规划建设种苗（菌包）繁育中心，集成推广智能化、工厂化育苗装备和环境控制系统，扩大商品种苗覆盖范围，推动优质品种加速更新换代，选育适合净菜加工的优质、高产、抗病蔬菜品种，满足不同群体消费需求。推进绿色生产，推广病虫害绿色防控技术，合理使用光诱、色诱技术，加大性诱、迷向技术推广应用力度，探索应用覆盖除草、光热除草等新技术，充分运用全国农药械信息化服务管理平台，加强对专业化病虫害防治服务组织的规范管理，减少农药使用，确保净菜安全、健康。

研发精深加工，延长产业链条，持续开发即食净菜、速冻净菜等新产品，提高产品附加值。支持高校、科研院所与龙头企业联合攻关，重点突破净菜保鲜、冷链物流、智能包装等关键技术。鼓励科研机构融合信息化技术，研发适合河北净菜行业的生产加工机械设备，丰富相关功能，自动识别品质控制点，实现蔬菜加工智能化。推广净菜标准化生产技术、自动化加工设备、智能化管理系统等，提高生产效率和产品标准化水平。

（三）加强净菜产业发展政策引导

完善工作协调机制，定期进行协调调度，聚焦难点痛点堵点问题，强化政策引导支持。完善标准体系，制定净菜生产、加工、流通等环节标准。加快完善"河北净菜"品牌标准，建立质量安全追溯体系，严格执行《农产品批发市场食用农产品入场查验技术规范》，推动"河北净菜"商标合法合规应用。严格落实"绿通"政策，管好用好"京籍"车证，加强"河北净菜"企业配送车辆管理，严选车证使用企业，规范车证使用要求，用足用好"京籍"货运通行证的便利政策。

完善政策支持体系，制定净菜产业发展专项规划，明确产业发展目标、重点任务和保障措施。探索设立省级净菜产业发展专项资金，重点支持净菜加工企业技术改造、设备升级、品牌建设和市场开拓，鼓励市县财政配套资金，形成政策合力。深化金融机构合作，开发"河北净菜"专项金融产品，

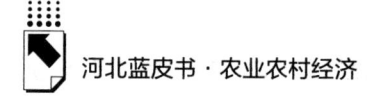

推广农业银行河北分行推出的河北净菜产业集群贷和设施贷，借鉴"人才贷"等模式，提供低息贷款支持。

（四）壮大净菜产业经营主体

建立健全净菜产业信息服务数字化平台，及时发布市场信息，促进产销对接。持续推动河北净菜有限责任公司增资扩股，提高市场化、规范化运营水平，培育一批"河北净菜"生产流通企业，增加"河北净菜"商标使用企业数量。全面推进企业在京津冀设立"河北净菜"共享仓储配送中心，为河北省更多企业提供公共服务。会同有关部门和商会、协会，在政策、渠道、资金、金融、科技方面为"河北净菜"企业深度赋能。

培育净菜龙头企业，瞄准国内外净菜行业龙头企业，开展精准招商，引进资金、技术、人才和管理经验，支持本地净菜企业通过兼并重组、上市融资等方式做大做强，鼓励龙头企业建设产业化联合体，整合产业链上下游资源，实现上下游协同发展。发展农民合作社，引导种植大户、家庭农场等新型农业经营主体牵头创办净菜专业合作社，探索制定并实施标准化生产技术规程，提高农民组织化程度和市场议价能力。发展净菜种植家庭农场，推广先进适用技术，鼓励家庭农场、合作社与龙头企业建立稳定的产供销关系，形成风险共担、利益共享的利益联结机制，参与产业化经营。

（五）全面创新净菜销售渠道

积极开展产销对接活动，发挥河北净菜有限责任公司带动作用，依托社区菜店、一刻钟便民生活圈等渠道，开展"河北净菜"品牌发布会，指导组织各地市举办一系列产销对接活动。持续举办"河北净菜，北京好菜"进市场、进超市、进社区、进饭店、进食堂、进餐桌"六进"系列产销对接活动，总结展销活动经验，支持在北京城市副中心行政办公区、农业农村部和北京银行开展"河北净菜"进市直机关展示展销活动。全方位打通"河北净菜"进部委通道，依托北京市机关工委、总工会，深入对接机关部委、央国企等机关团体，组织相关企业与商务部、海关总署洽谈采购协议，争取推动机关部委的供应链企业与河北省相关单位对接合作，使优质特色的"河北净菜"及名优特产走进部委食堂、职工超市。

支持市场化销售，推广"河北净菜"自提柜，开设"河北净菜"线下体验店，支持北京学校基地直供平台与河北省联合共建河北净菜校园集采平台。拓宽商场超市、社会餐饮、居民社区、电商平台等销售渠道，依托"河北净菜"企业在京冀销售渠道，利用河北农速源在北京新发地的共享仓储配送中心，首衡集团在大兴、怀柔的前置仓，净蔬亨菜商贸公司在国家农展馆的展示厅，善做善成教育科技（天津）有限公司在京津院校的食堂以及北人集团在河北的连锁商超，设立"河北净菜"专区，授权一批企业使用"河北净菜"商标，推动"河北净菜"在北京新发地市场、物美、七鲜、北国超市、京东、美团等线上线下渠道销售，提高"河北净菜"购买便捷性。

（六）做好"河北净菜"品牌宣传

多渠道、多方式推广"河北净菜"品牌，构建线上线下相结合的全矩阵宣传渠道，不断提高"河北净菜"知名度、美誉度和影响力。相关政府部门与行业协会大力开展净菜宣传科普工作，尤其强化北京城六区与通州区的文化宣传，强化小家庭推介，重点宣传净菜在减少垃圾清运、提高出餐率、实现菜品标准化、保障食品安全、节省用工成本、减少后厨使用面积等方面的优势。依托中央电视台、北京电视台、河北电视台、《人民日报》等国家和省级主流媒体开展"河北净菜"宣传，依托抖音、快手、小程序、微信公众号等社交媒体平台，通过拍摄专题片、宣传片、纪录片等形式，讲述"河北净菜"经过生产、加工配送到北京市民餐桌的故事。

增强"河北净菜"企业品牌意识，通过净菜主题产品展销推介活动等方式，展示"河北净菜"品牌特色和优势。结合"河北净菜"供应渠道，在机场、火车站、地铁站、乡村旅游景点、酒店、民宿等客流量大的地点建立"河北净菜"宣传营销点。借助北京社区、商超、公共交通、社交媒体、

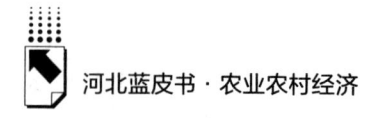

电商直播等场景，精准开展"河北净菜"形象展示，进一步叫响"河北净菜，北京好菜"，提升"河北净菜"产品的附加值。

参考文献

周聪聪、邢云：《衡水：提升净菜京津市场占有率》，《河北日报》2025年2月17日。

耿鹏举、曹生民：《山东潍坊全力打造净菜产业发展新高地》，《中国食品报》2025年2月11日。

孙顶强、刘丹、杨馨越：《现代农业产业园创建能否促进农户增收——基于产业集聚视角的经验分析》，《中国农村经济》2024年第12期。

郭珍、曾悦：《数字农业基础设施有效供给的理论逻辑与实践路径》，《南京农业大学学报》（社会科学版）2024年第6期。

吴莎莎：《蔬菜产业链全链条提升产业竞争力》，《陕西日报》2023年12月27日。

郝东伟、焦磊：《种好河北"菜园子"保障京津"菜篮子"》，《河北日报》2024年11月14日。

陈高鹏、牛润兴、张海虹：《河北商务：深化改革勇于创新建功新时代》，《国际商报》2024年9月30日。

金会生：《净菜产业标准化建设发展分析》，《中国质量与标准导报》2023年第2期。

B.14 "种""地"互适协同增效促进河北省盐碱地综合利用模式研究

张瑞涛 刘鹏 李庄玉*

摘　要： 河北省是我国盐碱地面积较大且具有特色的盐碱地省份之一，挖掘盐碱地潜力，开展盐碱地综合利用，对于开发利用盐碱地后备资源、保障粮食产能和耕地资源、发展农业生产具有重要意义。受淡水资源短缺和季节性降水的双重影响，河北省盐碱地包含滨海盐碱地、黄淮海平原盐碱地和内陆盐渍盐碱地三种类型，多样化的盐碱地类型为开发利用盐碱地带来了挑战。本报告以新疆南疆、山东东营和内蒙古鄂尔多斯三个地区盐碱地综合利用模式为例，从"种""地"互适视角出发，提出了"种""地"互适协同增效促进盐碱地综合利用理论分析框架，盐碱地土壤盐碱性内部调节与外部改良技术创新结合实现"以地适种"，耐盐碱品种培育与栽培模式创新实现"以种适地"，"种""地"互适协同增效实现盐碱地多重效益。针对上述结论及河北省盐碱地特点，提出大力推动盐碱地改良技术研发与推广应用结合，培育耐盐碱新品种并推广应用，坚持"种""地"互适协同治理盐碱地的政策建议，以期为河北省探索"种""地"互适协同增效促进盐碱地综合利用提供重要借鉴与参考。

关键词： "种""地"互适　盐碱地综合利用　盐碱品种培育

---

* 张瑞涛，河北省社会科学院农村经济研究所副研究员，主要研究方向为农村集体经济、盐碱地、农村金融；刘鹏，河北省农业农村厅计划财务处，主要研究方向为农村金融；李庄玉，河北省宏观经济研究院高级农经师，主要研究方向为乡村振兴。

引　言

盐碱地是指土壤中盐碱成分含量集聚过多而影响作物正常生长的一类土壤，它是盐地、碱地、盐化土地和碱化土地的总称。[①] 盐碱地广泛分布全球且治理难度大易反复，被视为"地球之癣"。据联合国粮农组织不完全统计，我国盐碱地面积为9913万公顷，占全球的10%左右，是第三大盐碱地分布国家。[②] 我国盐碱地主要分布在东北、华北、西北、长江中上游及滨海地区。[③] 盐碱地是我国重要的耕地后备资源，党中央高度重视盐碱地综合开发利用。历年中央一号文件多次提及盐碱地，其中2024年中央一号文件明确指出，"分区分类开展盐碱耕地治理改良，'以种适地'同'以地适种'相结合，支持盐碱地综合利用试点。"习近平总书记在黄河三角洲农业高新技术产业示范区考察调研时强调"开展盐碱地综合利用对保障国家粮食安全、端牢中国饭碗具有重要战略意义"。[④] 2023年5月11日，习近平总书记在河北省黄骅市考察旱碱麦种植时指出"开展盐碱地综合利用，是一个战略问题，必须摆上重要位置"。[⑤]

我国盐碱地面积大、分布广、类型多、潜力大，挖掘盐碱地潜力，开展盐碱地综合利用，持续提升盐碱耕地潜能，鉴定作物种质资源耐盐性，挖掘高度耐盐种质，对于开发利用盐碱地后备资源、保障粮食产能和耕地资源、发展农业生产具有重要意义。但在综合治理过程中面临的治理成本高、稳定

[①] 《中国资源科学百科全书》编辑委员会：《中国资源科学百科全书》，中国大百科全书出版社，2000，第333~398页。

[②] "Salt-affected Soils," FAO, https://www.fao.org/soils-portal/soil-management/management-of-some-problem-soils/salt-affected-soils/more-information-on-salt-affected-soils/en.

[③] 王遵亲等：《中国盐渍土》，科学出版社，1993。

[④] 《习近平在深入推动黄河流域生态保护和高质量发展座谈会上强调　咬定目标脚踏实地埋头苦干久久为功　为黄河永远造福中华民族而不懈奋斗　韩正出席并讲话》，新华网，2021年10月22日，http://www.xinhuanet.com/politics/leaders/2021-10/22/c_1127986188.htm。

[⑤] 《习近平在河北考察并主持召开深入推进京津冀协同发展座谈会时强调以更加奋发有为的精神状态推进各项工作　推动京津冀协同发展不断迈上新台阶》，《人民日报》2023年5月13日，第1版。

"种""地"互适协同增效促进河北省盐碱地综合利用模式研究

性差和改良技术应用难度大等问题，严重阻碍盐碱地综合利用，国家提出的"以种适地"同"以地适种"相结合为推动我国盐碱地综合利用提供了新思路。

目前，学术界对盐碱地改良与栽培技术进行了广泛研究。一是农业基础研究学者重点研究盐碱地不同改良剂效果、不同作物栽培技术、土壤理化性质变化规律以及耐盐碱品种培育等。[1] 二是经济学者从盐碱地综合利用视角主要探究了盐碱地对粮食安全的影响、特色产业发展状况、盐碱地潜力测算等。[2] 三是环保学者从环保视角主要围绕盐碱地生态修复技术应用、生态效应、服务价值等进行了深入研究，形成了极为丰硕且有价值的研究成果，为系统分析"种""地"互适协同增效促进盐碱地综合利用奠定了坚实基础。[3] 基于此，本报告立足中央政策导向和需求，以"种""地"互适协同增效为切入点，构建了理论分析框架，结合理论分析框架剖析"种""地"

---

[1] 王燕红等：《不同土壤改良剂对向日葵-土壤碳氮磷含量及其化学计量比的影响》，《西北农林科技大学学报》（自然科学版）2025年第9期；王世平：《盐碱地水稻栽培管理技术》，《农村新技术》2025年第1期；杜佳林等：《滨海盐碱地夏大豆土壤耕作单产提升技术试验》，《中国农技推广》2025年第1期；李懿轩等：《不同柳枝稷在盐碱地的适应性研究》，《安徽农业科学》2025年第3期；马大卫等：《河西走廊盐碱地4种典型植被类型土壤理化性质和酶活性特征》，《水土保持学报》2025年第2期；谢宏伟：《控释氮肥一次性施用对滨海盐碱地土壤理化性质及小麦产量的影响》，《山东农业科学》2025年第1期；李子森等：《巨菌草对宁夏中度盐碱地土壤酶活性、微生物群落结构和功能多样性的影响》，《福建农林大学学报》（自然科学版）2025年第1期；杜学军等：《盐碱地水盐运移理论及模型研究进展》，《土壤通报》2021年第3期；《我国筛选出耐盐碱种质资源1100多份 让白花花的盐碱地产出金灿灿的收益》，《中国农业综合开发》2024年第11期；关雅静等：《宁夏玉米耐盐碱种质研究现状及展望》，《宁夏农林科技》2024年第6期。

[2] 贺正齐等：《基于PSR与云模型的重要耕地后备资源区水资源-能源-粮食协同安全评价》，《水利经济》2025年第1期；昝立亚：《沧州市盐碱地特色种植产业发展研究》，《中国农垦》2024年第11期；许兴等：《河套灌区盐碱地综合利用及特色产业研究现状与发展对策》，《农业科学研究》2024年第4期；刘丽等：《耕地"提质扩容"对中国粮食生产的影响分析》，《自然资源学报》2024年第11期。

[3] 赵立君等：《高原内陆湖萎缩区盐碱地生态修复研究：以内蒙古达里诺尔湖为例》，《生态与农村环境学报》2025年第6期；张谦等：《滨海盐碱地预覆膜起垄的生态效应及对棉花苗期的影响》，《干旱地区农业研究》2018年第4期；封晓辉等：《滨海重盐碱地人工栽植柽柳生长动态及生态效应》，《中国生态农业学报》2013年第10期；贾龙：《盐碱地冬闲农田绿肥种植生态服务价值评价》，《山东农业科学》2022年第6期；于淑会等：《暗管排水对高水位盐碱地的治理效果及服务价值影响分析》，《河北地质大学学报》2021年第4期。

互适协同增效促进盐碱地综合利用的关键难点,并在此基础上提出政策建议。

一 河北省盐碱地分布特征

(一)我国盐碱地底数及分布特征

近几十年来,随着对盐碱地的持续治理改良,我国探索了以渔降盐治碱、种稻洗盐、明沟暗管旱作和膜下滴灌节水等不同类型的盐碱地利用模式。① 我国盐碱地总面积不断缩小、空间分布碎片化、开发难度不断扩大。② 探索盐碱地可持续利用与改良技术成为重点,经过多年探索,已形成"以种适地"同"以地适种"相结合的技术路径,通过"种""地"互适协同创新,既提高了社会经济效益,又加强了生态环境保护。

受气候、人文、水资源等外界因素的影响,以及因统计口径、盐碱地概念不同,我国盐碱地底数统计结果存在差异,整体面积缩小。据农业部1979~1984年开展的第二次全国土壤普查资料统计,我国有盐碱地3468.4万公顷,③ 统计对象涉及除滨海滩涂以外的盐碱耕地、盐碱林草地、盐碱未利用地等。统计对象范围未变,农业部2011年对18个盐碱地面积较大的省份开展调查,统计资料显示,我国有盐碱地1994.3万公顷。④ 2019年国务院开展的第三次全国国土调查显示,全国盐碱地共766.6万公顷(只涉及盐碱未利用地)(见表1)。⑤

---

① 赵耕毛等:《我国盐碱地治理:现状、问题与展望》,《南京农业大学学报》2025年第1期。
② 冯起等:《统筹推进西北地区盐碱地综合治理利用:现状、挑战与对策建议》,《中国科学院院刊》2024年第12期。
③ 《全国的盐碱地现状》,盐碱地渔业开发技术与服务共享平台,http://www.ecsf.ac.cn/info/1133/3547.htm。
④ 《做好盐碱地特色农业大文章》,中国经济网,2023年10月21日,http://www.ce.cn/xwzx/gnsz/gdxw/202310/21/t20231021_38758349.shtml。
⑤ 《积极推进盐碱地综合改造利用》,求是网,2023年12月1日,http://www.qstheory.cn/dukan/qs/2023-12/01/c_1129998584.htm。

"种""地"互适协同增效促进河北省盐碱地综合利用模式研究

表 1　我国盐碱地统计情况

单位：万公顷

统计时间	调查范围	调查对象	面积
1979~1984 年	全国	盐碱耕地、盐碱林草地、盐碱未利用地	3468.4
2011 年	18 个省份	盐碱耕地、盐碱林草地、盐碱未利用地	1994.3
2019 年	全国	盐碱未利用地	766.6

资料来源：第二次全国土壤普查、农业部调查、第三次全国国土调查。

按照地理区位、盐碱地成因、土壤特征、水资源以及气候条件等，我国盐碱地可大致分为五大类型区。一是以硫酸盐-氯化物为主的西北盐碱区，主要分布在新疆、青海、甘肃、内蒙古等干旱、半干旱内陆区，该盐碱区受水资源制约，具有面积大、连片分布和含盐量高的特点。二是以硫酸盐-氯化物为主的黄河中上游盐碱区，主要分布在内蒙古、宁夏、陕西、山西等引黄灌溉省（区），该盐碱区受干旱气候以及不合理灌溉影响易发生土壤次生盐碱化。三是黄淮海平原盐碱区，主要分布在天津、河北、山东、河南等内陆平原地区，该盐碱区受滦河、黄河、淮河和海河等河流影响，历史时期长

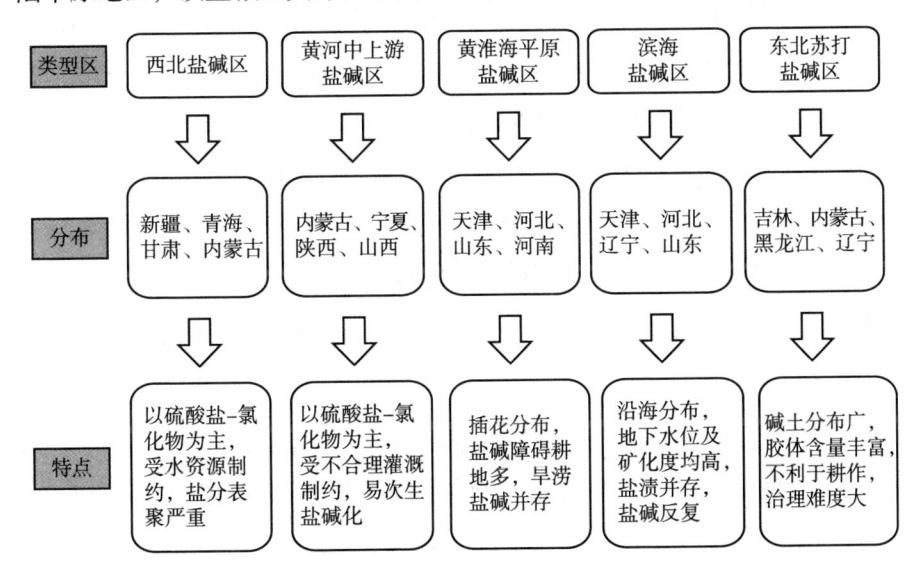

类型区	西北盐碱区	黄河中上游盐碱区	黄淮海平原盐碱区	滨海盐碱区	东北苏打盐碱区
分布	新疆、青海、甘肃、内蒙古	内蒙古、宁夏、陕西、山西	天津、河北、山东、河南	天津、河北、辽宁、山东	吉林、内蒙古、黑龙江、辽宁
特点	以硫酸盐-氯化物为主，受水资源制约，盐分表聚严重	以硫酸盐-氯化物为主，受不合理灌溉制约，易次生盐碱化	插花分布，盐碱障碍耕地多，旱涝盐碱并存	沿海分布，地下水位及矿化度均高，盐渍并存，盐碱反复	碱土分布广，胶体含量丰富，不利于耕作，治理难度大

图 1　我国盐碱地分布及区域特点

资料来源：《我国盐碱地综合改造利用的潜力和挑战》，求是网，2023 年 12 月 10 日，http://www.qstheory.cn/laigao/ycjx/2023-12/10/c_1130018270.htm。

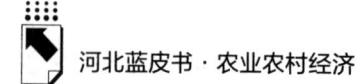

期受旱涝灾害及海水倒灌等影响，盐碱灾害严重，经过黄淮海平原旱涝盐碱综合治理，① 现基本脱盐。四是以氯化物为主的滨海盐碱区，主要分布在天津、河北、辽宁、山东等沿海地区，受海水影响且地势低洼平坦，具有地下水位高、矿化度高以及盐渍并存、盐碱反复的特点。五是以碳酸盐为主的东北苏打盐碱区，主要分布在吉林、内蒙古、黑龙江、辽宁等地，土壤胶体含量高，蒙脱石含量较高，不利于耕作。②

（二）河北省盐碱地底数及分布特征③

河北省是我国盐碱地面积较大且具有特色的盐碱地省份之一。据第三次全国国土调查，2023年河北省盐碱地共有38.9万公顷，盐碱耕地38.1万公顷，与第二次全国土壤普查相比，盐碱地面积减少62.2万公顷。④ 盐碱地主要分布在沧州、唐山、张家口、承德、廊坊、秦皇岛、衡水、邯郸和邢台9个市。受淡水资源短缺和季节性降水的双重影响，河北省盐碱地包含滨海盐碱地、黄淮海平原盐碱地和内陆盐渍盐碱地三种类型，其中滨海盐碱地是以氯化物为主的盐化潮土、盐化草甸土和滨海盐土，黄淮海平原盐碱地是以氯化物为主的脱盐潮土，内陆盐渍盐碱地是以硫酸盐为主的盐土和残余盐土。⑤ 从盐渍化程度来看，河北省以轻度盐碱耕地为主，面积为30.6万公顷，中度盐碱耕地面积为6.8万公顷，重度盐碱耕地面积为0.7万公顷。

2023年7月，中央财经委员会第二次会议提出，"要全面摸清盐碱地资源状况，研究编制盐碱地综合利用总体规划和专项实施方案，分区分类开展盐碱地治理改良，因地制宜利用盐碱地，向各类盐碱地资源要食物，'以种

---

① 《主持黄淮海平原综合治理研究的实践与认识》，《研究与发展管理》1991年第3期。
② 徐子棋、许晓鸿：《松嫩平原苏打盐碱地成因、特点及治理措施研究进展》，《中国水土保持》2018年第2期；王春裕等：《东北苏打盐渍土的性质与改良》，《土壤通报》1987年第2期。
③ 盐碱地数据不是每年更新一次，此处为可获取的最新数据。
④ 数据来源于河北省第三次土壤普查领导小组办公室。
⑤ 黄伟等：《河北省盐碱地综合利用的现状、问题及建议》，《中国生态农业学报》（中英文）2025年第3期。

适地'同'以地适种'相结合，加快选育耐盐碱特色品种，大力推广盐碱地治理改良的有效做法，强化水源、资金等要素保障"。① 河北省积极探索"种""地"互适模式，并取得了较为显著的成效。1982年，河北省在省政府和中国科学院的支持下，探索出"微咸水补灌吨粮"、"微灌节水超吨粮"、"棉田增粮"和"盐碱地特色增效"技术模式以改善土壤盐碱理化性质。② 在耐盐碱适生作物培育方面，河北省结合盐碱地特性培育引进旱碱麦、苜蓿、藜麦、莜麦等新品种。滨海盐碱地先后培育了沧麦系列、小偃系列、捷麦系列等耐盐优质小麦新品种和新品系，小偃60成为首批国家审定的耐盐冬小麦品种，2024年新审定沧麦18、泊麦20、吴旱015三个旱碱麦新品种。以沧州苜蓿为亲本培育了中苜1号、中苜3号、中苜4号；③ 审定的海樨1号、盐杞等盐碱地先锋植物品种具有显著的生态适应性和应用价值，有利于释放重度盐碱地生态绿化作用。内陆盐渍盐碱地选育了藜麦、莜麦等耐盐适生品种。

二 "种""地"互适协同增效促进盐碱地综合利用理论分析框架构建

盐碱地不仅对保障我国粮食安全具有重要意义，对生态系统稳定性、环境承载能力以及小气候调节也具有重要影响。国家提出的"以种适地"同"以地适种"相结合，涵盖土壤学、遗传学、农业经济学以及生态学等多种学科理论，通过削减盐碱障碍因子和改良作物品种耐盐碱性状，挖掘盐碱地开发利用潜力，在提高经济效益的同时保护生态环境。"种""地"互适协同增效促进盐碱地综合利用理论分析框架如图2所示。"以种适地"是指通

---

① 《习近平主持召开中央财经委员会第二次会议强调：切实加强耕地保护　全力提升耕地质量　稳步拓展农业生产空间》，中国政府网，2023年7月20日，https://www.gov.cn/yaowen/liebiao/202307/content_6893293.htm。
② 邢晓旭等：《五年协力共奋进渤海粮仓谱新篇》，《中国农村科技》2019年第5期。
③ 王旗旗等：《我国苜蓿育种研究进展及展望》，《草学》2023年第4期。

过采用基因编辑、杂交育种等现代遗传学技术培育耐盐碱作物新品种，有效拓宽农作物种植范围和来源。"以地适种"是指利用物理、化学和生物等技术改造土壤理化性质，进而改善土壤通气性和透水性、降低盐分活性、调节土壤肥力、改善微生态环境，使其符合常规农作物生长需求。长期以来，我国盐碱地综合利用重视工程改造并强调农艺与生化措施的综合应用，在保障国家粮食安全方面取得了显著的成效。[1] 然而，"以地适种"受到技术、经济可行性和自然条件的限制，改造成本高、维护难度大，存在盐碱反复甚至出现负面生态环境问题。[2] "以种适地"能最大限度地维持其生态系统服务功能，兼具低技术难度和低经济成本的优势，但需要田间基础设施配套，以在短期内扩大作物品种种植面积，增加盐碱地开发利用面积。[3] "种""地"互适，二者互相补充与促进，达到动态平衡状态，实现盐碱地综合利用经济效益与生态效益。

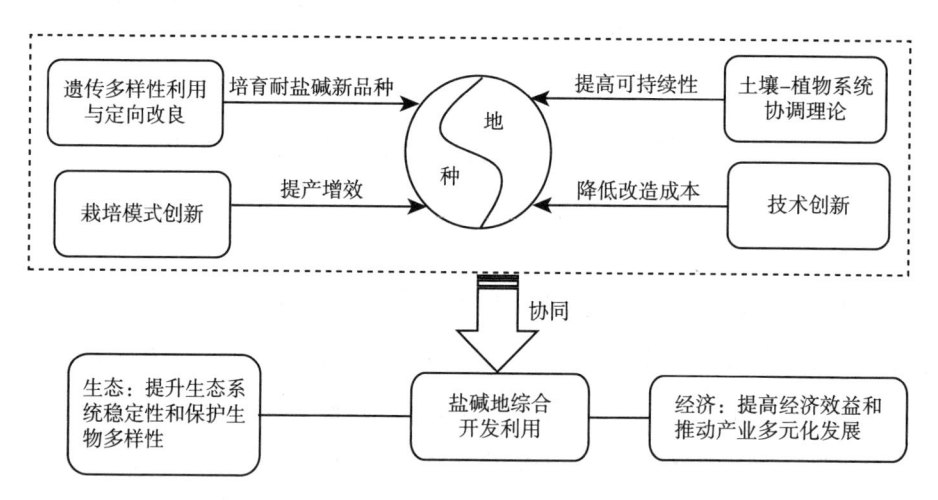

图2 "种""地"互适协同增效促进盐碱地综合利用理论分析框架

资料来源：笔者整理。

---

[1] 杨劲松等：《中国盐渍土研究：历程、现状与展望》，《土壤学报》2022年第1期。
[2] 谭淑豪：《"适地适种"协同创新助力耕地保护和改良》，《人民论坛》2024年第3期。
[3] 许兴等：《黄河流域盐碱地改良与综合利用》，《农业科学研究》2024年第4期。

"种""地"互适协同增效促进河北省盐碱地综合利用模式研究

盐碱地改造需要将土壤学理论与改良技术实操融合,"内""外"结合改良盐碱地土壤特性,实现"以地适种"。土壤-植物系统协调理论是指土壤与植物间通过物质交换、能量流动以及信息传递等形成一种相互适配、协同发展的动态平衡关系,从内部改善土壤理化性质、提升土壤肥力、防止再次盐碱化,实现作物生长的目标。盐碱地土壤盐碱成分含量较高,土壤易板结、透气性差、易胁迫水分,严重影响常规植物正常生长。可利用植物与土壤间的相互作用改善土壤结构、调节土壤酸碱度、提升土壤保水保肥能力,实现改良后盐碱地土壤的可持续利用。例如,利用耐盐碱作物根系富集盐离子,将盐分移至地上部分,降低土壤盐度;[①] 利用根系释放有机酸、氨基酸、微生物等多种有机化合物;[②] 利用植物残根落叶,经腐烂分解增加土壤中的有机物质和输入无机养分,促进土壤养分循环。[③]

经过多年研究,我国盐碱地改良技术不断创新,探索出机械翻耕、地表覆盖、压沙以及暗管排盐等物理改良方法,利用有矿物质、有机肥料和生物质等的化学改良方法,以及种植耐盐碱作物生物改良方法。改良成本高、投入周期长是影响盐碱地改良的重要因素。据统计,在盐碱地基础设施健全的前提下,轻度盐碱地改良成本一般为每亩800~1500元/年,中度和重度盐碱地改良成本分别为每亩1500~2000元/年和3000元/年以上,农艺措施至少要连续采取3年。盐碱荒地开发成本更高,在具备水源的情况下,每亩投资约1~3万元/年。[④] 经过不断尝试发现,单一的改良方法难以实现盐碱地

[①] 王静等:《植物改良盐碱地的热点研究及前沿进展——基于VOSviewer的数据可视化分析》,《草地学报》2023年第9期。
[②] 徐炜杰等:《重金属污染土壤植物根系分泌物研究进展》,《浙江农林大学学报》2017年第6期。
[③] 李慧君等:《种植海水稻对滨海盐土化学性质及微生物群落影响》,《中国农业科技导报》2023年第9期;宋玉凤等:《基于盐碱地研究的可视化分析及改良技术的研究进展》,《环境生态学》2025年第1期。
[④] 《山东河北盐碱地综合利用主要做法、困难与启示》,中国农业科学院农业资源与农业区划研究所网站,2023年7月24日,https://iarrp.caas.cn/ysdt/mtbd/fcaa110dd7b24990947afa9fcec68ff0.htm。

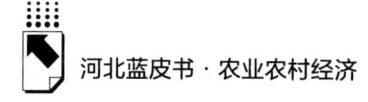

有效开发与利用，多地探索出物理—化学—生物综合改良方法，提高了盐碱地经济综合效益和生态效益。①

耐盐碱品种培育和作物栽培模式创新对实现"以种适地"具有重要作用。利用生物遗传多样性和基因定向编辑技术培育耐盐碱品种，激活耐盐碱种质"芯片"。②学者深入探究作物耐盐碱原理，发掘耐盐碱主效基因，现阶段已培育出包含大豆、水稻、玉米、小麦等10种农作物在内的711份耐盐碱优异作物种质资源。③利用耐盐碱作物品种自身抗盐碱的潜力创新栽培模式，可实现"以种适地"提产增效和提升绿色产能的目标。④如高盐含量的盐碱地种植田菁、碱蓬等高耐盐碱修复性作物，中盐含量的盐碱地种植藜麦、油葵等耐盐碱经济作物，低盐含量的盐碱地可采用种植苜蓿—青贮玉米、棉花—燕麦等草田轮作、棉草轮作等模式。⑤

三 研究方法与案例选择

（一）研究方法选择

本报告结合我国盐碱地类型利用案例研究分析方法，以真实事件为研究

---

① 孙盛楠、严学兵、尹飞虎：《我国沿海滩涂盐碱地改良与综合利用现状与展望》，《中国草地学报》2024年第2期；于露、张磊、柴丽娜：《沿海滩涂围垦区生态整治与修复方法研究——以东台市弶港镇为例》，《环境科学与管理》2020年第1期；成海等：《基于滩涂生态修复的景观型盐地碱蓬群落建设与应用——以盐城国家级珍禽自然保护区湿地恢复与重建工程为例》，《现代园艺》2017年第22期；王煌平等：《福建滨海盐碱地设施种植调查及农作改良思考》，《安徽农学通报》2018年第18期；李艳玫：《海南三亚：盐碱地里稻花香》，《粮食科技与经济》2020年第5期。
② 《科技支撑，盐碱地"善治"良用》，《中国自然资源报》2022年5月27日。
③ 《农业农村部推介发布首批711份耐盐碱优异作物种质资源》，《食品工业》2023年第10期。
④ 王丁霞等：《增施铵态氮肥诱导滨海盐渍土作物根际降碱抑钠可实现以种适地增产增效》，《中国生态农业学报》（中英文）2025年第1期。
⑤ 董合忠等：《黄河三角洲盐碱地作物生态高效生产策略与技术》，《山东农业科学》2023年第3期；王兴军等：《黄河三角洲盐碱地高效生态利用新模式》，《山东农业科学》2020年第8期；曾昭海：《豆科作物与禾本科作物轮作研究进展及前景》，《中国生态农业学报》2018年第1期。

"种""地"互适协同增效促进河北省盐碱地综合利用模式研究

对象，分析我国不同类型盐碱地"种""地"如何互适，为什么可促进盐碱地利用并产生经济、生态等综合效益，剖析不同类型盐碱地"种""地"互适协同增效的模式，以期为河北省探索"种""地"互适协同增效促进盐碱地综合利用提供经验借鉴。

（二）案例选择

本报告选取西北盐碱区的新疆南疆盐碱地、滨海盐碱区的山东东营盐碱地以及黄淮海平原盐碱区的内蒙古鄂尔多斯盐碱地作为研究对象，主要基于以下考虑。一是与河北省盐碱地种类相似。河北省盐碱地类型丰富，包含以硫酸盐为主的内陆盐渍盐碱地、以氯化物为主的滨海盐碱地和黄淮海平原盐碱地。二是盐碱地成因基本相似。淡水缺乏、高水位、降雨季节性强、灌溉设施不完善以及人为因素干预等是形成盐碱地的主要原因。三是各地探索的"种""地"互适协同增效模式对河北省具有较强的借鉴意义和参考价值。

四 "种""地"互适协同增效促进盐碱地综合利用模式分析

（一）基本情况

1. 新疆南疆盐碱地

新疆是我国干旱区盐碱地面积最大的区域之一，南疆盐碱地面积占到90%以上。[1] 南疆广泛存在的盐碱地问题，对农业生产、土地利用以及生态环境造成严重影响。研究发现，因盐碱地盐渍问题，南疆农牧民人均收入不

---

[1] 张芸芸等：《玛纳斯河流域绿洲内部盐渍化土壤年际动态变化》，《中国农学通报》2020年第19期；阿曼姑·艾麦尔艾力等：《南疆盐碱地种植饲用甜高粱对土壤改良效果和生产性能的影响》，《华北农学报》2024年第A1期。

175

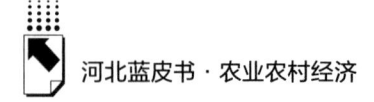

足新疆农牧民收入的60%，仅是全国农牧民收入的40%。[①] 为破解盐碱地综合利用难题，南疆地区开展"分区分级种植模式"和"种地互适协同增效技术模式"，逐步形成了一套科学高效的综合农业种植技术方案。

2. 山东东营盐碱地

东营盐碱地属于以氯化物为主的滨海盐碱区，受海潮影响，东营盐碱地是我国乃至世界范围内综合利用难度最大的三角洲盐碱地之一。[②] 东营市盐碱地面积为22.73万公顷，约占山东省盐碱地总面积的38%。[③] 经过多年探索，东营已探索出"以盐适种、生态优先、用养结合、提质增效"可复制、可推广的盐碱地综合利用"东营样板"。[④]

3. 内蒙古鄂尔多斯盐碱地

鄂尔多斯是引黄灌溉六大区之一，但受气候、灌排设施以及季节性降水的影响，灌区土壤肥力低且盐碱含量高，成为农业发展的瓶颈。鄂尔多斯盐碱地面积为13.33万公顷，约占全市耕地面积的25%。[⑤] 2023年5月10日，国家盐碱地综合利用技术创新中心揭牌成立，[⑥] 设立了为期两年的鄂尔多斯市盐碱地农牧业综合利用科技创新试验示范项目（2023~2025年），重点围绕品种选育、节水、培肥和控盐等方面开展研究，为提高盐碱地综合利用效率提供重要支撑。

[①] 田长彦、买文选、赵振勇：《新疆干旱区盐碱地生态治理关键技术研究》，《生态学报》2016年第22期。

[②] 王金虎：《改良 向荒滩要效益——山东东营市盐碱地综合利用调查》，《经济日报》2023年5月24日。

[③] 解磊：《盐碱荒滩也是金山银山》，《消费日报》2024年9月24日。

[④] 王金虎：《改良 向荒滩要效益——山东东营市盐碱地综合利用调查》，《经济日报》2023年5月24日；关晨歆：《牢记"国之大者" 积极探索可复制可推广的盐碱地综合利用"东营样板"》，《东营日报》2024年8月23日。

[⑤] 崔英等：《鄂尔多斯市沿黄河地区盐碱地玉米高质高效栽培技术》，《中国农技推广》2024年第12期。

[⑥] 《加强盐碱地国创中心鄂尔多斯试验站建设，全面提升盐碱地综合利用能力》，鄂尔多斯市农牧局网站，2023年5月19日，https://nmj.ordos.gov.cn/xwdt/bmdt/202305/t20230519_3392936.html。

（二）典型模式剖析

"种""地"互适是科学挖掘盐碱地潜力，保持其可持续利用的重要方式。"种""地"互适协同增效促进盐碱地综合利用，可有效解决"以地适种"开发盐碱地潜力可持续性不强以及受自然因素和技术经济可行性制约等问题，也可破解改良成本高、盐碱易反复等难题，形成"种""地"间良性循环。对此，我国部分地区从"种""地"互适协同增效角度探索出多条可借鉴、可推广的盐碱地综合利用路径，不仅有利于河北省结合省情探索合适的盐碱地综合利用模式，而且为保障国家粮食安全和践行"两山"理念提供了重要借鉴。

1. 盐碱地土壤盐碱性内部调节与外部改良技术创新结合实现"以地适种"

新疆南疆结合盐碱地特点积极种植紫花苜蓿、碱蓬等改良型耐盐碱作物改良土壤，利用秸秆直接还田或者过腹还田、禽畜粪肥等有机废弃物还田，一方面提高土壤有机质和保水保肥性能，另一方面恢复南疆生态环境。南疆在利用植物进行内部调节的同时配套外部改良技术，双管齐下对盐碱地土壤进行改良。例如，利用深翻和深松作业或点源（线形）破障物理改良方法，打破土壤硬层，增加土壤透气性、渗透性；使用石膏、环八硫或硫酸铵等化学土壤改良剂中和土壤碱性盐分，替换钠离子，改善土壤团聚结构。在浅层地下水埋深较浅的区域布设暗管排水排盐，利用滴灌和微喷灌技术，提高灌溉排水系统效率，实现"以地适种"。

山东东营利用"封域双层真空负压阻控综合技术体系"（简称"双层暗管"）改良盐碱地，该技术采取盐碱地原土原位、地下双层暗管、全机械化、自动化立体施工技术，可有效防止盐碱地治理后土壤再次盐渍化和次生盐渍化。[①] 改良技术创新是提升东营盐碱地地力水平的重要手段。东营市充分利用当地畜禽粪便、商品有机肥、作物秸秆等资源增加有机肥料用量，改善土壤结构，增强土壤保水保肥能力。选用微生物菌剂、复合微生物肥和生

---

① 王敏：《我市盐碱地治理技术创新实现重大突破》，《东营日报》2022年7月12日。

物有机肥等，丰富盐碱地作物根际微生物群落和功能多样性，改善根际微环境，促进根系生长。通过施用化学改良剂，改善土壤结构，中和土壤碱性，减轻盐分危害。对于改良后的盐碱地，东营市选择种植苜蓿、棉花、田菁等耐盐碱作物品种，利用作物释放的氨基酸、有机酸、微生物等有机化合物调节盐碱土壤理化性质。

内蒙古鄂尔多斯在开展盐碱地综合利用工作的过程中，综合考虑财力可持续和生态可承载能力，坚持因地制宜、分类施策的治理模式。鄂尔多斯作为引黄灌区，其盐碱地存在排水不畅、土壤含盐量高、肥力低下、盐分淋洗困难等突出问题，对此创新盲沟竖井明沟智能排盐、秸秆隔层阻盐降渍、水肥剂高效驱盐降迫、多水源循环利用等核心技术，[1]大大提高了盐碱地质量。鄂尔多斯在轻度盐碱地上种植玉米，在中度盐碱地上种植向日葵，在重度盐碱地上种植甜菜、饲草等特色作物，创新探索在极度盐碱地上养殖南美对虾。[2]将技术创新与抗逆品种科学结合，形成了"鄂尔多斯模式"。

2. 耐盐碱品种培育与栽培模式创新实现"以种适地"

生物遗传多样性和基因定向编辑理论是培育抗逆耐盐碱新品种的基础，现阶段广泛采用辐射诱变育种技术、EMS化学诱发突变、杂交育种、系谱法选育以及现代分子育种技术等。[3]南疆、东营和鄂尔多斯结合自身盐碱地情况，积极探索适合的耐盐碱地新品种，以匹配当地盐碱地利用。新疆自主培育"新春2号"到"新春32号"31个春小麦品种，[4]培育耐盐碱新品种"中棉所193"和"中棉所1813"等。[5]东营与多家科研院校合作筛选培育

---

[1]《节水控盐与智慧生态的"鄂尔多斯模式"入选2024年盐碱地综合利用技术发展报告》，鄂尔多斯市农牧局网站，2024年10月24日，https://nmj.ordos.gov.cn/xwdt/bmdt/202410/t20241024_3670715.html。
[2] 杨政等：《鄂尔多斯南美白对虾盐碱地池塘养殖技术》，《黑龙江水产》2025年第1期。
[3] 余泓、白世伟、李家洋：《迈向育种5.0：智能品种的智能培育》，《科学通报》2024年第32期。
[4] 李士磊：《新疆春小麦品种苗期耐盐性分析》，《新疆农业科学》2012年第1期。
[5]《点亮科技之光 护航新疆农业——中国农业科学院西部农业研究中心科技援疆纪实》，新疆维吾尔自治区农业农村厅网站，2025年3月7日，https://nynct.xinjiang.gov.cn/xjnynct/c113576/202503/30a162f9c34c4a45a6ccc52678df379f.shtml。

出耐盐碱藜麦、马铃薯等55个新作物品种；①内蒙古培育"中首5号"首蓿、"蒙燕3号"燕麦、"蒙芋4号"菊芋等11个新品种。②育种新技术培育的新品种极大地提高了农作物的耐盐碱性、抗病性、适应性和产量，有效保障了国家粮食安全并对生态环境产生积极影响。③南疆、东营和鄂尔多斯利用新品种的抗盐碱潜力创新栽培模式，达到"以种适地"的效果。如南疆探索的首蓿—小麦、水稻—小麦的轮作模式，东营探索的"牧草生产—牛羊养殖—粪污还田—地力提升"的种养结合模式，④鄂尔多斯探索的"车间+大棚+池塘"养殖南美对虾模式⑤等，实现了提产增效和生态环境保护的综合目标。

3. "种""地"互适协同增效实现盐碱地综合效益

通过"种""地"互适协同增效，三个地区盐碱地综合利用不仅产生了经济效益也产生了生态效益。经济效益主要体现在作物产量提升以及收入增加两个方面，生态效益主要体现在土壤侵蚀控制和植被覆盖率提高等方面。南疆利用"种""地"互适协同增效模式提高盐碱耕地生产力超过50%，产量增加10%~15%；⑥同时植被覆盖率提高，降低了风沙和土壤侵蚀的风险。东营市探索的"种""地"互适协同增效模式使得寸草不生的高度盐碱地亩

---

① 《筛选培育耐盐碱作物新品种，探索盐碱地种植新模式——山东盐碱地综合利用效益大幅提升》，山东省发展改革委网站，2023年10月22日，http://fgw.shandong.gov.cn/art/2023/10/22/art_92527_614728.html。
② 《科技重大专项｜盐碱地生物改良与高效利用模式研究与示范项目获阶段性成果》，鄂尔多斯市科学技术局网站，2023年10月9日，https://kjj.ordos.gov.cn/xwzx2020/gzyw/202310/t20231009_3499210.html。
③ K. Janssen et al., "Impact of Selective Breeding on European Aquaculture," *Aquaculture* 1 (2017): 8-16.
④ 王金虎：《改良 向荒滩要效益——山东东营市盐碱地综合利用调查》，《经济日报》2023年5月24日。
⑤ 王玉琢、毛锴彦：《鄂尔多斯六十多万亩盐碱地变身"米粮仓"》，《内蒙古日报》2023年11月5日。
⑥ 《石河子大学科研创新这十年｜盐碱地改良技术实现绿洲农业可持续发展》，今日头条网站，2022年10月1日，https://www.toutiao.com/article/7149470349103628804/?upstream_biz=doubao&source=m_redirect。

均产小麦357.11公斤，[1] 种植柽柳等耐盐碱植物，对盐碱地改良、保护生物多样性和防风固沙/护堤等具有重要作用。[2] 鄂尔多斯"种""地"互适协同增效模式使玉米增产超过15%（轻度盐碱地）、向日葵增产超过30%（中度盐碱地）。[3]

五 结论及政策建议

盐碱地综合开发利用是一项系统工程，离不开"种""地"两大关键因素。国家提出"种""地"互适，二者互相补充与促进，达到动态平衡状态，更加充分地挖掘盐碱地综合利用潜力，实现经济效益和生态效益。本报告以新疆南疆、山东东营和内蒙古鄂尔多斯三个地区盐碱地综合利用模式为例，从"种""地"互适视角出发，构建了"种""地"互适协同增效促进盐碱地综合利用理论分析框架，得出以下结论。第一，盐碱地土壤盐碱性内部调节与外部改良技术创新结合实现"以地适种"。但盐碱地土壤改良受水、气候等自然条件限制，改良技术创新时效性不高，因此需要培育耐盐碱新品种形成土壤—植物循环，自然改善盐碱地土壤理化性质。第二，耐盐碱品种培育与栽培模式创新实现"以种适地"。但不同类型作物耐盐碱程度不同，需通过工程改造等外在手段排盐压碱，达到盐碱地综合利用效果。第三，"种""地"互适协同增效实现盐碱地综合效益。盐碱地是我国扩充耕地面积的重要后备资源，通过"种""地"互适协同增效促进盐碱地综合利用，对国家来说具有保障国家粮食安全和保护生态环境的重要作用，对于农民来说具有增加产量和提高经济收入的重要作用。

基于上述研究结论，本报告提出如下政策建议。第一，大力推动盐碱地

---

[1] 王敏：《我市盐碱地治理技术创新实现重大突破》，《东营日报》2022年7月12日。
[2] 武海雯等：《基于柽柳资源保护利用的盐碱地生态修复产业化路径探索——以东营市河口区柽柳林场为例》，《林业科技通讯》2024年第7期。
[3] 《节水控盐与智慧生态的"鄂尔多斯模式"入选2024年盐碱地综合利用技术发展报告》，鄂尔多斯市农牧局网站，2024年10月24日，https://nmj.ordos.gov.cn/xwdt/bmdt/202410/t20241024_3670715.html。

改良技术研发与推广应用结合。实地调研发现，盐碱地改良技术研发与推广应用存在"两张皮"现象，尤其是河北省盐碱地种类较多，需研发土壤绿色调理制剂、现代工程技术、微咸水灌溉技术等盐碱地改良新技术，同时加大研发成果转化应用力度，降低盐碱地改良成本，提高盐碱地综合利用的可持续性。第二，培育耐盐碱新品种并推广应用。针对重视传统盐碱地改土治水的理念，建议按照节约治理的原则充分挖掘植物潜能，利用基因编辑、生物技术等培育筛选耐盐碱综合性状优良的新品种，充分体现"以种适地"对盐碱地治理的重要性。第三，坚持"种""地"互适协同治理盐碱地。综合考虑盐碱化程度、区域资源禀赋、种植结构特征和农业产业发展等情况，坚持"以种适地"同"以地适种"相结合，以"种""地"互适双向发力，推动盐碱地"宜粮则粮、宜经则经、宜牧则牧、宜渔则渔、宜林则林"。

参考文献

王遵亲等：《中国盐渍土》，科学出版社，1993。

胡一、韩霁昌、张扬：《盐碱地改良技术研究综述》，《陕西农业科学》2015年第2期。

B.15 河北省国家农业高新技术产业示范区建设面临的形势及突破路径

陈建伟　杜新军*

摘　要： 建设国家农业高新技术产业示范区是国家农业科技创新的战略布局。当前，国家高度重视国家农业高新技术产业示范区建设工作，各省（区、市）竞相出台政策，争创国家农业高新技术产业示范区。河北省高度重视国家农业高新技术产业示范区建设，在基础设施、研发平台、创新团队、成果转化、产业培育等方面具有一定优势，但也面临高端科教资源少、产业竞争力和知名度弱、国家农业科技园区管理调控能力不强等问题。为此，应进一步鼓励支持国家农业科技园区搭建高端创新平台，集聚优质科教资源，培育农业科技领军企业和"链主"企业，打造现代农业场景，推进产科教融合和区域融合，加强机制创新，协同争创国家农业高新技术产业示范区，打造河北省农业创新高地、产业高地和人才高地，引领带动全省农业农村现代化。

关键词： 国家农业高新技术产业示范区　现代农业　河北省

建设国家农业高新技术产业示范区是党中央立足"三农"长远发展做出的重要决策部署，是贯彻落实国家创新驱动发展战略和乡村振兴战略、推进农业农村现代化的重要抓手。准确把握河北省创建国家农业高新技术产业

---

* 陈建伟，河北省社会科学院农村经济研究所研究员，主要研究方向为技术经济和区域发展；杜新军，河北省烟草公司石家庄市公司高级经济师，主要研究方向为技术经济。

示范区面临的形势，深入分析创建的基础条件和制约因素，借鉴发达省份先进经验，探寻河北省创建国家农业高新技术产业示范区的路径，打造河北省农业高新技术产业创新高地，解决区域农业共性关键问题，推动农业高新技术产业发展，对引领支撑优势特色农业产业升级、推进全省农业农村现代化具有重要战略意义和现实意义。

一 发展形势

（一）国家高度重视国家农业高新技术产业示范区建设

国家农业高新技术产业示范区是国家农业科技园区的一种高级形态，党中央、国务院高度重视国家农业高新技术产业示范区建设工作。2018年1月，《国务院办公厅关于推进农业高新技术产业示范区建设发展的指导意见》印发，明确了农业高新技术产业示范区建设的总体要求，提出了培育创新主体、做强主导产业、集聚科教资源、培训职业农民、促进融合共享、推动绿色发展、强化信息服务、加强国际合作等八项重点任务和财政支持、金融扶持、土地利用、科技管理等政策措施。同年9月，科技部印发了《国家农业高新技术产业示范区建设工作指引》，明确了国家农业高新技术产业示范区建设的指导思想、建设目标与基本定位、申报条件、建设流程等。这是首次以农业高新技术产业为主题，从国家层面系统部署农业高新技术产业示范区建设。《中共中央 国务院关于做好2023年全面推进乡村振兴重点工作的意见》提出，支持国家级高新区、经开区、农高区托管联办县域产业园区。《农业农村部关于落实中共中央国务院关于学习运用"千村示范、万村整治"工程经验有力有效推进乡村全面振兴工作部署的实施意见》提出建设第三批国家农业高新技术产业示范区。《农业农村部落实中共中央国务院关于进一步深化农村改革扎实推进乡村全面振兴工作部署的实施意见》提出，加快农业高新技术产业集聚地和现代农业产业科技创新中心、农业科技园区、重大农业科技工程设施等平台建设。

（二）各省（区、市）竞相推动国家农业高新技术产业示范区建设

国家农业高新技术产业示范区建设可分两个阶段，第一个阶段是探索阶段（1997~2018年）。1997年，国家批复了陕西杨凌国家农业高新技术产业示范区，以干旱半干旱区农业创新发展为主题，通过体制改革和科技创新，推动我国干旱半干旱地区农业可持续发展。2015年，国家批复了山东黄河三角洲国家农业高新技术产业示范区，以盐碱地综合治理为主题，探索盐碱地综合治理、土地经营管理新机制、发展现代农业等新模式。第二个阶段是竞相发展阶段（2019年至今）。《国务院办公厅关于推进农业高新技术产业示范区建设发展的指导意见》印发后，各省（区、市）高度重视，聚焦区域优势和产业特点，凝练建设主题，出台一系列政策，推动农业高新技术产业示范区建设，2019年，国家批复了山西晋中国家农业高新技术产业示范区，以有机旱作农业为主题，在北方旱作农业区农业提质增效、做大特优农产品、做优设施农业、做强现代农业服务业等方面探索示范。同年，国家批复了江苏南京国家农业高新技术产业示范区，以绿色智慧农业为主题，在规模化种植等先进技术和生产模式、东部发达地区现代农业高质量发展等方面探索示范。2022年，国家批复了吉林长春、黑龙江佳木斯、河南周口等5家国家农业高新技术产业示范区，重点向粮食主产区倾斜，均以推动粮食产业高质量发展为主题。总体来看，在各方共同努力下，国家农业高新技术产业示范区建设取得明显成效，在抢占现代农业科技制高点、引领带动现代农业发展、培育新型农业经营主体等方面发挥了重要作用。目前，辽宁、四川、浙江、广东、河北等省份正在凝练建设主题，争创国家农业高新技术产业示范区。

（三）省内各地在争创国家农业高新技术产业示范区方面竞争激烈

河北省始终高度重视国家农业科技园区建设和国家农业高新技术产业示范区创建工作，专门设立了农业科技园区建设专项资金，支持农业科技园区提档升级。近年来，河北涿州、河北滦平和河北邯郸等国家农业科技园区所

在地政府高度重视国家农业高新技术产业示范区创建工作，加强组织领导，统筹各类资源，积极争创国家农业高新技术产业示范区。保定市政府2016年启动了保定国家农业高新技术产业示范区的申创工作，特别是2022年以来，保定市委、市政府进一步加大了工作力度，成立了由保定市委、市政府主要领导任组长的领导小组，对标对表先进，统筹全市资源补短板，争创国家农业高新技术产业示范区。园区以中国农业大学雄厚的高端科技人才优势为依托，搭建了模式动物表型与遗传研究国家重大科技基础设施、国家作物分子育种创新中心、国家生猪技术创新中心（华北分中心）等国家重大科研平台，在科技创新方面具有明显优势。承德市自2017年开始，依托滦平国家农业科技园区，全面开展国家农业高新技术产业示范区创建工作。为强化组织领导，成立了国家农业高新技术产业示范区创建工作领导小组，建立了调度会商机制、督导问效机制、考核评价机制、宣传推介机制，有力有序推动相关工作。承德市在生态资源和产业特色方面具有明显优势。邯郸市在2018年把支持"邯郸市以邯郸国家农业科技园区为基础，创建邯郸国家农业高新技术产业示范区"列入省科技厅与邯郸市政府"厅市会商"事项，邯郸市争创国家农业高新技术产业示范区建设列入2021年邯郸市政府工作报告重点工作。园区与中国农业大学有50多年的紧密合作，有中国农业大学曲周实验站、鸡泽实验站创新服务支撑，有全省首家上市的农字头高新技术企业晨光集团创新引领带动，在天然提取物、农产品深加工、蔬菜育苗三大特色产业上具有很强的创新实力。

二 创建基础

（一）基本情况

按照《国家农业高新技术产业示范区建设工作指引》要求，国家农业高新技术产业示范区原则上应以地级市（地区、自治州、盟）或副省级城市人民政府为建设主体，在国家农业科技园区或省（自治区、直辖市）人民政府批复建设的省（自治区、直辖市）级农业高新技术产业示范区基础上申请建设国家农业高新技术产业示范区。截至2024年底，河北省建有国家农业科技园区15家，数量居全国第4位。特别是，在历次科技部国家农业科技园区评估中，河北省获得优秀的园区达到5家，优秀园区占比为33.3%，远高于全国平均水平。近几年，为推动国家农业科技园区创建国家农业高新技术产业示范区，成立了河北省国家农业高新技术产业示范区创建工作领导小组，制定印发了《河北省以创建国家农业高新技术产业示范区为牵引推动国家农业科技园区做大做强工作方案（2023—2025年）》，扶持带动力强的农业科技型龙头企业，做强农业优势特色产业，集聚优质科教资源，壮大科技创新人才队伍，转化重大科技成果，发展高水平双创载体，科技赋能园区联农带农富农。目前，河北涌现出一批优秀园区代表，邯郸国家农业科技园区首创的辣椒红色素连续提取分离技术带动我国辣椒红国际市场占有率从不足2%提高到80%以上，辛集国家农业科技园区自主培育的节水小麦品种"马兰1号"连续两年打破河北省小麦高产纪录，涿州国家农业科技园区的模式动物表型与遗传研究设施列入国家重大科技基础设施。

（二）创建优势

1. 园区承载能力较强

各国家农业科技园区高度重视总体规划和基础设施建设，持续发力提升园区水、电、路、信、气、暖、排污等基础设施，规划密集建设区，提升园区承载能力。以承德国家农业科技园区为例，截至2024年底规划建设用地达3.75平方公里，建成了"两纵六横"主干交通网，实现了"九通一平"；建成"双创"大厦，配套建设了河北滦平国家农业科技园区信息化管理平台，包括京承农产品产销信息平台、科技信息网站服务平台2个农业服务平台，智慧农业信息平台、农产品市场分析预警平台2个智慧管理平台，可为入驻企业提供全方位服务，实现了园区信息化管理。

2. 创新创业平台完善

各国家农业科技园区积极对接京津、对接院校，千方百计搭建国家级和省级创新创业平台，形成了重点实验室、技术创新中心、工程技术研究中心、产业技术研究院、众创空间、星创天地等相互衔接支撑的创新创业体系，提升了园区的创新创业能力。据河北省农业科技园区建设调查资料，截至2024年底，15家国家农业科技园区共建设省级以上研发机构338个、各类创新创业服务机构318个，其中国家级研发机构55个。① 以涿州国家农业科技园区为例，该园区建有模式动物表型与遗传研究国家重大科技基础设施、国家作物分子育种创新中心、农业部国家家禽测定中心畜禽生物育种全国重点实验室、国家果蔬加工工程技术研究中心等国家级研发平台和基地21个，北工大产学研创新工场众创空间、保定市国家农科城涿州基地星创天地、涿州市云供销星创天地等国家级创业平台3个，全国高校实践育人创新创业基地、全国新型职业农民培育示范基地、全国科普教育基地、全国农村创业园区（基地）等国家级科技示范培训基地12个，有力支撑了农业科技园区高质量发展。

3. 高端专家团队集聚

各国家农业科技园区积极对接院士团队和京津院校，引进汇聚了一批实力雄厚、协作紧密、在国内享有盛誉的科研团队，推动前瞻性应用创新、核心技术和产业的对接。据河北省农业科技园区建设调查资料，截至2024年底，15家国家农业科技园区引进培育农业科技创新团队353个，研发人员达到28108人。以涿州国家农业科技园区为例，该园区加强与中国农大的合作，截至2024年底，有12个院士团队、20余位长江学者、30多位国家现代农业产业技术体系首席科学家及岗位科学家、28位国家杰出青年基金及国家优秀青年科学基金获得者、40多位享受国务院政府特殊津贴的教授以及550多名研究生长期在园区内开展教学科研工作。

4. 成果转化带农增收

各国家农业科技园区通过技术引进、集成展示，推广转化了一批适用科技成果，带动了周边农民增收致富，支撑了区域农业产业高质量发展。据河

---

① 本报告河北省国家农业科技园区数据来源于河北省国家农业科技园区评价数据报表。

北省农业科技园区建设调查资料，截至2024年底，15家国家农业科技园区引进新产品、新技术、新设施1530项，推广新产品、新技术、新设施397项。以藁城国家农业科技园区为例，2024年，该园区引进新品种、新技术、新产品、新设施97项，其中大面积推广应用28项，技术合同成交数为52件，技术合同成交额达1.9亿元，有力支撑了园区产业高质量发展。大豆玉米带状复合种植技术推广面积达8万余亩，实现了玉米不减产，多收一茬豆，亩均增收400元左右，新增收益3200万元。小麦辣椒套种技术推广面积达1万余亩，亩节本900元，增收3800元。

5. 特色产业集群发展

以国家农业科技园区为平台，培育形成了滦平中药材、威县奶业、辛集节水麦、藁城强筋麦、怀来酿酒葡萄、饶阳鲜食设施葡萄等优势特色产业集群，引领带动了全省优势特色产业发展。据河北省农业科技园区建设调查资料，截至2024年底，15家国家农业科技园区入驻农业企业7749家，其中，国家级农业产业化龙头企业11家，涉农高新技术企业182家。以藁城国家农业科技园区为例，该园区培育形成了全国最大的强筋麦产业集群，在强筋麦品种选育方面，先后育成并审定了"藁8901""藁优9409""藁优9415"等9个高产强筋麦品种，"藁优5766"获得国家小麦产业发展大会专家品质鉴评活动金奖，强筋麦育种居全国领先水平。在规模化种植方面，藁城区强筋麦常年种植面积在40万亩以上，占全区小麦种植面积的80%以上。在产品流通方面，有冀粮国家储备库、石家庄藁城区第二粮库、河北藁城区国家粮食储备有限公司等3个大型粮库，有民营粮食流通企业120家，强筋麦年贸易量达210万吨。在面粉加工方面，有大中型面粉企业20余家，42家宫面生产企业，制定了藁城宫面团体标准、藁城宫面用小麦粉团体标准，年加工能力达150万吨，年产值达115亿元。在品牌培育方面，培育了"金龙鱼""华达""晨风"等20余个知名面粉品牌，"藁城藁优麦"是国家地理标志证明商标，"藁城宫面"有1500多年的历史，是国家地理标志证明商标、河北省非物质文化遗产、河北省农产品区域公用品牌。2024年，河北晨风面业有限公司获得2024年度河北省特色产业集群"领跑者"称号。

（三）面临的问题

1. 优质创新资源不足

虽然各国家农业科技园区建立了比较完善的创新创业体系，园均省级以上研发机构22个、国家级研发机构4个，但高端研发机构和团队较少，且分布不均。截至2024年，9家国家农业科技园区国家级研发机构仍是空白，仅涿州、邯郸、滦平、威县等少数国家农业科技园区与院士团队有紧密合作。

2. 产业发展质效不高

国家农业科技园区培育了一批全省知名的产业集群，但放眼全国，产业规模和知名度有待进一步提升。从产业规模来看，核心区涉农企业总营收超100亿元的国家农业科技园区仅4个，仅占27%；从国家级农业产业化龙头企业来看，8家国家农业科技园区还是空白，拥有2家以上国家级农业产业化龙头企业的园区仅有1个；从高新技术企业数量来看，核心区涉农高新技术企业低于10家的国家农业科技园区占67%。

3. 管理调控能力不强

国家农业科技园区都建立了领导小组和管委会（或工作专班），但多数园区管理力量薄弱，工作专班或管理委员会结构松散，管理调控能力不强。据河北省农业科技园区建设调查资料，2024年，园区管委会可支配财力低于1000万元的有6家，占40%；财政科技支出低于500万元的有9家，占60%。

三 经验借鉴

（一）山西晋中国家农业高新技术产业示范区创建经验

1. 战略定位符合国家战略

《国家农业高新技术产业示范区建设工作指引》要求国家农业高新技术

产业示范区要有明确的主题和主导产业，符合"一区一主题""一区一主导产业"，并在某些方面进行探索示范，着力解决制约我国农业发展的突出问题，形成可复制、可推广的模式。山西晋中国家农业高新技术产业示范区深入学习贯彻习近平总书记在山西省考察时的重要指示精神，以有机旱作农业为主题，以农副产品加工为主导产业，突出科技创新，推进农业科技产业化、科技产业规模化、规模生产标准化、标准质量品牌化、品牌市场国际化，构建服务山西省的全产业链科研生产经营体系，主题定位和建设内容符合国家战略。

2. 创新机制赋予创建动力

山西省委、省政府高度重视晋中国家农业高新技术产业示范区建设，构建了"1组（领导小组）+1委（管委会）+1公司（建设运营公司）"的运行体制。设置了由分管农业和科技的两位副省长任双组长、农业农村厅和科技厅两位厅长任办公室主任的省级领导小组。成立了晋中国家农业高新技术产业示范区党工委、管委会，为省政府派出机构，委托晋中市管理，正处级建制。成立了晋中国家农业高新技术产业示范区建设运营有限公司，实行股份制管理，晋中市政府投资51%，神农科技集团建设运营（山西）有限公司投资40%，太谷区政府投资9%，在晋中国家农业高新技术产业示范区直接管辖下成立会展服务、投资建设、投融资、电商等专业化公司开展工作，运营公司资金规模达20亿元。

3. 优惠政策营造发展环境

山西省委、省政府出台了一系列优惠政策，为国家农业高新技术产业示范区建设营造优越的发展环境。在财政支持方面，每年给予4亿元资金支持，晋中市委、市政府每年配套2亿元，省市还支持10亿元的债券资金，由此构建了18亿元的产业基金（另包含2亿元的社会投资）；在土地利用方面，省级层面每年专项划拨1000亩土地；在人才引进方面，为入驻的领军企业引进人才提供了299套人才公寓，为科研专家提供优越的办公条件。

4. 龙头带动产业集群发展

晋中国家农业高新技术产业示范区围绕有机旱作农业、农副食品加工等重点领域，吸引南方食品集团、大北农集团、国新晋药集团、先正达现代种业等一批实力雄厚的国内大型龙头企业及涉农高新技术企业入驻，在市级层面组建专班，布局了智慧农机装备园、种业创新园、金谷农业科技园、大学生创业园、国际农产品交易孵化园、巨鑫现代农业示范园"六大园区"，引进落地了上合组织农业技术交流培训示范基地、中国科学院智慧农机装备、国家生猪交易平台、农信互联猪联网服务体系、华为智慧农业、京东农场、阿里生鲜、乡村e镇等一批标杆项目，形成了行业领军企业集聚效应。

（二）江苏南京国家农业高新技术产业示范区创建经验

1. 创建主题鲜明

南京国家农业高新技术产业示范区以绿色智慧农业为主题，以生物农业为主导产业，在规模化种植等先进技术和生产模式、东部发达地区现代农业高质量发展等方面探索示范。创建主题符合国家科技创新和未来农业发展战略需求，展示示范能力较强。

2. 突出科技引领

南京国家农业高新技术产业示范区引进南京农业大学、南京林业大学、江苏省农业科学院、农业农村部南京农业机械化研究所等7家知名涉农高校和科研院所入驻，建有国家及省市科研平台101个，建设了中国东部（南京）农业科技创新港，突破产业核心技术，引领产业发展。如建立了国内首家且规模最大的细胞培养肉全产业链生产研发平台，完成了世界首次细胞培养猪肉中试放大生产。

3. 资金实力雄厚

南京国家农业高新技术产业示范区强化资金支持，形成多渠道资金筹措机制，设立了农业产业基金100亿元，重点支持研发能力强、装备水平高、引进高端人才、打造自主品牌的企业，同时南京溧水区委、区政府将区国资集团股权全部划拨给农高集团，农高集团注册资金达到30.25亿元，资产规模已超过200亿元。

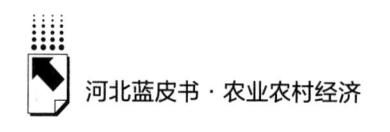

（三）山东黄河三角洲国家农业高新技术产业示范区创建经验

1. 借力国家战略

山东省贯彻落实《黄河三角洲高效生态经济区发展规划》《山东半岛蓝色经济区发展规划》"黄蓝"两大国家战略，采取部省共建模式，创建山东黄河三角洲国家农业高新技术产业示范区，以盐碱地综合治理为主题，培育农业高新技术和特色产业，在盐碱地综合治理、探索土地经营管理新机制、发展现代农业方面探索新模式，既是顺应形势之举，又是前瞻突破之策。

2. 搭建创新平台

山东黄河三角洲国家农业高新技术产业示范区广泛开展国内外科技交流合作，搭建开放式科技研发平台，吸引高端人才技术集聚，优质科教资源聚合力日益凸显。与中国科学院、中国中医科学院、山东省农业科学院等36家高校院所合作，先后建成黄河三角洲现代农业研究院、中国科学院生物技术中试基地、第六产业研发中心、国家盐碱地综合利用技术创新中心等9个重要科研平台，引进科研团队116个高层次科技人才713人，为山东黄河三角洲国家农业高新技术产业示范区建设奠定了科技基础。

3. 夯实基础设施

山东黄河三角洲国家农业高新技术产业示范区坚持产城一体发展，基础设施先行。配套建设了核心区水电路信污水处理设施，高标准搭建起"3横4纵"的路网框架。与中国科学院合作建成占地2.7万平方米的中试孵化车间，建成3.5万平方米科研楼、1万平方米专家工作站、33万平方米职工保障性住房和专家公寓，建成农业金融大厦、农产品电商综合楼、职业农民创业学院等，提升综合承载能力。

4. 创新管理机制

山东黄河三角洲国家农业高新技术产业示范区针对融资、土地、体制机制等制约，大胆探索实践，理顺管理体制，制定出台了《山东省人民政府关于支持黄河三角洲国家农业高新技术产业示范区高质量发展的意见》。在管理机构设置上，实现了从市管向省市共建和省管为主的转变。管委会为正厅级，编制由中央编办审批，工委书记由市委书记兼任，主任由省科技厅厅长兼任。赋予国家农业高新技术产业示范区与同级政府相应的经济社会权限，园区财政、土地、国地税、城建、环保、公安等部门实行省垂直管理，由当地政府派驻。探索土地经营新机制。成立黄三角土地金融控股公司，通过未利用地开发和中低产田改造，开展土地存贷、农村土地抵押贷款、土地增减挂钩试点等业务。开展知识产权改革。成立知识产权运营公司，搭建知识产权交易平台，推动知识产权商业化、资本化、证券化、股权化运作，使知识产权变成股权、专家变成股东。促进科技金融结合。搭建了15个金融、科技、产业融合的高端服务业平台，参股成立了北京中农科联等5支农业科技投资基金，成立了农业融资担保公司等投融资机构，采用参股、跟进投资、直接投资和融资担保等方式，为园区建设提供信贷和社会融资。

四　创建路径

一是建设高端创新平台，集聚优质科教资源，打造区域农业科技创新高地。积极推动国家农业科技园区与院士团队对接，聚焦主导产业高质量发展需求，合作建设国家技术创新中心、国家工程研究中心和院士合作重点单位等高端创新平台，集聚一批优质科教资源，建设一批高水平农业科技创新单元，攻克一批制约产业发展的共性关键技术，打造农业高新技术创新平台和创新策源地，支撑园区主导产业向中高端迈进。

二是积极培育农业科技领军企业和"链主"企业，发展农业高新技术产业集群，做强主导产业。落实国家培育农业科技领军企业政策，摸清农业科技型企业底数，建立农业创新型企业培育库，加快培育一批专注细分市场、创新能力突出、成长潜力较大的高新技术企业和"专精特新"企业，择优培育农业科技领军企业，抢占产业科技战略制高点。全面推行"链长制"，培育具有核心竞争力和产业影响力的领航企业，探索"科技创新+产业集群"发展机制和路径，围绕链主企业强链延链补链，推动产业链向中高端延伸，培育具有明显竞争优势的高新技术产业集群。

三是推进重大科技成果集成应用，打造现代农业场景，引领带动农业农村现代化。充分发挥国家农业科技园区技术集成示范作用，支持国家农业科技园区建设农业高新技术中试熟化基地，创新科技成果转移转化机制，举办科技成果直通车等品牌对接活动，畅通科技成果转化链条，引进重大科技成果，集成具有引领性的适用技术，打造具有区域优势特色的健康食品供应、生物技术产业孵育、植物功能成分提取等现代农业建设典范，引领带动农业农村现代化。加快推动科技展馆、科创大厦、智慧园区等科技创新展示基地建设，打造形成国家农业科技园区标志性工程。

四是创新联动机制，推进产科教融合和区域融合，促进融合共享。充分发挥科技特派团（员）的作用，组织高校和科研院所针对国家农业科技园区产业集群发展需求，组建选派科技特派团，开展技术研发与成果转化、创新管理、科技金融、科技招商等服务。探索农牧结合、农林结合、农旅结合等农业产业内部融合模式，积极发展农业新业态，创新产业链条衔接机制和农民分享二三产业增值收益机制，推动农业产业链条延伸，促进一二三产业融合发展，带动农民增收致富。支持国家农业科技园区全面对接京津，创新对接服务机制，开展京津高校和科研院所"进园入县"、中国科学院成果进河北、河北成果直通车等路演对接活动，吸引京津优质农业科技成果在河北转化落地。

五是加强组织领导，创新建设机制，协同推进国家农业高新技术产业示范区创建。充分发挥河北省国家农业高新技术产业示范区创建工作领导小组作用，构建形成上下联动、左右协同、支撑有力、运转高效的省、市、县（园）三级联创工作机制，协同推进科技、产业、财政、土地等政策落到实处。对标标准和先进，深入分析各国家农业科技园区创建国家农业高新技术产业示范区优劣势，建立"一园一策一台账"，引导各园区进一步扬优势强弱项，全面提升。鼓励国家农业科技园区所在市、县政府制定鼓励科技创新、人才引进、成果转化、高新技术企业培育、金融服务等优惠政策，提升园区基础设施保障能力，保障创建国家农业高新技术产业示范区合理建设用地需求，引导优质科技资源和现代生产要素向园区集聚。

参考文献

李书彦、谭晶荣:《农业境外园区发展的历史脉络、理论逻辑与中国路径》,《农业经济问题》2021年第11期。

蒋黎、蒋和平、蒋辉:《"十四五"时期推动国家现代农业产业园发展的新思路与新举措》,《改革》2021年第12期。

王朝全:《农业科技园区的发展模式探讨》,《科学管理研究》2004年第1期。

杨敬华:《农业科技园区创业与创新发展机制与模式的研究》,博士学位论文,中国农业科学院,2005。

罗其友等:《现代农业园区发展机制探析》,《中国农业资源与区划》2020年第7期。

孙洁:《陕西杨凌国家农高区:引领干旱半干旱地区现代农业发展的先行者》,《中国农村科技》2022年第10期。

肖琴、罗其友:《国家现代农业产业园建设现状、问题与对策》,《中国农业资源与区划》2019年第11期。

赵成伟等:《农高区推动产业集群机制、现状与对策研究——基于涉农园区协同视角》,《农业现代化研究》2024年第4期。

孙青茹、马如霞、白子朔:《农业科技园区的经济发展带动效应——来自河北省县域的实证评估》,《中国农业资源与区划》2024年第2期。

李函珂、何阳:《农业科技园区政策变迁:阶段、特征与动因——21世纪以来的政策文本分析》,《中国科技论坛》2021年第3期。

B.16 河北省推进现代农业经营体系建设与创新发展研究[*]

时润哲 张 戈[**]

摘　要： 河北省作为农业大省，在现代农业经营体系建设与创新发展方面取得显著成效。新型农业经营主体如家庭农场、农民合作社迅速崛起，农业社会化服务体系不断完善，农业产业链条持续延伸。河北省委省政府通过实施多项扶持政策，推动新型农业经营主体发展，有效提高了小农户的组织化程度，涌现出多个典型模式和案例，如邯郸市供销社、玉田县集强家庭农场、涉县青阳山农产品专业合作社的创新实践。但人口老龄化、要素资源配置差异、社会化服务不足、利益联结机制不完善及农村金融支持力度不足等问题仍然突出。未来河北省应当积极应对挑战，通过科技赋能、优化资源配置、提质增效社会化服务、完善利益联结机制和农村金融创新等措施，推动现代农业经营体系持续健康发展。

关键词： 现代农业经营体系　小农户　农业社会化服务　新型农业经营主体

引　言

河北省作为农业大省，近年来在现代农业经营体系的建设与创新发展上

---

[*] 本报告系2024年国家社科基金青年项目"要素优化组合视角下小农户与新型农业经营主体利益联结机制研究"（项目编号：24CGL087）阶段性研究成果。
[**] 时润哲，河北省社会科学院农村经济研究所助理研究员，主要研究方向为农业经济与管理；张戈，河北省乡村振兴促进中心农艺师，主要研究方向为农业经济。

取得了显著成效，对于推动全省农业转型升级、提升农业综合效益和竞争力具有深远意义。在这一进程中，河北省积极探索、勇于创新，现代农业经营体系建设成果斐然。新型农业经营主体如家庭农场、农民合作社等迅速崛起，成为引领农业转型升级的中坚力量。农业经营组织形式不断推陈出新，农业社会化服务体系日臻完善，为农业生产提供了更为专业、高效的服务支撑；农业产业链条持续延伸，农产品加工业、休闲农业等新兴产业蓬勃发展，为农民增收拓展了新路径。

农民家庭经营与新型农业经营主体社会化服务相结合的发展模式，符合当前我国城市化和工业化发展阶段的客观实际。2025年2月23日发布的2025年中央一号文件《中共中央 国务院关于进一步深化农村改革扎实推进乡村全面振兴的意见》中，明确要求完善联农带农机制，健全新型农业经营主体扶持政策同带动农户增收挂钩机制，将联农带农作为政策倾斜的重要依据。引导企业、农民合作社、家庭农场与农户等紧密联结与合作，通过保底分红、入股参股、服务带动等多种方式，让农民更多分享产业增值收益。规范和引导农业农村领域的社会投资，健全风险防范机制，确保农业稳健发展。该文件还强调要培育新型农业经营主体，提高农业社会化服务质效，增强其对农户的带动能力。

当前河北省现代农业经营体系的建设与创新发展仍面临诸多挑战。农业资源环境约束日益加剧，农业生产成本持续上升，农产品市场竞争愈加激烈。同时，农业基础设施相对落后、农业科技创新能力不足等问题依然存在，制约了现代农业经营体系的进一步完善。2025年2月10日召开的河北省委农村工作会议强调，要深入学习贯彻习近平总书记关于"三农"工作的重要论述和重要指示精神，认真落实中央农村工作会议的部署要求，扎实推进乡村全面振兴，加快建设农业强省。会议提出，要让农业基础更加稳固、农村地区更加繁荣、农民生活更加红火，为河北省现代农业经营体系的建设与创新发展指明了方向，注入了新的动力。

一　河北省现代农业经营体系发展现状剖析

（一）新型农业经营主体呈现快速崛起发展态势

随着农业现代化的持续深入，构建现代农业经营体系已成为推动乡村振兴和农业高质量发展的核心路径。新型农业经营主体之间融合发展、协同推进，紧密依托当地资源禀赋和优势特色产业，形成了多样化的经营方式，如"小农户+家庭农场+农民合作社""家庭农场+农民合作社+联合社""农民合作社+涉农企业+科研院所"等，这些模式有效促进了小农户与现代农业发展的有机衔接，为河北省现代农业经营体系的持续健康发展奠定了坚实基础。

河北省将培育壮大新型农业经营主体作为实现农业高质量发展与乡村振兴的关键举措，展现出坚定的决心与卓越的成效。河北省政府积极加大对新型农业经营主体的扶持与引导力度。2024年，全省范围内深入实施了农村集体经济"三资"（资金、资产、资源）监管突出问题集中专项整治行动，有效清理并规范了农村集体"三资"监管突出问题共计7.88万个，新纳入账内管理的资产达到26.7亿元，同时规范了合同2.99万份。在此基础上，河北省进一步推进新型农业经营主体提升行动，截至2024年底，全省家庭农场数量激增至15.3万个，农民合作社数量达到11.15万个，农业生产托管服务面积高达2.35亿亩次。回顾2023年数据，全省农民合作社总数为11.38万个，占全国总数的5.47%，居全国第5位；纳入名录管理的家庭农场达14.4万个，占全国总数的3.6%，居全国第10位。农民合作社通过广泛吸纳农户为成员，开展统一的生产经营销售等服务，有效带动了农户增收。全省合作社共带动农户238万户，其中普通农户231万户，家庭农场成员3.8万户，农民占比高达98.7%。河北省农民合作社实现盈余33亿元，带动农户平均增收1386元。家庭农场作为小农户的升级版，在坚持家庭承包经营的基础上，显著提升了规模化经营水平，实现了规模与效益的最佳平衡。全省家庭农场经营土地总面积达到1618万亩，平均每个家庭农场经营土地112亩，经营收入达32.3万元，净利润高达11.43万元。近几年对河北省家庭农场典型案例的抽样调查数据显示，由于发展态势良好（均为省部级典型），2023年平均每个家庭农场可实现利润107万元。[①]

（二）农业社会化服务方兴未艾

农业社会化服务，作为小农户与现代农业发展之间的桥梁，正成为推动中国式农业农村现代化的核心力量。党的二十届三中全会明确提出"健全便捷高效的农业社会化服务体系"，为农业社会化服务的高质量发展指明了方向，注入了新的活力。当前，农业社会化服务领域新业态、新模式、新机制层出不穷，服务范畴已从单一的生产服务拓展至全要素、全产业链的深层次服务。截至2023年底，全国范围内经营性服务主体数量已达到109.4万个，它们广泛开展农业社会化服务，年服务面积高达21.4亿亩次，惠及小农户9400多万户。这一数据充分彰显了全国农业社会化服务的迅猛发展势头。2021年，《农业农村部关于加快发展农业社会化服务的指导意见》印发，积极引导有条件的服务主体按照资源共享、填平补齐要求，充分挖掘并激活存量设施、装备、技术、人才以及各类经营主体潜力。在此基础上，提供涵盖农资供应、技术集成、农机作业、仓储物流、农产品营销等多方面的一站式综合解决方案，成功实现资源的集约利用、节约使用与高效运转。在此基础上，2023年，农业农村部进一步印发《水稻、小麦、玉米三大粮食作物生产社会化服务规范指引》，与2021年的《农业农村部关于加快发展农业社会化服务的指导意见》紧密衔接，在服务标准细化、服务合同规范、质量监管机制、资源整合与技术支撑等关键维度提出了新的要求。这一系列标准化、规范化举措，推动农业社会化服务实现了从单一环节服务向全产业链覆盖的重大跨越，为粮食生产降本增效提供了有力保障。

---

① 数据来源于河北省农业农村厅。

截至2024年底，全省农业社会化服务组织发展到6.98万个，其中农业生产托管服务组织超过3.5万个，全省农业生产托管服务面积超过2.3亿亩次。从开展社会化服务的组织类型来看，全省3446个农村集体经济组织开展农业社会化服务，占比4.9%；1.65万个农民合作社开展农业社会化服务，占比23.7%；4.58万个专业户开展农业社会化服务，占比65.7%。此外，全省还有214个供销社、2520家农业企业、46个服务协会和1209个其他服务组织开展农业社会化服务。从服务领域来看，以粮油类大田作物为主，全省服务粮食作物面积1.79亿亩次，占全部服务面积的77.8%。一些地区也在向果树、食用菌、中药材等特色作物服务拓展。从服务对象来看，各地以小农户为主，全省服务对象1009万个，其中服务小农户923.5万户，占91.5%。[1]从托管服务合同签订情况来看，规模较大的服务组织合同签订比较普遍，大多是签订当年一年的合同，开展临时性和小规模、单环节托管服务的以口头协议为主。

二 河北省现代农业经营体系典型模式与案例

（一）邯郸市供销社新型为农服务体系的构建与创新实践

邯郸市供销合作社（简称"市供销社"）持续深化综合改革，不断健全完善体制机制，拓宽服务领域，创新性地构建了"生产生活型""村社共建型""融合共建型""为农服务型"等多元化服务组织，致力于打造服务农民生产生活的综合性平台，为乡村振兴和经济社会高质量发展提供有力支撑。近年来，市供销社取得了显著成绩，共改造提升薄弱基层社129个，创建总社标杆基层社25个、星级综合服务社43个，并领办了1838个农民专业合作社和241个专业合作社联合社。截至2023年底，市供销社拥有社有企业143家，其中两家企业被认定为省级农业产业化重点

---

[1] 数据来源于河北省农业农村厅。

龙头企业。在土地托管服务方面，市供销社积极探索，大力推广保姆式、菜单式托管服务，有效促进了农业增效和农民增收。以曲周县大河道乡苏小营村为例，秋耕秋种时节，数台拖拉机在田间繁忙作业，生动展现了土地托管的实践成果。村民将家中部分耕地托管给乡供销社，既省去了自己打理的烦琐，又通过兼职农机手增加了收入。

曲周县供销社大河道为农服务中心以优惠的价格提供全方位托管服务，已托管苏小营村耕地超过万亩。通过实现机械化播种，降低了种植成本，提高了亩产效益。该中心充分发挥合作社规模化经营的优势，提供从种到收的全链条服务，采用"基层社+公司+合作社"的模式进行土地托管。通过规模化、机械化作业和订单预约，不断引进新技术、新品种，实现了农户与合作社的双赢。该中心的这一创新举措，走出了一条"供销服务+小农户"的助农增收新路径。截至2024年，该中心土地托管服务面积已达8.18万亩，农机作业等农业社会化服务覆盖面积达21.6万亩，真正实现了供销社与农民的共同发展、互利共赢。

（二）玉田县集强家庭农场：数字赋能与多环节托管助农增收

在新型农业经营主体运营规范化水平的提升方面，玉田县集强家庭农场勇于探索，创新实践了"家庭农场+生产服务"的服务型经营模式，在稳固自身农业生产的基础上，积极拓展外部服务，大力发展农业生产托管业务，为周边农户及各类农业经营主体提供了全面、细致的产前、产中、产后服务。服务内容涵盖代耕代收、农技推广咨询、农资供应配送、统防统治管理、烘干储藏服务以及加工营销支持等，有效拓宽了农场的收入来源，增加了经营收入。玉田县集强家庭农场流转土地900亩，专注于建设无公害粮田和高标准粮田，致力于提升农产品品质。与中国农科院、河北农业大学等科研院校建立了紧密的合作关系，成功引进了32个优良品种，如高产小麦、特色包尖菜等，并创新研发了22项农作物绿色防控等先进技术。这些举措不断提升农作物的品质和产量，打造出农场的特色产品和享誉市场的"金子"品牌。此外，农场充分发挥42台套大中型农业机械的设备优势，开展耕种收多环节的生产托管服务，日服务能力高达9800亩。农业生产托管服务实行"五统一"管理模式，即统一种植规划、统一农资供应、统一技术指导、统一植保服务、统一订单销售，确保了服务的高效和规范。农场效益显著，家庭成员年人均纯收入高达10万元，是全县农民人均纯收入的3倍多。

（三）涉县青阳山农产品专业合作社：联合发展与合作共赢的服务能力提升

在新型农业经营主体加强联合与合作方面，河北涉县旱作石堰梯田系统通过农产品专业合作社的"联合发展、合作共赢"不断增强农民合作社服务能力。面对涉县旱作石堰梯田花椒产业后继无人和梯田撂荒问题，2016年，涉县青阳山农产品专业合作社应运而生，以"联合发展、合作共赢"为核心理念，致力于保护梯田农耕智慧，传承农业文化遗产。合作社规范发展，健全规章制度，实行分级管理，提升规范化建设水平。开展示范带动，建设花椒示范种植基地，实行标准化生产，推广绿色生产技术，有效提高了花椒产量和品质。为实现规模经营，合作社实行联合，成立联合社，开展精深加工，组建服务中心和农业社会化服务协会，为农户提供全方位服务。创新旅游观光模式，推出"旅游观光+基地采摘"新模式，实现了融合发展。在品牌建设方面，合作社使用公用品牌，自主注册商标，建成农产品可追溯基地，擦亮了遗产地金字招牌，产品不仅畅销国内，还走出了国门，参加了全球重要农业文化遗产地农产品展销会。合作社还积极强化宣传，参与电视剧拍摄，被众多媒体报道，提高了农业文化遗产的知名度和影响力。合作社积极开展科技教育培训，增强了农业文化遗产保护的科技支撑，提高了群众的保护意识和能力。在合作社的带动下，成员户数不断增加，出资额大幅提升，辐射带动周边农户种植花椒等作物，实现了共同致富，以实际行动践行了"联合发展、合作共赢"的理念。

三 河北省现代农业经营体系发展面临的挑战

(一)人口老龄化对农业劳动力供给的挑战

随着人口老龄化的不断加剧,河北省的农业劳动力结构正经历前所未有的变革。年轻劳动力在追求更好的生活品质和职业发展机会的过程中,大量外流至城市,留下的是以老年人为主体的农业从业群体。这一变化直接导致农业劳动力供给出现严重不足,劳动力整体素质呈现下降趋势。现代农业作为技术密集型产业,对高素质劳动力的需求日益增长,然而当前农村劳动力却难以满足这一需求,技术推广的不足进一步加剧了这一问题。小农户作为农业生产的主体,其接受新技术的能力相对较低,加之培训覆盖率不高,使得新技术在农村地区的普及程度大打折扣。老年人由于年龄、认知等因素的限制,对新技术的接受能力和应用能力相对较弱,这不仅限制了农业科技的推广速度,也影响了农业科技在实际生产中的应用效果。如何应对人口老龄化带来的农业劳动力供给挑战,提高农业劳动力的整体素质,加强新技术的推广和应用,成为当前全省农业发展亟待解决的问题。

(二)小农户与新型农业经营主体要素资源配置的差异显著

在河北省现代农业经营体系中,新型农业经营主体(如农业企业、农民专业合作社)与小农户间的要素资源配置呈现显著的"马太效应"。新型农业经营主体通常拥有较为丰富的土地、资金、技术和市场信息等资源。这些新型农业经营主体能够充分利用自身优势,较好地适应市场需求,实现规模化、集约化和专业化生产,从而提高农业生产效率和产品质量,增强市场竞争力。相比之下,小农户由于资源有限,难以形成规模效应。他们往往面临土地碎片化、资金短缺、技术落后和信息闭塞等问题,生产效率低下,市场竞争力较弱。特别是在土地流转方面,由于家庭联产承包制下的土地分散化问题，土地流转规模有限，流转周期短，小农户难以通过土地流转实现规模化经营。这种要素资源配置的差异，不仅限制了小农户自身的发展，也影响了农业产业的整体发展和升级。新型农业经营主体凭借政策倾斜和市场先发优势，已形成"土地规模化、资金集约化、技术高端化、信息对称化"的四重优势，通过土地流转实现规模化经营，依托财政补贴和供应链金融获得资源集聚效应，物联网技术应用使生产效率提升，而小农户仍依赖传统经验种植，难以适应市场需求，这种资源虹吸效应导致二者陷入"强者愈强、弱者愈弱"的恶性循环。

（三）农业社会化服务改进不足

近年来，河北省在农业社会化服务方面取得了一定进展，为农民提供了便利和支持，但仍然存在诸多不足，存在较大的改进空间。一是服务供给结构性失衡，难以满足多元化需求。服务主要集中在基本的耕种、收割等环节，而针对农民实际需求的多元化、个性化服务则相对较少，产前农资集采、产后加工销售等高附加值服务覆盖率低。托管服务仅覆盖耕种环节，而农产品电商运营、品牌营销等新兴服务几乎空白，尚不能实现"全程保姆式服务"模式，服务链条完整性不足，导致小农户仍需自行承担市场风险。二是服务成本高企与定价机制失衡。受限于农机设备投入大、燃油价格上涨等因素，部分服务收费超出农户承受阈值，使得农民对这些服务的接受度不高，甚至宁愿选择传统的方式进行农业生产。三是服务质量参差不齐，专业能力短板突出。服务主体技术能力分化明显，从事农业社会化服务的准入门槛不高，部分服务提供者缺乏专业的技术和管理经验，难以提供高质量的服务。这不仅影响了农民对农业社会化服务的信任和认可，也在一定程度上制约了农业社会化服务的进一步发展。四是服务网络覆盖失衡，区域差异显著。由于地形、资源、资金等方面的限制，部分偏远地区或小规模农户难以享受到农业社会化服务，加剧了农业生产水平的不均衡性，影响了全省农业产业的全面发展。

（四）小农户与新型农业经营主体利益联结机制不完善

小农户与新型农业经营主体之间的利益关系尚未完全理顺，存在明显的利益不协调问题。新型农业经营主体在追求自身利益最大化的过程中，可能会忽视小农户的利益，导致小农户在市场竞争中处于弱势地位，难以分享农业产业发展的红利。这种利益不协同不仅限制了农业产业的协同发展，也严重影响了农业经济的稳定和可持续发展。龙头企业数量少、规模小，难以形成有效的产业带动效应，小农户与新型农业经营主体的利益联结机制常常陷入"名义合作、实际脱嵌"的困境，新型农业经营主体往往掌握更多的资源和市场信息，能够在产后环节获得更多的增值收益，而小农户则难以分享这部分收益，导致产后环节增值收益分配不均。新型农业经营主体与小农户之间违约风险较高，如在订单合同执行过程中，新型农业经营主体可能会利用市场地位压价，损害小农户的利益。多数农户仍处于"有组织无协作"的原子化生产状态。

（五）农村金融支持力度不足

当前，河北省新型农业经营主体发展面临农业生产经营投资的持续性不足、缺少金融支持的问题。由于农村地区信息不对称问题严重，金融机构在提供金融服务时难以准确评估风险，加之农业经营抵押物不足，产权制度、信用体系等存在诸多不完善之处，融资难度进一步加大，严重制约了新农村集体经济的发展。从资金需求来看，以新型农业经营主体为主导投资建设的设施农业前期投入较大，但这些投入不能作为资产进行抵押贷款，导致后续用于扩大生产规模的资金短缺。从金融供给服务来看，当前各大商业银行针对新型农业经营主体的金融服务产品过于单一，多数面向乡镇的金融产品仍局限于传统的存款、取款、贷款及汇兑等业务，缺乏针对新型农业经营主体的创新金融产品。这一供需矛盾加剧了新型农业经营主体在金融资源获取方面的困境。此外，金融机构针对新型农业经营主体的信贷产品单一、新型农业经营主体融资难等问题也制约了新型农业经营主体对小农户的带动能力

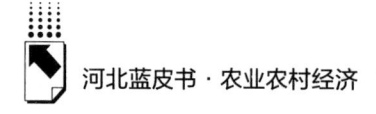

和支持作用。迫切呼唤更多元化、更具创新性的金融服务方案以满足新型农业经营主体与小农户的发展需求。

四 河北省现代农业经营体系创新发展路径

（一）积极应对人口老龄化带来的农业劳动力供给挑战

应对人口老龄化带来的农业劳动力供给挑战需构建系统性解决方案，通过"科技赋能+技能迭代+人才引流"发力，推动农业转型升级与可持续发展。

推动农业机械化与智能化，释放效能红利。面对劳动力结构性短缺，农业机械化成为必然选择。实施智能农业装备研发与推广工程，以省财政专项资金补贴丘陵山区小型农机具研发；建立智慧农业示范区，集成无人驾驶拖拉机、AI病虫害识别系统，带动周边农户；设立智慧农业装备基金，重点支持推广无人植保机、智能灌溉系统以及适老化农业设备。创建省级数字农业云平台，通过云平台的建设，实现偏远地区行政村农业技术的远程指导覆盖。与各大农业科研机构、高校合作，邀请专家入驻云平台，为农民提供在线咨询、技术培训和问题解决服务。

构建精准化培训体系，激活存量人力资本。针对55岁以上务农人口占比较高的现状，建立"双端"培训网络，设立移动培训站，农技专家采取"田间课堂+实操考核"模式，确保每位参训者掌握农业生产标准化技术；同步开发"农技App"，集成AR技术模拟种植场景，远程实现专家"手把手"农技教学。针对农技合理应用与传承，构建"传帮带"机制，以县、乡为单位遴选资深农民作为"技术导师"，构建"1+N"帮扶体系，提升55岁以上务农人员年培训覆盖率。对于60岁以上农技推广突出的贡献者，推行"银发农技员"认证制度，建立老龄农技人才数据库，对具有丰富经验和技术的农技推广人员进行认证，并发放技术应用补贴，提升"银发农技员"的社会认可度。

创新人才引流机制，培育新型职业农民。破解"年轻人不愿务农"困局。实施"新农人创业扶持计划"并提供贴息贷款，配套建设农村电商孵化基地，带动青年返乡创办农业企业。在基础设施方面，加快推进"村村通"提质工程，改造农村道路网络，降低农产品物流成本，提升5G基站覆盖率。构建职业发展通道，探索推出的"现代农业领军人才计划"，通过"学历教育+技能认证+创业孵化"培养路径，重点培育45岁以下的职业农民，使其成长为合作社理事长或农业企业高管。启动"燕赵新农人"专项计划，鼓励青年返乡创业，对符合条件的返乡创业青年提供创业补贴。

（二）优化要素资源配置

缩小小农户与新型农业经营主体要素资源配置差异需构建"制度赋能+资源倾斜"相适配的体制机制，通过土地流转规范化、资源支持精准化路径实现农业生产要素资源优化配置。

推动土地流转与规模化经营，构建要素集聚新格局。通过土地流转推动要素集约化，使新型农业经营主体发挥规模效应。针对当前土地流转率不高的现状，需建立"政府引导+市场运作"的土地流转服务体系。建议设立专项基金，重点支持县乡村三级土地流转服务云平台建设，实现信息发布、合同网签、纠纷仲裁等全流程数字化管理。对长期流转土地的农户，建议按流转面积给予每亩每年递增的阶梯式补贴。探索建立土地流转风险保障金制度，当经营主体违约时优先保障农户权益。推广"合作社+家庭农场"联合体模式，扩大农业经营范围，让更多小农户能够以土地经营权入股获取保底收益和分红。

强化小农户资源支持，构建要素补给新生态。保障小农户获得平等发展的机会。针对小农户贷款覆盖率不足的融资困境，建议设立"小农户振兴专项基金"，通过贴息贷款、股权质押等方式提供定向支持。探索"新型农业经营主体+小农户+金融机构"的联合授信机制，对带动小农户数量较多的新型农业经营主体给予一定的利率优惠。在技术资源支持方面，探索建立"专家+乡土人才+数字平台"的三级服务体系，探索以科技特派员

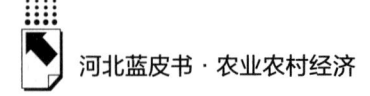

对接合作社的模式，进一步降低小农户的技术采纳成本。提高农业市场信息透明度，整合全省农产品产销数据，接入全国农业大数据平台，拓宽小农户销售渠道。

（三）农业社会化服务提质增效

改进农业社会化服务需构建"全链条覆盖+精准化赋能+标准化提升+普惠性延伸"的复合型标准服务体系，通过政策创新与服务模式迭代破解服务供给结构性矛盾。

丰富服务内容，构建全产业链服务生态。针对农业生产全流程服务缺失问题，应当大力推动社会化服务向产前、产后环节延伸，重点支持服务主体开发"农资+技术+销售"一体化解决方案。如浙江省舟山市通过粮油—蔬菜现代化农事服务中心实现了从育秧到加工的全链条服务，促进小农户节本增效。同时，探索建立农业社会化服务需求数据库，通过大数据分析精准匹配种植、养殖、加工等环节需求，开发针对合作社、农户的定制化服务包。

降低服务成本，精准对接服务需求。针对山区丘陵等特殊区域服务成本高的问题，通过"服务主体+村集体（合作社）+农户"联合体模式实现资源集约利用。通过整合农机资源，降低分散地块的服务成本。可探索建立服务价格动态调节机制，对连片托管达到一定规模的村集体、合作社或家庭农场给予服务补贴优惠，同时通过业务拓展补贴的形式，在权利义务的制度约束下扩大社会化服务主体服务覆盖范围，形成"固定站点+移动驿站"模式，消除服务盲区。

提升服务质量，提升服务标准。通过制定详细的服务标准和规范，加强对服务过程的监管和评估，确保服务质量的持续提升。通过制定详细的服务标准和规范，明确服务内容、服务流程、服务要求等，为服务主体提供清晰的指引和参考。加强对服务过程的监管和评估，建立服务质量监测体系，定期对服务进行质量检查和评估，及时发现并纠正问题，确保服务质量的持续提升。强化服务培训，提升服务主体素质。针对服务主体在技术、管理、市场等方面的不足，开展多种形式的培训活动，提高服务主体的专业技能和服务水平，提供更加精准、高效的服务，满足农业生产的多样化需求。

扩大服务覆盖，构建数字化服务网络。利用现代信息技术手段，如物联网、大数据、云计算等，建立农业社会化服务数字化平台，实现服务信息的实时发布、在线预约、远程监控等功能，推广"线上预约+线下响应"模式，使偏远地区服务响应时间缩短至2小时内，提高服务效率和便捷性。加强农村网络基础设施建设，确保数字化服务能够覆盖到较为偏远的农村地区，让更多农户享受到便捷、高效的农业社会化服务。

（四）完善利益联结机制

完善小农户与新型农业经营主体利益联结机制，构建"制度规范+梯度扶持+风险共担"的利益协同机制，通过契约规范化、收益分配创新、风险防控协同路径实现均衡发展。

强化制度规范，构建紧密型利益共同体。针对订单履约率较低的问题，需建立"标准化合同+动态调节"的双重保障体系。标准化合同，明确条款与责任，详细规定订单双方的权利和义务，并由行业协会或者相关部门制定统一的订单合同模板，建立合同的备案机制，将签订好的订单合同在指定的平台进行备案。构建高效的订单执行信息反馈渠道，订单双方可以及时沟通订单执行过程中遇到的情况。例如，供应商在农产品种植或生产过程中如果遇到自然灾害等不可抗力因素可能影响订单交付，能够及时通知采购方，及时发现潜在的风险并协商解决方案。如果市场行情发生重大变化，如农产品价格波动超过一定幅度（如20%）或出现不可预见的政策调整等情况，双方可以按照约定的方式对订单价格、交货数量等进行调整。

提升新型农业经营主体带动农户能力，构建梯度农户扶持体系。构建梯度农户扶持体系，能够更精准地满足不同阶段农户的发展需求，有效提升新型农业经营主体带动农户能力，推动农业农村经济持续健康发展，助力农民走向富裕。针对传统小农户，重点在于夯实基础，可提供基础农业

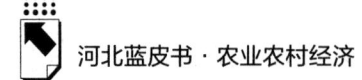

技能培训，发放小额生产资料补贴用于购买种子、化肥等，助力其开展初步生产。针对处于成长中的农户，需要提升其发展能力。可带动其参与农产品初加工项目，提升农产品附加值，带动其对接电商平台，开展网络销售培训，拓宽销售渠道。对于有一定规模和发展潜力的农户，着重推动其进行产业升级。鼓励农户引入现代农业技术设备，提高生产效率，对购置先进设备的农户给予较高比例的补贴。支持农户发展观光农业、农事体验等多元化产业项目，结合当地特色打造特色农业品牌，政府在品牌建设方面给予宣传推广和资金支持。

降低违约风险，构建全流程监管体系。针对合同备案率较低的现状，应当建立"事前审查+事中监管+事后追责"机制，约束违约行为，明确责任方。通过立法保护农户权益，对违约主体处以合同金额1~3倍的罚款。建议设立省级订单农业履约保险基金，通过"政府补贴+企业自筹"方式，为订单农业提供一定的保费补贴。在智慧城市建设试点地区探索推行"农业+区块链+物联网"技术应用，实现农产品生产、加工、销售全流程数据上链，确保履约过程可追溯。

（五）农村金融创新突破

加大农村金融支持力度，构建"产品创新+信用筑基+服务扩面+抵押担保改革"体系，通过多元化金融工具、数字化信用平台、普惠化服务网络和风险分担机制，破解农村金融供给结构性矛盾。

创新金融产品，构建全链条服务生态。针对农业产业链融资痛点，在政策层面需推动金融机构开发设施农业贷款、土地经营权抵押贷款等创新产品，加大金融保险支持力度，2023年6月，《中国人民银行 国家金融监督管理总局 证监会 财政部 农业农村部关于金融支持全面推进乡村振兴加快建设农业强国的指导意见》印发，推广粮食和重要农产品托管综合金融保险服务模式，形成银行放贷、保险兜底、担保增信、服务主体获贷、小农户受益的金融保险支持框架。同时，农业农村部打造"主体直报需求、农担公司提供担保、银行信贷支持"的直通车服务模式，截至2023年底，信贷直通车累计为330.48万个农业经营主体提供信贷对接服务，实现授信139.76万笔，共计3290.96亿元。①

完善农村信用体系，破解信息不对称难题。2025年中央一号文件明确提出"深入推进农村信用体系建设"，加强涉农信用信息归集共享。推广畜禽活体、农业设施等抵押融资贷款。坚持农村中小银行支农支小定位，"一省一策"加快农村信用社改革，稳妥有序推进村镇银行改革重组。可探索推广"信用积分+绿色评价"双维评估机制。贵州省已建立覆盖全省的农户信用信息数据库，通过"金融+生态"模式将生态账户积分纳入信用评定。探索开发"金融健康档案"系统，实现农户信用画像与融资需求的精准匹配，指导金融机构持续开展"信用户""信用村""信用乡（镇）"的创建，完善各涉农信用信息系统，精准识别各类农村经济主体信用状况，更好满足各类经营主体合理融资需求。

扩大金融覆盖，打通服务"最后一公里"。推动金融服务向偏远地区延伸，构建"线下实体+线上数字"双轨渠道。在较为依赖农业产业的县区设立"农村金融服务站"，探索推广"金融村主任"制度，由金融机构派驻专员驻村开展信用培育，并采集用于农业经营的金融需求。同时加快数字金融创新，丰富金融供给的组织形式，大型商业银行应发挥自身优势，促进业务下沉、产品创新和服务网络优化，特别是要针对农村特色产业和小微企业设计定制化金融服务方案。同时，强化农村信用社、农村商业银行及村镇银行等本土金融机构的支农支小职能，确保其金融服务贴近农村实际。鼓励开发"涉农贷款快速审批通道""涉农保险线上一键理赔"等适农功能，降低农户金融使用门槛。

改革抵押担保体系，盘活农村资产价值。扩大农村产权抵押范围，将设施农业资产纳入抵押品目录，建立省级农业信贷担保风险补偿基金。试点"设施农业贷"产品，允许在建工程抵押。推行"区块链+物联网"技术应

---

① 《关于政协第十四届全国委员会第二次会议第03573号（农业水利类264号）提案答复的函》，农业农村部网站，2024年9月6日，https：//www.moa.gov.cn/govpublic/NCJJTZ/202409/t20240906_6462058.htm。

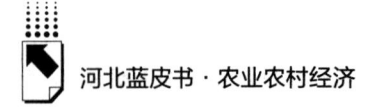

用，实现抵押物全流程数据上链，降低金融机构风险管控成本。探索开发农产品价格指数保险，通过"保险+期货"模式对冲市场波动风险。

参考文献

陈义媛：《农业生产规模化背景下的社会化服务模式转型：以农资销售模式的转型为例》，《中国农村观察》2025年第1期。

刘宇荧、马聪、傅新梅：《农村集体经济组织居间参与农业社会化服务的促农增收效应研究》，《四川农业大学学报》2025年第1期。

王进、张逸轩：《农业社会化服务对提升农户家庭发展韧性的影响研究》，《农村金融研究》2024年第12期。

胡凌啸、王亚华：《小农户和现代农业发展有机衔接：全球视野与中国方案》，《改革》2022年第12期。

周力、沈坤荣：《中国农村土地制度改革的农户增收效应——来自"三权分置"的经验证据》，《经济研究》2022年第5期。

李江一、秦范：《如何破解农地流转的需求困境？——以发展新型农业经营主体为例》，《管理世界》2022年第2期。

陈晓华：《突出扶持重点，切实增强新型农业经营主体发展带动能力》，《农业经济问题》2020年第11期。

王新志、杜志雄：《小农户与家庭农场：内涵特征、属性差异及演化逻辑》，《理论学刊》2020年第5期。

张林、温涛：《农村金融发展的现实困境、模式创新与政策协同——基于产业融合视角》，《财经问题研究》2019年第2期。

赵晓峰、赵祥云：《新型农业经营主体社会化服务能力建设与小农经济的发展前景》，《农业经济问题》2018年第4期。

B.17 河北省农业保险发展现状与优化路径研究

刘雪影*

摘　要： 农业保险是农业经济发展的稳定器，在保障农业生产、稳定农民收入方面发挥着重要作用。近年来，我国高度重视农业保险的发展和完善。《乡村全面振兴规划（2024—2027年）》、2025年中央一号文件等政策文件为进一步发展农业保险提供了指导。河北省作为我国重要的农业大省，农业保险需求量大，农业保险的发展对于保障区域粮食安全、促进农业现代化具有重要意义。当前河北省农业保险发展虽然取得了一定的成就，但农户投保意识淡薄、省内各区域农业保险发展失衡、结构性矛盾突出、农业保险经营管理粗放等问题依然比较严重，制约着河北省农业保险的高质量发展。本报告在分析河北省农业保险发展面临的问题的基础上，结合河北省农业发展实际，提出推进河北省农业保险进一步优化的对策建议。通过构建"政策供给—区域协同—产品创新—管理升级—保险+"五位一体的发展体系，推动农业保险从"广覆盖"向"精细化""高质量"转型。具体而言，一是构建差异化政策供给体系，二是优化区域协同发展格局，三是推进供给侧结构性改革，四是推动经营管理现代化转型，五是加强"保险+"模式应用推广，从而为乡村振兴和农业现代化提供全方位风险保障。

关键词： 农业保险　高质量发展　保险+　风险保障　河北省

---

* 刘雪影，河北省社会科学院农村经济研究所研究实习员，主要研究方向为农业农村经济。

农业是国民经济的基础性产业，农业稳定是一国经济稳定的基本盘，但农业发展面临自然灾害、市场波动等多重风险。农业保险作为一种有效的风险管理工具，在保障农业生产、稳定农民收入方面发挥着重要作用。《乡村全面振兴规划（2024—2027年）》指出，"落实粮食作物完全成本和种植收入保险政策，鼓励有条件的省份实施差异化保费补贴政策"，"建立健全市场化涉农金融风险补偿机制，发展多层次农业保险，完善农业再保险和农业保险大灾风险分散机制"。2024年末，《金融监管总局 财政部 农业农村部 国家林草局关于推进农业保险精准投保理赔等有关事项的通知》针对农业保险精准理赔提出10项有效举措。2025年中央一号文件提出要"降低产粮大县农业保险县级保费补贴承担比例，推动扩大稻谷、小麦、玉米、大豆完全成本保险和种植收入保险投保面积"。2020~2024年，我国农业保险保费收入年均增长16.2%，2024年农业保险保费收入突破1500亿元，提供风险保障超过5万亿元，[1] 惠及农户1.5亿人次，综合赔付率达到81.5%。[2] 中国农业保险体量大、增速快，服务农户众多，已成为全球农业保险保费规模最大的国家。而河北省作为我国重要的农业大省，农业保险需求量大，农业保险的发展对于保障区域粮食安全、促进农业现代化具有重要意义。

一 农业保险概述

（一）农业保险分类

《农业保险条例》将农业保险定义为"保险机构根据农业保险合同，对被保险人在种植业、林业、畜牧业和渔业生产中因保险标的遭受约定的自然灾害、意外事故、疫病、疾病等保险事故所造成的财产损失，承担赔偿保险金责任的保险活动"。农业保险分类多样，不同分类方式下的保险产品各

---

[1] 《2024年我国农业保险保费规模全球第一》，农业农村部网站，2025年3月3日，https://www.moa.gov.cn/xw/shipin/202503/t20250304_6470933.htm。
[2] 《中国农险保费收入全球第一！广东农险保费收入居全国首位》，南方农村报网站，2025年3月4日，https://www.nfncb.cn/yaowen/48442.html。

具特点和作用。多样化的农业保险顺应了农业产业发展和市场需求变化，能够有效分散农业生产风险，稳定农民收入，促进农业现代化、可持续发展，为乡村振兴战略实施提供有力支撑。按保险标的，涵盖种植业和养殖业各个领域；按保险责任，满足农户对不同风险保障的需求；按实施方式分类，政策性和商业性农业保险相互补充；按保障水平分类，从成本保险到收入保险逐步提升。具体如表1所示。

表1 农业保险分类

分类标准	类别	内容
按保险标的	种植业保险	农作物保险：包含粮食作物保险和经济作物保险。粮食作物保险重点保障小麦、水稻、玉米等粮食作物。在我国北方小麦产区，冬小麦常面临冬季低温冻害风险。以2016年为例，华北部分地区遭遇罕见强寒潮，冬小麦受冻面积较大，投保了小麦种植保险的农户在灾害发生后，可获得相应赔偿。经济作物涵盖棉花、油菜、甘蔗等。棉花在生长过程中易受病虫害侵扰，如棉铃虫灾害。若投保了棉花保险，当棉铃虫大规模暴发致使棉花减产时，保险公司会依据合同约定对农户进行赔付。 经济作物保险还包含水果保险、花卉保险和林木保险。像苹果、柑橘等水果种植面临多种风险。在南方柑橘产区，夏季暴雨洪涝可能引发果园积水，导致柑橘根部腐烂、落果，投保水果保险后，果农可在遭受此类灾害损失时得到补偿。花卉生产对环境要求高，温度、湿度异常都可能影响品质和产量。例如，在云南花卉种植区，一些高端花卉可能会因冬季温室温控设备故障，花朵受损严重，投保花卉保险后，花农可获得保险赔偿。森林火灾是林木面临的重大威胁。2019年四川凉山发生森林火灾，大量林木被烧毁。投保了森林保险的林地所有者，可通过保险理赔获得资金
	养殖业保险	牲畜保险：如大牲畜保险、小牲畜保险。牛、马等大牲畜价值高，是农业生产和部分地区畜牧业重要资产。以奶牛为例，奶牛易患乳房炎、口蹄疫等疾病，奶牛保险为养殖户提供保障，当奶牛因疾病或意外死亡时，养殖户可获得赔偿。猪、羊养殖在我国农村广泛存在。以生猪养殖为例，投保了生猪保险的养殖户，在疫情导致生猪死亡时，能获得一定的赔偿。 家禽保险：如养鸡保险、养鸭保险。养鸡业易受禽流感等疾病影响。2013年H7N9禽流感疫情期间，大量鸡只被扑杀，投保养鸡保险的养殖户通过保险赔付弥补了部分损失。蛋鸭养殖受市场价格波动和疫病影响大。当蛋鸭因感染疾病产蛋量大幅下降，或市场鸭蛋价格暴跌时，养鸭保险可根据合同约定给予养殖户一定的经济补偿。 水产养殖保险：分为淡水养殖保险和海水养殖保险。淡水鱼类养殖面临水质污染、缺氧等风险。投保淡水养殖保险的养殖户在由意外情况造成鱼类大量死亡时可获得赔偿。海水养殖受台风、赤潮等自然灾害影响大。投保海水养殖保险的养殖户可在灾害发生后获得赔偿，减少损失

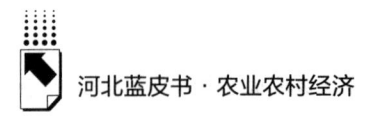

续表

分类标准	类别	内容
按保险责任	单一风险保险	单一风险保险只承保一种风险,如雹灾保险,仅对由冰雹造成的农作物、养殖物损失进行赔偿。在一些雹灾频发的山区,农作物种植户可投保雹灾保险。当雹灾发生时,保险公司根据受灾情况进行赔付,保障农户因雹灾受损部分的经济利益。这种保险针对性强,保费相对较低,适合担忧特定风险的农户
	综合风险保险	综合风险保险承保多种风险,如农作物综合保险,涵盖干旱、洪涝、病虫害等多种风险。以东北地区玉米种植为例,玉米生长过程中可能遭遇夏季干旱、秋季洪涝以及玉米螟等病虫害。投保玉米综合保险的农户,无论遭遇上述哪种风险导致的减产,都可依据合同约定获得相应赔偿,获得更全面的风险保障
	一切险	一切险承保除保险合同明确除责任外的所有自然灾害和意外事故风险。在农业生产中,这种保险保障范围最广,但保费相对较高。例如,一些大型农业企业的种植园投保农业一切险,在面对暴雨、火灾、泥石流等多种风险时,只要不属于除外责任范围,都能获得保险公司的赔偿,保障农业企业大规模生产的稳定性和可持续性
按实施方式	政策性农业保险	政策性农业保险由政府主导推动,财政给予保费补贴。在我国,大部分地区的主要农作物保险属于政策性农业保险。以水稻保险为例,政府对农户缴纳的保费给予一定比例的补贴,降低农户投保成本。这使得更多农户愿意投保,扩大保险覆盖面,保障国家粮食安全和农民基本收入,体现政府对农业产业的支持和保护
	商业性农业保险	商业性农业保险由商业保险公司自主经营,以营利为目的。一些针对特色农产品或高端农业的保险产品属于商业性农业保险。例如,针对有机蔬菜种植的保险,由于有机蔬菜种植成本高、市场价格高,商业保险公司根据其风险特点设计保险产品,满足有机蔬菜种植户对风险保障的需求。这类保险条款和费率根据市场情况和风险评估制定,灵活性较高
按保障水平	成本保险	成本保险以保障农业生产的物化成本为主要目标。在种植业中,物化成本包括种子、化肥、农药、机械作业费等。例如,小麦成本保险,在小麦受灾减产时,保险公司根据受灾情况赔偿农户投入的物化成本,保障农户基本生产投入得到补偿,维持简单再生产能力
	产量保险	产量保险以保障农作物或养殖物的产量为目标。当实际产量低于保险合同约定的产量时,保险公司按照减产幅度进行赔偿。如玉米产量保险,合同约定保障产量为每亩1000斤,若实际产量因灾害只有每亩800斤,保险公司会根据合同约定的赔偿标准对农户减产的200斤进行赔付,保障农户由产量损失导致的收入减少得到补偿

续表

分类标准	类别	内容
按保障水平	收入保险	收入保险不仅考虑产量风险,还考虑价格风险。在农产品市场价格波动大的情况下,收入保险能为农户提供更全面的保障。例如,大豆收入保险,保险公司根据大豆产量和市场价格综合计算农户收入损失。当产量因灾害减少,同时市场价格下跌时,保险公司根据合同约定对农户收入损失进行赔偿,保障农户收入,促进农业产业健康发展

（二）我国农业保险发展历程

我国农业保险的发展历程充满了曲折与探索。早在新中国成立之前,我国就开始了农业保险的尝试,中国农业保险公司特产部在湖北、重庆办耕牛和养猪保险,但由于当时社会环境不稳定等,农业保险难以为继。新中国成立后至改革开放前,我国农业保险处于开办、叫停、继续开办、停办的恶性循环中,直到1982年国务院批准恢复农业保险经营,我国农业保险才开始走上正规的发展道路。

1982~1992年为恢复与市场化探索阶段。1978年家庭联产承包责任制推行后,自然灾害、价格波动等风险直接影响每个农户,迫切需要出台支持保护政策以分担农户面临的农业风险。1982年,国务院批准恢复农业保险经营,中国人保公司重启农业保险相关业务,试办生猪、大牲畜等险种。1985年我国第一家以农业保险为主营业务的保险公司——新疆生产建设兵团农牧业有限公司成立。截至1992年,农业保险保费收入增至8.17亿元,险种增至近百个,涵盖农林牧渔各个领域。但此阶段我国农业保险发展缺乏系统性政策支持,尤其是政府发挥的作用不强,主要依赖商业保险公司自主经营。

1993~2003年为农业保险政策起步阶段。1993年《中华人民共和国农业法》提出"国家鼓励和扶持对农业的保险事业发展""农业保险实行自愿原则",发展农业保险有了法律依据。1995年出台的《中华人民共和国保险法》为我国保险业的发展提供了基本规范，指出"国家支持发展为农业生产服务的保险事业，农业保险由法律、行政法规另行规定"。2002年《中华人民共和国农业法》修订，明确提出了政策性农业保险的概念，规定"国家逐步建立和完善政策性农业保险制度""鼓励商业性保险公司开展农业保险业务"等，为建立政策性农业保险制度提供了法律依据。但该阶段尚未制定专项法规，农业保险的发展缺乏配套措施和实施细则。且在该阶段，农业保险政策虽然有所起步，但农业保险发展整体呈现停滞萎缩状态，根据1993~2004年《中国统计年鉴》数据，2003年，我国农业保险保费收入由1992年的8.17亿元降至5亿元，2001年保费收入仅有3亿元。

2004~2018年为制度完善与规范发展阶段。2004年中央一号文件首次提出加快建立政策性农业保险制度并对符合相应条件的农户给予保费补贴。2006年《国务院关于保险业改革发展的若干意见》明确了农业保险的重要支农地位，除对农户投保给予补贴外，对保险公司经营的政策性农业保险适当给予经营管理费补贴，逐步建立农业保险发展的长效机制。2007年，中央投入财政资金10亿元在四川、湖南、江苏、新疆、内蒙古、山东等六省区开展农业保险试点工作。2007~2013年，中央一号文件多次强调要增加农业保险险种、扩大农业保险覆盖面，完善农业保险保费补贴机制等，我国农业保险发展的思路框架基本形成。2013年《农业保险条例》正式施行，明确了农业保险的定位、性质、保费补贴比例、补贴险种、保障范围等，标志着我国农业保险正式进入制度化时代。2014年出台的《国务院关于加快发展现代保险服务业的若干意见》强调要大力发展"三农"保险，创新惠农支农方式，丰富农业保险风险管理工具，健全农业保险服务体系。《中央财政农业保险保费补贴管理办法》《关于在粮食主产省开展农业大灾保险试点的通知》《关于开展三大粮食作物完全成本保险和收入保险试点工作的通知》《农业保险统计制度》《农业保险承保理赔管理办法》等一系列政策文件出台，我国农业保险制度不断完善，农业保险走上了规范发展的道路。

2019年至今为高质量发展新阶段。2019年《关于加快农业保险高质量发展的指导意见》提出"探索开展'农业保险+'""加强农业保险信息共享""优化保险机构布局""完善风险防范机制"等举措，推动农业保险提质增效、转型升级，揭开了我国农业保险高质量发展的序幕。2021年《中华人民共和国乡村振兴促进法》提出"建立健全多层次农业保险体系"，进一步确认了农业保险在推进乡村振兴中的重要作用。2024年中央一号文件对鼓励地方发展特色险种、推动农业保险精准投保理赔等方面做出了规定。《乡村全面振兴规划（2024—2027年）》指出有条件的省份可以实施差异化保费补贴政策，建立健全市场化涉农风险金融补偿机制，为农业再保险和农业保险大灾风险分散机制的建立提供指导。2024年末，《金融监管总局　财政部　农业农村部　国家林草局关于推进农业保险精准投保理赔等有关事项的通知》针对农业保险精准理赔提出10项有效举措。2025年中央一号文件提出要"降低产粮大县农业保险县级保费补贴承担比例，推动扩大稻谷、小麦、玉米、大豆完全成本保险和种植收入保险投保面积"。可以看出，我国农业保险政策已经从单纯的增加险种、扩大规模过渡到关注地方特色、提高服务水平和农业再保险制度建设等更加现代化、高质量的发展阶段。

二　河北省农业保险推进现状

整体而言，近年来河北省农业保险取得了长足进步。如图1所示，2013~2023年，河北省农业保险保费收入和赔付支出整体呈现稳步增长态势，反映出河北省农业保险的良好发展势头。2013~2022年，河北省农业保险占财产险保费收入的比重整体呈增加态势，农业保险规模整体呈扩大态势（见图2）。根据图3可知，虽然近年来河北省农业保险赔付率有所波动，但整体呈现上升趋势，显示出投保农户获得了合理的损失补偿，尤其是2023年河北省遭受了特大暴雨洪水灾害，农业保险赔付率达到92.29%。图4和图5反映出2013~2023年河北省农业保险深度和保险密度呈现强劲上升的趋势，农业保险在河北省普及程度越来越高，农业保险在河北省农业经济发展中的作用越来越突出。

具体来说，河北省农业保险发展主要表现为政策支持和保费补贴力度加大，保险覆盖范围扩大、参保率提高，保险产品和服务更加创新多样。

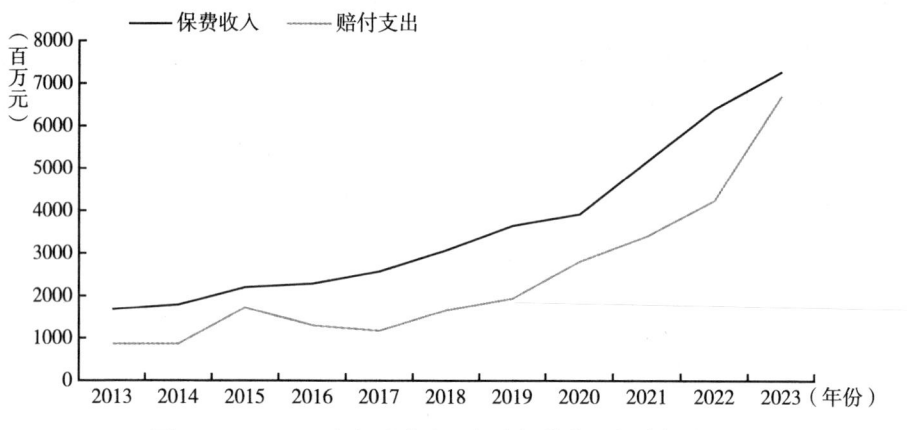

图1　2013~2023年河北省农业保险保费收入与赔付支出

资料来源：2013~2022年数据来源于历年《中国保险年鉴》和《河北省统计年鉴》，2023年数据来源于《2023年河北省人力资源和社会保障事业发展统计公报》、《河北省2023年国民经济和社会发展统计公报》以及河北省农业农村厅报道《河北政策性农险为农业生产经营保驾护航》，下同。

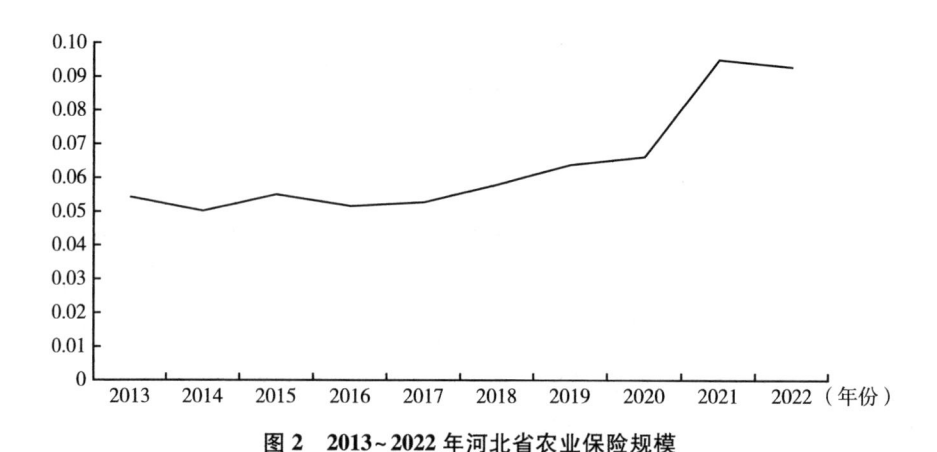

图2　2013~2022年河北省农业保险规模

说明：农业保险规模＝农业保险保费收入/财产保险保费收入。

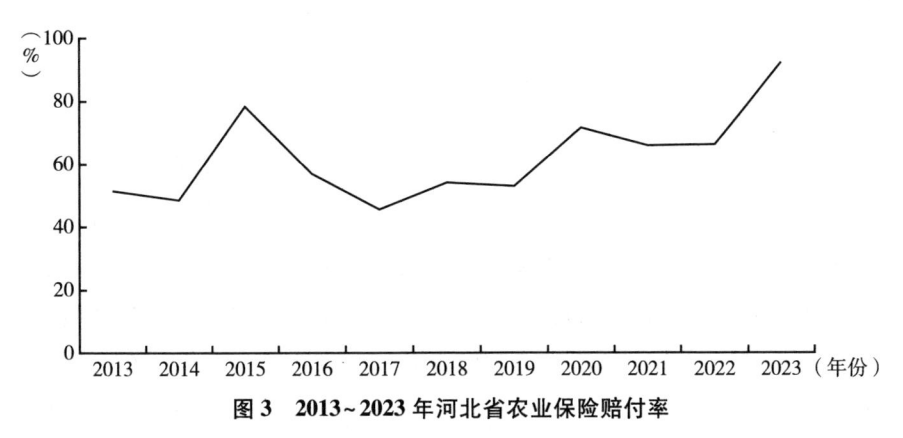

图3　2013~2023年河北省农业保险赔付率

说明：农业保险赔付率=农业保险赔付支出/农业保险保费收入×100%（此处为农业保险简单赔付率）。

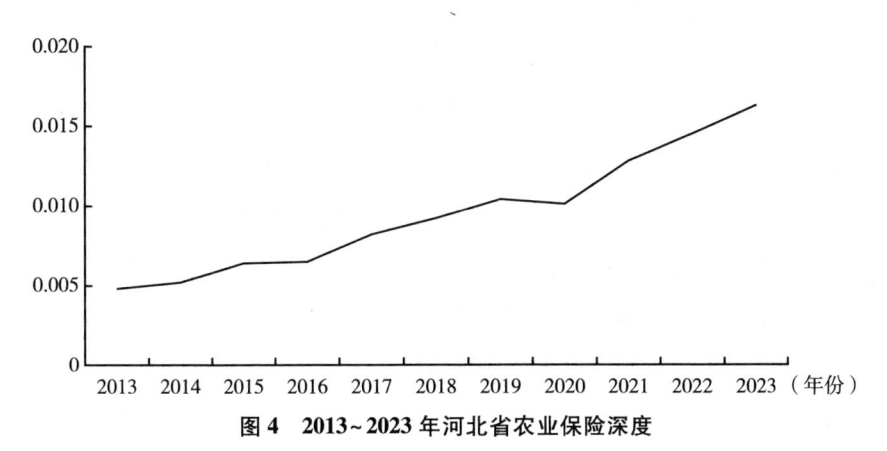

图4　2013~2023年河北省农业保险深度

说明：农业保险深度=农业保险保费收入/第一产业增加值。

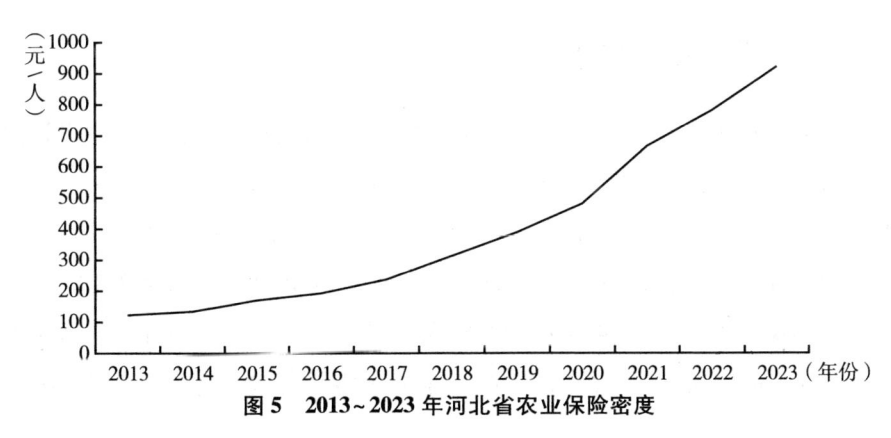

图5　2013~2023年河北省农业保险密度

说明：农业保险密度=农业保险保费收入/农业从业人口。

（一）政策支持与保费补贴

河北省高度重视农业保险的发展，出台了一系列政策措施，加大对农业保险的支持力度。如2010年印发的《关于规范农业保险工作费用管理有关问题的通知》、《河北省政策性农业保险试点工作实施方案》、《河北省农林业保险保费补贴专项资金管理办法》、《关于加快河北省农业保险高质量发展的实施方案》、《河北省种植业保险保费财政补贴管理办法》和《河北省养殖业保险保费财政补贴管理办法》等一系列文件为河北省农业保险的发展提供了支持和保障，河北省农业保险财政补贴不断强化，绩效管理更加严格，保险覆盖范围不断扩大。

在保费补贴方面，2023年，河北省下达省以上农业保险保费补贴资金38.78亿元，开展国家三大粮食作物（小麦、玉米、稻谷）完全成本保险试点，中央、省、市三级财政对保险保费给予80%的补贴，农户只需承担20%的保费。而根据中央和河北省财政农业保险保费补贴资金预算指标数据可知，2024年河北省下达省以上农业保险保费补贴资金38.75亿元，2025年拟投入农业保险保费补贴资金43.27亿元，农业保险保费补贴资金稳中有升，极大地提高了农户参保积极性，极大地降低了农业生产风险对农户权益的损害，在确保粮食稳产保供、推进乡村全面振兴中发挥了重要作用。

（二）保险覆盖范围与保障水平

河北省在扩大农业保险覆盖范围方面取得了显著成效。在主要农作物保险方面，2023年，全省小麦、玉米、稻谷保险投保率分别为95.6%、92.2%和73.4%，创历史新高，主粮作物的保险覆盖率超过全国平均水平。在养殖业保险方面，2023年，全省养殖业政策性保险共计承保2479.51万头，平均保险覆盖率为64.4%。截至2024年10月，小麦政策性保险承保面积为3445.68万亩，同比增长7.6%；玉米政策性保险承保面积为5166.17

万亩,同比增长7.6%。小麦、玉米等粮食作物已基本实现政策性保险全覆盖。① 在河北省省级财政农业保险保费补贴资金预算表中,均有专项资金用于支持地方特色农业保险。

在保障水平方面,根据省农业农村厅、省政府新闻办等公开数据,农业保险保障能力不断提高,完全成本保险试点成效尤为突出,小麦、玉米、稻谷保险金额分别提升至每亩950元、800元和1500元,较试点前分别增长90%、100%和142%,除直接物化成本外,还有效覆盖土地成本、人工成本等全要素成本。全年三大主粮已决赔付总额达24亿元,惠及162.8万户农户,户均获赔1474元,有效缓解了自然灾害对粮食生产的冲击。②

（三）保险产品与服务创新

河北省的保险机构在农业保险产品和服务方面积极创新,不断提升服务质量和效率。除了传统的小麦、玉米、棉花等主要农作物保险外,河北省还推出了针对设施农业、特色林果业、水产养殖等领域的创新型保险产品。例如,2023年推出的"设施农业气象指数保险"和"果树收入保险"受到了广大农户的欢迎。根据中国银行保险监督管理委员会河北监管局的数据,2024年河北省特色农业保险的参保率同比增长了15个百分点。

河北省农业保险服务效率和质量不断提升。根据河北省保险行业协会的数据,2024年全省农业保险理赔金额达到20亿元,较2022年增长了33%。理赔案件处理时效进一步缩短,平均为7个工作日。针对重大自然灾害,河北省推出了"快速理赔机制",确保受灾农户在灾后第一时间获得赔偿。例如,2023年夏季河北省部分地区遭遇洪涝灾害,农业保险理赔金额在灾后一周内发放到位,有效缓解了农户的经济压力。中华财险河北分公司启用"智慧农险客户端",充分运用大数据、可视化、数据建模等信息化高新技

---

① 《河北:推动政策性农业保险高质量发展》,中国农村网,2025年1月9日,http://journal.crnews.net/ncpsczk/2024n/d22q/dfsj/96929/_20250109104510.html。
② 《河北小麦玉米稻谷保险投保率创历史新高》,新浪网,2024年1月16日,https://finance.sina.com.cn/money/future/roll/2024-01-16/doc-inacstpe4813591.shtml。

术，将农业种植保险、养殖保险、农机具保险、高标准农田保险、农村综合保险等涉农保险产品集中至同一平台，实现了农业保险标的全生命周期保障监测、全流程数据监测、农业保险保单全流程展示、灾害预警、风险减量、精准承保理赔、自动续保、农技培训、政策宣传等服务功能的集中应用，有效发挥了农业保险风险减量的积极作用，提升了客户体验和满意度，为农业生产提供了更优质的保险服务。

三 河北省农业保险面临的问题

（一）农户投保意识淡薄

一方面，由于对风险的认知不足，部分农户对农业生产中潜在的风险认识不够深刻，存在侥幸心理，认为自然灾害等风险发生的概率较低，自己不一定会遭受损失，因而对农业保险的需求不迫切。同时，一些农户缺乏基本的保险知识，对农业保险的功能和作用了解甚少，不明白购买保险可以在关键时刻降低损失、提供经济补偿。

另一方面，由于经济水平有限，对于一些收入水平较低的农户来说，缴纳农业保险保费在一定程度上增加了经济负担。尤其是在特色农业保险方面，特色农产品生产投入高、风险大，保险产品费率相对较高，农户难以承担高额保费，投保积极性受到影响。此外，部分农户对保险理赔流程不熟悉，担心理赔困难，参与农业保险的意愿较低。

（二）区域发展失衡

河北省农业保险发展呈现显著的区域差异。如表2所示，2019~2023年，河北省农业保险保费收入最高的市与最低的市差额分别为4.33亿元、5.48亿元、5.15亿元、5.50亿元、6.41亿元，赔付支出差额分别为2.10亿元、2.67亿元、2.67亿元、3.89亿元、8.18亿元，地区差异整体呈现扩大趋势。从各地市农业保险保费补贴资金预算来看，省内区域差距较为显著，如表3所示石家庄、唐山等地保费补贴资金预算较多，而秦皇岛、张家口、廊坊等地保费补贴资金预算较少，加剧了河北省农业保险发展的地区不平衡。石家庄、唐山等经济较发达地区已试点特色农产品保险，2015年就实现了14个特色种植养殖险种覆盖220家农民专业合作社，而承德、张家口等欠发达地区仍以传统险种为主。

表2 2019~2023年河北省各地市农业保险保费收入与赔付支出

单位：百万元

城市	2019年 保费收入	2019年 赔付支出	2020年 保费收入	2020年 赔付支出	2021年 保费收入	2021年 赔付支出	2022年 保费收入	2022年 赔付支出	2023年 保费收入	2023年 赔付支出
石家庄	551.83	280.28	713.27	354.99	718.79	402.11	782.94	510.62	903.88	711.30
唐山	357.30	218.17	502.36	279.98	520.24	377.81	662.89	446.12	752.76	575.59
秦皇岛	119.21	74.83	165.53	90.59	203.40	135.36	232.88	187.52	283.45	230.90
邯郸	243.66	88.08	394.49	144.39	420.62	323.33	575.45	304.27	684.63	496.54
邢台	368.70	168.72	499.59	292.04	524.26	365.19	648.56	406.42	755.43	819.61
保定	409.55	285.04	546.81	342.40	595.65	387.89	764.83	576.34	824.95	1049.14
张家口	313.17	234.27	398.04	357.53	438.62	324.83	417.20	329.05	471.43	386.59
承德	321.40	136.64	405.32	193.37	437.41	265.90	562.53	363.86	626.45	638.12
沧州	393.09	146.27	532.60	237.65	571.87	361.26	770.69	479.81	924.41	733.92
廊坊	226.71	161.38	321.20	294.52	244.08	181.60	279.60	240.39	317.93	391.13
衡水	346.43	141.99	463.69	219.64	496.57	279.94	708.71	401.77	728.13	681.94

资料来源：历年《中国保险年鉴》。

表3 2020~2024年河北省各地市农业保险保费补贴资金预算

单位：万元

城市	2020年 中央	2020年 省级	2021年 中央	2021年 省级	2022年 中央	2022年 省级	2023年 中央	2023年 省级	2024年 中央	2024年 省级
石家庄	12890	11533	21561	12834	23972	16332	21044	14913	23341	14480
唐山	4011	13384	20641	13873	20533	16081	19303	14715	22720	15234
秦皇岛	2263	3041	5443	3244	6955	5099	5860	4405	7387	4680

续表

城市	2020年 中央	2020年 省级	2021年 中央	2021年 省级	2022年 中央	2022年 省级	2023年 中央	2023年 省级	2024年 中央	2024年 省级
邯郸	5281	10621	15440	9295	22222	18289	20445	17142	25120	17646
邢台	10100	10634	21719	11948	24767	15334	22982	17489	26271	17012
保定	7540	11311	14891	10482	19080	14010	17894	15025	21676	14910
张家口	6180	7281	12251	7823	13979	11277	12714	9249	16386	11023
承德	5037	16845	9347	10995	9801	13716	9640	12886	10538	11443
沧州	8950	11320	19671	11310	26048	20955	24648	21886	31966	23197
廊坊	5190	5213	7793	6283	8906	8160	6630	6833	7857	6674
衡水	9380	9685	18421	11668	21267	17509	21957	20259	24349	18979

资料来源：河北省财政厅网站。

（三）结构性矛盾突出

一是不同经营主体之间需求分化。规模农户投保意愿强烈但保障不足，散小农户因农业收入占比低而参保积极性弱；针对传统农业种植户的险种全面、保障充足但传统农户投保意愿不强，新型农业经营主体投保需求大但对应险种少，在遭遇自然灾害或市场波动时缺乏有效风险分散工具，这种结构性矛盾制约了保险效能的整体提升。

二是传统险种主导与新型险种需求加大之间不匹配。当前河北省农业保险市场中，占据主导地位的依然是传统的农作物种植险和畜禽养殖险，如小麦、玉米、生猪、奶牛等险种，且保障范围主要集中在常见的自然灾害如旱灾、雹灾、风灾等方面，而对于农产品价格波动、病虫害的衍生风险以及农业生产过程中的技术风险等，保障力度不足。与之相对应的是部分经济作物的保险覆盖率相对较低。2023年，全省棉花、马铃薯、花生、油菜、大豆、甜菜等六种经济作物种植面积共计934.88万亩，保险承保面积共计221.07万亩，平均保险覆盖率为23.65%。随着农业产业结构的调整和升级，特色农业、设施农业、休闲农业等新兴业态不断涌现，当前险种类型和保障范围难以满足日益多样化的农业生产需求。

（四）农业保险经营管理粗放

一是承保环节不规范，保险公司在承保过程中，主要依靠乡、村干部开展工作，采取统一投保的方式，这在一定程度上无法充分保障农户的知情权。部分农户对保险条款、保险责任、理赔条件等关键信息了解不清，容易引发后续纠纷。同时，由于缺乏精准的土地管理数据库，保险公司难以获取准确的种植信息，在承保时缺乏合理的判断依据，增加了保险经营风险。

二是理赔环节效率低，农业保险理赔主要以村为单位抽样定损，难以准确反映每个农户的实际损失情况，导致理赔结果不够公平合理。此外，理赔流程烦琐、手续复杂，从报案到最终赔付的周期较长，影响了农户对农业保险的满意度和信任度。

三是专业人才短缺，农业保险涉及农业生产、风险管理、保险精算等多个领域的专业知识，需要具备丰富的经验和专业技能的人才队伍。然而，目前河北省农业保险从业人员整体素质不高，专业人才严重不足，在保险产品设计、风险评估、理赔服务等方面难以提供高质量的专业支持，制约了河北省农业保险业务的精细化发展。

四 推进河北省农业保险进一步优化的对策建议

近年来，河北省农业保险取得了长足发展，但同时暴露出不少短板弱项，结合河北农业发展实际，本报告在认真分析河北省农业保险发展面临的问题的基础上，提出推进河北省农业保险进一步优化的对策建议。通过构建"政策供给—区域协同—产品创新—管理升级—保险+"五位一体的发展体系，推动农业保险从"广覆盖"向"精细化""高质量"转型，为乡村振兴和农业现代化提供全方位风险保障。

（一）构建差异化政策供给体系

针对农户参保意愿与保障需求错位的深层矛盾，应建立梯度化保费补贴机制。在保障水平上，实施"基础保障+补充保障"双轨制，在继续推行三大粮食作物完全成本保险和种植收入保险的基础上，发展多层次、多样化的农业保险，鼓励农户自愿选择补充险种。对特色农业保险，探索"政府补贴+龙头企业兜底+农户自缴"的多元共保模式，提升保费补贴比例，重点向承德、张家口等生态功能区倾斜。建立巨灾风险分散机制，通过省级财政注资、发行农业保险专项债券等方式，构建覆盖全省的农业巨灾风险准备金池，将极端天气、重大病虫害等系统性风险纳入保障范围。

（二）优化区域协同发展格局

针对区域发展失衡问题，应实施"强县带弱县"的协同发展战略。建立省级农业保险调剂基金，将石家庄、唐山等经济强市的部分保费收入定向转移至张家口、承德等欠发达地区，重点支持特色险种开发。在财政补贴分配上，综合考虑区域农业产值、风险指数、农户收入等指标，科学确定补贴额度。在险种创新方面，建立"省级统筹+县域特色"的产品体系，允许各设区市在省级基本险种框架下，自主开发2~3个具有地域特色的保险产品，形成"一县一品"的差异化发展格局。

（三）推进供给侧结构性改革

针对供需结构性矛盾，应构建多层次保险产品体系。面向新型农业经营主体，开发"全周期、全要素"综合保险产品，将土地流转风险、技术应用风险、市场波动风险纳入保障范围，试点"保险+期货""保险+信贷"联动模式。对传统小农户，推广"一揽子"普惠保险产品，整合种植、养殖、农机具等基础险种，实行"一次投保、多项保障"。建立农业保险产品创新容错机制，允许保险公司在风险可控的范围内开展产品试点，省级财政对创新险种给予税收减免。

（四）推动经营管理现代化转型

针对经营管理粗放问题，应构建数字化服务体系。建立全省统一的农业保险大数据平台，整合自然资源、农业农村等部门数据，实现承保标的精准定位、风险动态评估、理赔智能审核。在承保环节推行"线上投保+线下核验"模式，利用区块链技术实现投保信息不可篡改，确保农户知情权和选择权。在理赔环节推广"无人机查勘+AI定损"技术，将平均赔付周期压缩至15个工作日以内。建立农业保险信用评价体系，对恶意骗保、虚假理赔等行为实施联合惩戒。加强专业人才培养，与河北农业大学、河北经贸大学共建农业保险学院，定向培养复合型人才，对引进的高端专业人才给予住房、子女教育等政策支持。加强基层服务网络建设，按照"一乡一站、一村一员"标准，在全省1970个乡镇建立农业保险服务站，在5.2万个行政村配备协保员，将保险服务纳入乡村振兴综合服务平台。建立农业保险成效评估体系，将保险覆盖率、农户满意度、风险保障效能等指标纳入市县政府绩效考核，对工作成效突出的地区给予资金奖励。

（五）加强"保险+"模式应用推广

创新"保险+"模式，将农业保险与防灾减灾体系深度融合。推广"保险+预警"模式，建立农业风险预警机制，利用气象卫星、水文监测等技术，为农户提供灾前预警、灾中指导、灾后理赔的全流程服务。推广"保险+防疫"模式，将重大动物疫病防控纳入保险责任范围，保险公司参与防疫知识宣传和疫情监测。鼓励保险资金参与农业基础设施建设，通过"保险+基建"模式支持高标准农田、冷链物流等项目建设。

参考文献

姚小菊、任金政：《我国农业保险的政策演进：历程、框架与推进策略》，《河北经贸大学学报》2024年第6期。

河北省财政厅课题组:《河北省政策性农业保险经营主体市场准入与动态考评制度研究》,《农村金融研究》2019年第12期。

何小伟、戴诗蕊:《我国地方政府对农业保险保费补贴政策的比较与展望》,《农村金融研究》2020年第5期。

李丹、张胜男:《改革开放40年来我国农业保险发展历程及展望》,《农业经济与管理》2019年第1期。

《河北小麦玉米稻谷保险投保率创历史新高》,农业农村部网站,2024年1月15日,http://www.moa.gov.cn/xw/qg/202401/t20240115_6445719.htm,。

马爱平:《"农险十条":提高保险精准性增强农户获得感》,《科技日报》2025年1月21日。

文宇阳:《农业保险何以"双精准"?》,《农民日报》2025年1月8日。

张一凡:《河北省农业保险高质量发展区域差异研究》,硕士学位论文,山西财经大学,2024。

盛继丹等:《"保险+期货"的农产品价格风险管理分析》,《北方经贸》2025年第1期。

祝丽云等:《河北省农业保险发展对粮食稳产增产的作用效果评估研究》,《农业展望》,http://kns.cnki.net/kcms/detail/11.5343.S.20250311.1422.002.html。

B.18 河北省乡村旅游差异化、特色化发展路径研究

耿卫新*

摘　要： 乡村旅游差异化、特色化发展是顺应时代发展趋势、提升核心竞争力的重要举措。河北省拥有丰富的自然资源和深厚的文化底蕴，具备发展乡村旅游的独特优势。随着市场竞争日趋激烈，游客需求也日益多样化，河北省乡村旅游亟须探索差异化、特色化的发展路径，以提升其吸引力和竞争力。本报告旨在深入探讨河北省乡村旅游的发展现状，剖析其在差异化与特色化发展方面存在的问题与机遇，通过对相关影响因素的分析，提出河北省乡村旅游实现差异化、特色化发展的具体路径与对策建议，以期为河北省乡村旅游的可持续发展提供理论支持和实践指导。

关键词： 乡村旅游　红色文化旅游　河北省

乡村旅游作为一种以乡村空间环境为依托，以乡村独特的自然风光、民俗文化、农业生产等资源为吸引物的旅游形式，在促进农村经济发展、增加农民收入、保护乡村生态环境、促进乡村全面振兴等方面发挥着重要作用，已经成为全国各地因地制宜推动乡村振兴与共同富裕的有效发展模式与重要突破口。河北省作为一个农业大省，地理环境独特，历史悠久，文化遗产丰富，具备良好的乡村旅游发展基础。近年来，河北省

---

* 耿卫新，河北省社会科学院农村经济研究所副研究员，主要研究方向为农业经济与政策。

乡村旅游得到了迅猛发展，已成为乡村振兴重要产业和推动地方经济发展的重要力量。随着乡村旅游市场竞争的日益激烈，河北省乡村旅游也面临服务水平不高、同质化现象严重等诸多挑战，乡村旅游如何实现可持续发展，走出一条差异化、特色化发展道路成为河北省亟待解决的问题。

一 河北省乡村旅游发展模式

河北省乡村旅游是在环京津地区率先发展起来的，易县、涞水等地依托临近京津的区位优势，凭借丰富的历史文化资源和自然景观，吸引了大量京津游客前来观光度假，形成了较为密集的乡村旅游产业带，极大地带动了当地经济的发展。此后，各级地方政府纷纷出台政策加以扶持引导，全省各地涌现出一批特色鲜明的乡村旅游品牌。例如，廊坊等地乡村利用临近京津的便利交通，发展起以农家乐和采摘园为主的乡村旅游项目；张家口坝上以草原风光、蒙古族民俗风情为特色，通过举办草原音乐节、赛马大会等大型活动，吸引了大量国内外游客；张家口市崇礼区周边乡村积极发展民宿、民俗体验等项目，与滑雪旅游形成互补之势；太行山区和燕山山区的乡村旅游业已颇具规模。这些地区以山水风光、民俗文化和特色农产品为依托，打造出一系列颇具吸引力的乡村旅游产品，如邯郸的一些古村落开发了传统手工艺制作体验、民俗文化表演等项目，石家庄平山等地利用红色旅游资源，打造了红色乡村旅游线路，将乡村旅游与爱国主义教育相结合。同时，乡村民宿产业蓬勃发展，一些高端民宿如雨后春笋般出现在乡村，提升了乡村旅游的住宿品质和接待水平。乡村旅游已成为河北省旅游经济的重要组成部分。

经过多年发展，河北省形成了多种乡村旅游发展模式（见表1），这些模式各具特点，特色鲜明，为游客带来不同的体验，也为当地经济注入活力。

表1 河北省乡村旅游发展模式

乡村旅游发展模式	模式介绍	优势	存在的问题	实例
农家乐模式	起步较早,利用农户自家田园、房屋、庭院等,为游客提供价格低廉的吃、住、玩、游、娱、购等多项服务,游客可品尝农家饭菜,参与农事活动	游客可深入体验乡村生活,感受田园风光和农家氛围,成本低、灵活性强,可满足不同层次游客的需求	服务质量参差不齐、产品单一、缺乏深度体验项目	平山县李家庄村农家乐、石家庄市鹿泉区岸下石窑小镇农家乐
农业观光园模式	整合农业种植、养殖资源,提供农业体验、农产品采摘、农耕文化学习等服务,设置农业科普展览、农事体验区等	能够使游客近距离观看农业生产流程,深度参与农事体验,感受田园风光,丰富旅游体验	受季节影响较大,旅游产品季节性差异明显,淡旺季游客数量悬殊	邢台内丘富岗苹果观光园、秦皇岛集发农业梦想王国
休闲度假旅游模式	依托乡野风景、海滨风光、地热温泉、舒适宜人的气候,结合民俗文化,建设度假区域,提供高品质住宿、餐饮、休闲娱乐等设施	可满足游客较长时间的休闲度假需求	大部分季节性波动显著,对交通衔接、配套服务、住宿餐饮品质等要求较高	承德塞罕坝机械林场周边度假村落、唐山乐亭浅水湾度假区
民俗文化村模式	以农村风土人情、民俗文化、古村镇宅院建筑为吸引物开发观光旅游,注重文化体验项目开发	可让游客深入了解乡村传统文化,感受乡村独特的魅力,推动民俗文化传承和发展,提高游客旅游黏性和满意度	部分民俗文化村存在过度商业化、民俗文化传承与创新不足现象	张家口蔚县暖泉古镇、邯郸涉县王金庄民俗文化村
红色文化旅游模式	依托丰富的红色历史资源,将红色文化与乡村自然风光、民俗文化、农业生产等有机融合,通过多样化的形式开展特色旅游	把红色人文景观和绿色自然景观相结合,游客既能观光赏景,又能了解革命历史,增长革命历史知识	红色内涵挖掘不够,内容同质化,与乡村其他元素融合生硬,专业讲解人员匮乏	保定市易县狼牙山红色旅游区周边乡村、石家庄市平山县西柏坡村

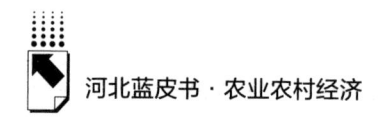

二 河北省乡村旅游发展面临的挑战

(一)同质化现象严重

河北省乡村旅游在快速发展的进程中,同质化问题逐渐凸显,已经成为制约其可持续发展的关键因素。众多农家乐如出一辙,农家菜和简易住宿千篇一律,缺乏针对不同游客群体的个性化餐饮服务和特色住宿体验设计。民俗文化展示形式雷同,民俗表演和古建筑游览大同小异,没有深入挖掘民俗背后的文化内涵与故事,无法给游客留下独特而深刻的印象。旅游商品更是缺乏特色,多为常见的农产品和一些制作粗糙、缺乏设计感的手工艺品。这些商品在其他乡村旅游地均可轻易见到,缺乏地域特色和文化创意,难以激发游客购买欲望。营销手段也陷入同质化泥沼,多依赖传统宣传渠道,在网络推广、主题活动策划等方面缺乏新意。即使有些地区运用了数字化手段进行网络营销,也多为信息上平台、发微信朋友圈,宣传效果不佳。数字化技术应用的形式和内容相似,文化内涵以及人与自然和谐共生的区域特色未得到深入挖掘,应用场景单一。游客在不同乡村旅游地的体验差异不大,容易产生审美疲劳,降低了游客的重游率和口碑传播效果。同质化现象已经严重破坏了河北省乡村旅游整体品牌形象的塑造和竞争力的提升,阻碍了乡村旅游产业的健康、可持续发展。

(二)服务质量参差不齐

河北省乡村旅游服务质量参差不齐的问题较为突出,不仅影响游客的感受,还大大降低了河北省乡村旅游整体的品牌形象。一方面,乡村旅游从业者服务意识和服务技能较低。从业者多为当地农民,缺乏专业的旅游服务技能培训,欠缺相关知识储备,讲解能力不强,致使游客旅游体验大打折扣。部分乡村民宿卫生打扫不彻底,洗浴设施陈旧且存在故障,无法为游客提供舒适、整洁的住宿环境。另一方面,服务设施不完善且缺乏维护。一些乡村旅游景点的交通标识不清晰、道路状况不佳、停车场面积狭小、车位规划不合理，给游客的出行带来不便。公共卫生设施数量不足且分布不均，旅游厕所卫生条件差，卫生纸、洗手液等基本用品配备不全，基础设施方面的欠缺反映出乡村旅游服务在细节上的缺失。乡村旅游服务质量的参差不齐，还体现在价格管理混乱上。部分乡村旅游经营户没有明码标价，在旅游旺季随意抬高价格，宰客现象时有发生，严重损害了河北省乡村旅游的市场秩序和口碑。

（三）乡村特色资源挖掘不足

对于丰富多样的自然景观资源的开发，河北省大部分地区仅停留在表面观光层次，未能充分挖掘独特的生态价值，因此具有轰动效应的拳头产品和具有较强吸引力的精品旅游线路很少。河北省作为华夏文明的重要发祥地之一，拥有众多的历史文化遗迹，但多数地区民俗文化展示流于形式，历史建筑的保护与利用缺乏创新思维，仅仅是简单修缮后开放参观，没有将当地的传统民俗活动、手工艺制作等融入旅游体验，使得游客无法深入感受其独特魅力，难以形成差异化优势。河北省农业产业发达，特色农产品众多，可打造多种"农业+旅游"特色发展模式，但多数乡村旅游地的农业旅游项目单一，多为简单的参观和采摘，附加值较低，没有真正形成旅游与农业的深度融合，农业的深厚底蕴与多元旅游需求未能实现有效对接。

（四）经营管理人才缺乏

河北省乡村旅游经营管理人才缺乏也是一个突出问题。专业人才的缺乏限制了旅游项目的创新和服务质量的提升，进而影响整个项目的竞争力和盈利能力。河北省乡村旅游从业者多为当地农民，大多数没有接受过系统专业的培训和教育，服务技能水平低，创新创业所需的知识、技能欠缺，特别是缺乏现代经营管理意识和长远的发展意识。由于创新能力不足，乡村旅游从业者多盲目学习标杆，不注重开发项目的自身优势，项目间互相模仿，打造出的旅游产品高度雷同。因为缺乏对旅游市场趋势的敏锐洞察力，无法准确把握游客需求变化，旅游产品更新滞后，推出的项目难以契合当下游客的需

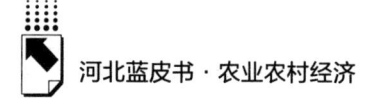

求,大量客源流失。此外,市场营销的专业技能欠缺,仅依靠传统的口碑传播与简单的广告宣传,投入的营销资源转化不成实际客流量,难以拓展更广阔的客源市场。

三 河北省乡村旅游差异化、特色化发展的意义

乡村旅游差异化发展指的是,各个乡村旅游地凭借自身独特的自然景观、历史文化遗迹以及民俗风情等元素,打造出区别于其他地区的旅游产品、服务和体验,进而在激烈的市场竞争中占据有利地位。而特色化发展则着重挖掘并凸显乡村的本土特色,涵盖自然景观特色、历史文化特色、民俗风情特色以及农业产业特色等方面,以此构建乡村旅游的关键吸引力。

国内众多知名乡村旅游地的成功实践证明,差异化、特色化发展是乡村旅游提升竞争力、实现可持续发展的关键路径。河北省乡村要想在众多旅游目的地中脱颖而出、持续吸引游客关注,走差异化、特色化发展之路势在必行。首先,乡村旅游差异化、特色化发展可大力提升竞争力。随着乡村旅游市场的不断扩大,各类乡村旅游产品层出不穷。在此背景下,常规的旅游项目和服务已经难以满足市场需求。只有深度挖掘并整合分散且独特的资源,打造出独一无二的旅游体验,才能在激烈的市场竞争中站稳脚跟。其次,乡村旅游差异化、特色化发展可推动乡村产业振兴与文化传承协同共进。乡村旅游地通过差异化、特色化发展,可以深入挖掘和展示当地的民俗文化、传统手工艺等,从而促进乡村传统文化的保护和传承。最后,乡村旅游差异化、特色化发展打造出独特的旅游品牌,提高乡村旅游的知名度和美誉度,进而吸引更多游客,带动相关产业的发展,为乡村经济社会发展注入强劲动力。

四 河北省乡村旅游差异化、特色化发展的影响因素

(一)资源禀赋因素

乡村所拥有的自然景观、人文底蕴、农业产业等资源禀赋的独特性

与不可复制性,为乡村旅游差异化、特色化发展奠定了基础。首先,自然资源是乡村旅游差异化、特色化发展的基础要素。河北省地域广阔,自然景观丰富多样,是全国唯一兼有高原、山地、丘陵、平原、湖泊和海滨的省份,依托这些独特的自然景观和地质条件打造的旅游产品,天然具备差异化优势。其次,乡村的人文底蕴是乡村旅游差异化、特色化发展的关键因素。保存完好的古建筑以及民俗传统等,承载着丰富的历史文化信息,能够为游客提供独一无二的旅游体验。河北省作为华夏文明的重要发祥地之一,拥有众多的历史文化遗迹,通过对这些历史文化遗迹的深度挖掘与合理开发,将人文资源转化为独特的旅游产品,能够打造出风格各异的乡村旅游线路,吸引不同需求的游客前来。最后,农业产业资源是乡村旅游差异化、特色化发展的重要支撑。河北省农业发达,特色农产品众多,可开展特色农产品主题游,推出农事体验、农产品深加工研学等项目,打造出多种"农业+旅游"特色发展模式,助力乡村旅游特色化发展。

(二)市场需求因素

市场需求的多样性与动态性是乡村旅游差异化、特色化发展的驱动因素。从市场需求的多样性来看,不同年龄、性别、职业和地域的游客,对乡村旅游的需求也不尽相同,促使旅游从业者紧跟市场需求变化趋势,丰富产品类型,打造出各具特色的旅游项目。例如,年轻群体喜爱户外探险、特色民宿等新奇体验,老年游客更喜欢游览田园风光和体验传统农耕文化等休闲项目,商务游客则更关注旅游目的地的接待环境和特色餐饮。针对年轻群体,旅游从业者会积极开发户外探险等项目;针对老年游客,旅游从业者会精心规划便捷的田园观光路线,设置传统农耕体验区并配备专业讲解员;针对商务游客,旅游从业者会着力提升接待设施的品质与服务水平,打造高端舒适的洽谈空间。从市场需求的动态性来看,由于旅客的需求不断变化,旅游从业者需要时刻关注市场动态,及时了解游客的兴趣需求,并根据游客变动的兴趣需求进行产品优化和迭代更新。例如,随着健康养生理念的兴起,

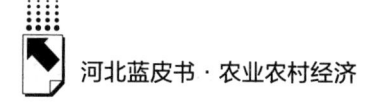

乡村旅游从业者会及时打造森林康养步道、推出养生食疗套餐等；随着亲子研学热度攀升，乡村旅游从业者会规划亲子农事科普园、设计趣味农耕课程等活动项目来满足市场需求。

（三）政策环境因素

从资源整合、规范引导到支持保障的一系列举措，全方位指引乡村旅游朝差异化、特色化方向发展。一方面，政府通过出台相关政策，能够整合分散的乡村自然景观、民俗文化、传统技艺等各类资源，将自然风光与人文历史有机结合，打造出各具特色的乡村旅游目的地。另一方面，政府通过制定行业标准和规范，能够促使乡村旅游从业者规范经营行为，提升服务水平。同时，还能激励乡村旅游从业者挖掘本地独特的文化元素，避免同质化竞争，引导乡村旅游朝差异化方向发展。此外，政府通过设立专项扶持资金，为乡村旅游项目提供资金保障，鼓励地方挖掘独特的资源，开发特色项目，支持文化传承、生态保护、基础设施建设等，推动乡村旅游差异化、特色化发展。

（四）人才和经营管理因素

首先，专业人才是实现乡村旅游差异化、特色化发展的核心支撑。具备创新思维的经营者，能够及时捕捉到游客多样化的需求，根据游客需求，积极挖掘乡村独特的资源。专业的旅游规划人才能够依据当地的自然风貌、人文历史等资源，制定科学合理的旅游发展规划和设计独特的旅游线路。市场营销人才能够运用精准的市场定位和多样化的营销手段，将乡村旅游的特色产品和服务推给目标人群，开拓更广阔的市场。其次，科学的管理机制是乡村旅游差异化、特色化发展的保障。合理的组织架构和明确的职责分工，能够确保乡村旅游的各个环节高效运转。实施严格的质量控制机制，能够对旅游产品和服务的质量进行监督和管理，及时发现并解决问题，不断优化和提升游客的旅游体验。

五 河北省乡村旅游差异化、特色化发展路径探索

（一）精准制定政策规划，明确发展方向

一要精准规划，明确发展路径。相关部门应全面梳理全省自然景观、人文底蕴、农业产业等资源，制定全省乡村旅游发展规划，并为各地乡村旅游发展明确方向。各地应结合自身实际，制定专项乡村旅游发展规划，并与乡镇国土空间规划、村庄规划紧密衔接，确保乡村旅游建设与乡村整体发展协同共进，避免盲目跟风与同质化开发。二要多元扶持，助力项目落地。各地区可专门设立乡村旅游发展专项基金，重点扶持差异化、特色化的旅游项目，减轻项目资金投入负担。积极引导金融机构面向乡村旅游经营主体研发专属金融产品，如推出无需抵押的小额信用贷款，以及适用于项目建设的中长期贷款等。同时，出台税收优惠措施，对符合乡村旅游差异化、特色化发展标准的企业和个人，在特定时段内减免所得税、增值税等，充分调动乡村旅游经营主体的开发积极性。三要创新土地利用政策，对接差异化、特色化发展需求。在严守土地利用总体规划以及相关法律法规的基础之上，对乡村旅游项目的土地供应政策进行优化。对于创新性突出、特色鲜明的乡村旅游项目，优先保障其建设用地指标，简化土地审批流程，提升审批效率。四要健全标准，筑牢质量管控根基。在全省范围内构建一套完整的乡村旅游服务质量标准体系，覆盖餐饮、住宿、旅游活动组织、游客服务等各个关键环节，明确服务质量的量化指标以及评价准则。强化对乡村旅游经营主体的质量监督管理，建立起定期检查与不定期抽查相结合的监督机制，确保乡村旅游服务质量始终稳定可靠。

（二）深度挖掘特色资源，构建核心竞争力

一要科学研判，差异化开发自然资源。各地应对域内乡村旅游资源进行全面摸底调查，建立资源数据库。组织历史学家、民俗学家、建筑师等多学

科专家合作，筛选出具有独特性和开发潜力的特色资源，梳理出独特的文化脉络。对于具备开发潜力的特色资源，要统筹好与区域内同类项目的关系，明确不同的发展方向和发展模式，实现联动发展，而非恶性竞争。对于不具备发展条件的项目，坚决不能随意开发，避免遍地开花。二要着力打造一批诸如"太行人家""坝上牧歌""渤海渔家"等具有地域特色、文化内涵和市场影响力的乡村旅游品牌。利用大数据、云计算等技术，分析游客需求，开展精准营销，通过举办特色节庆活动、文化展览等，吸引游客参与，提升乡村旅游品牌的知名度和影响力。三要深度融合，全方位植入文化元素。将文化元素融入旅游产品设计、开发、营销等环节，开发具有地方特色的旅游商品、文创产品，延长产业链，提高经济效益。四要通过科技创新赋能，推动旅游与农业深度融合。将智慧农业、数字农业等新技术融入乡村旅游，打造诸如稻田音乐节、智能温室景观、数字农田艺术等农业新景观，提升旅游目的地的吸引力。发展农产品加工、电商等业态，延伸形成"农业+旅游+文化"的全产业链模式，既能增加农民收入，又能丰富旅游产品供给。五要创新服务模式，提升旅游体验感。增强员工服务意识，使其明白优质服务对于乡村旅游发展的重要性。根据游客需求，提供灵活多样的服务组合，满足游客差异化需求。建立游客反馈机制，鼓励游客提出意见和建议，持续优化服务内容和方式，从而提升游客对乡村旅游的好感度。

（三）精准定位目标市场，构建智慧营销体系

利用乡村旅游官方网站、社交媒体和短视频平台进行内容营销，定期发布旅游信息、活动资讯等，进一步扩大乡村旅游的影响力。利用大数据技术分析游客行为偏好，建立乡村旅游消费数据库，动态监测客群画像与消费趋势，精准划分细分市场。根据细分市场下的乡村旅游者偏好，打造差异化旅游产品，利用携程、飞猪等OTA平台精准投放广告，将不同的旅游资源和产品提供给对应客源，以满足不同类型游客的差异化需求。例如，针对京津冀短途休闲游客，可推出"周末微度假"等产品组合，联合交通部门优化自驾游标识系统；针对康养度假游客，可拓展康养市场，依托张家口崇礼、

承德围场、秦皇岛北戴河等地生态资源，打造森林海滨康养基地，引入中医理疗、温泉疗愈等业态；对于文化体验型游客，可进行文化客群定制，结合蔚县剪纸、唐山皮影等非遗项目设计互动体验，推出"非遗传承之旅""红色文化研学"等主题线路，并通过OTA平台进行精准营销，吸引目标客群。

（四）强化人才队伍建设，提升服务技能水平

首先，加强文旅人才培养。探索与高校、职业技术学校联合发展，设置乡村旅游相关专业，为乡村旅游产业定向培养专业人才，充实乡村旅游专业人才储备库。其次，加大文旅人才引进力度。通过政策引导和资金支持吸引更多人才从事乡村旅游事业。例如，可设立乡村旅游人才专项引进计划，以优厚的待遇、良好的发展前景，外吸国内外旅游行业精英、文创人才、市场营销人才等高端人才扎根乡村，投身河北乡村旅游事业。最后，加强对乡村旅游从业者的教育培训。可利用线上线下相结合的方式，邀请行业专家举办讲座，提高其综合素质和专业技能。重点提升从业者的服务接待、沟通协调、产品营销等方面的能力，丰富其本土文化知识储备。

（五）加强数字技术应用，创新数字文旅产品

在当今数字化时代，数字技术是乡村旅游创新发展的关键驱动力。河北省应抓住这一契机，将数字技术深度融入"吃、住、行、游、购、娱"等旅游要素，为乡村文旅注入新动能。例如，在餐饮方面，可利用数字技术推广特色美食，借助VR技术打造沉浸式美食体验场景，使游客更直观地了解特色美食制作工艺，提升用餐文化体验。在住宿方面，可利用数字虚拟技术，使游客在预订前就能了解住宿环境，使用数字技术建立智能化的客房管理系统，为游客提供更加便捷和个性化的服务，提升民宿服务品质。在出行方面，可利用数字化技术提供在线预订、导航、导览等功能，结合实时交通数据，为游客规划最佳路线。在景区内，还可运用AR技术提供互动导览服务，让游客在虚拟环境中亲身体验乡村景观、农耕生活和传统技艺，增强旅游趣味性。在购物方面，可构建线上线下融合的零售模式，为游客提供便捷

的配送服务。通过大数据分析游客偏好，精准推荐特色商品和纪念品。同时，运用3D打印等新技术，开发个性化文创产品，满足游客多样化需求。

参考文献

龙璇：《乡村旅游产业数字化发展的机遇、挑战与路径》，《全国流通经济》2024年第14期。

管沛：《自媒体时代W旅游公司乡村旅游营销策略研究》，硕士学位论文，河北工程大学，2024。

唐全：《乡村旅游差异化发展模式比较分析》，《合作经济与科技》2021年第16期。

王娇：《文旅融合背景下辽宁省公共文化提质增效发展模式研究》，《内蒙古科技与经济》2023年第1期。

曹洪珍、王静：《大连旅顺小南村乡村旅游发展对策研究》，《现代商贸工业》2015年第22期。

《2001中国林业发展报告》，《中国绿色时报》2001年11月2日。

B.19 河北省乡村康养产业融合发展研究

魏宣利*

摘　要： 为应对中国人口老龄化趋势，加快传统养老模式转型、推动养老产业融合发展成为必然选择。河北省因其特殊的地理区位和丰富的康养资源成为京津冀康养产业集中布局的主要地区，乡村更以其资源优势成为养老产业融合发展的集聚空间，成为城乡融合发展的新支点。本报告系统分析了乡村康养产业融合发展对促进乡村产业发展、资源资产盘活和要素流动等的作用，梳理了河北省典型养老模式及代表性机构、业态及存在的不足，从政策协同、产业融合、人才队伍培养等方面提出若干优化建议。

关键词： 乡村康养产业　融合发展　政策协同

一　老龄社会与乡村康养产业发展

人口老龄化是社会发展的重要趋势，是指在一个国家或地区内，人口年龄结构发生变化，老年人口比例逐渐增高的现象。人口老龄化趋势通常与社会经济发展水平的提高、医疗条件的改善、人均寿命的延长以及生育率的下降等因素密切相关。按照国际标准，社会人群中60岁及以上人口占总人口的比例达到10%，或65岁及以上人口占比达到7%，即为老龄化社会；65岁及以上人口占比达到14%，为深度老龄化社会，达到20%为超级老龄化社会。

---

* 魏宣利，河北省社会科学院农村经济研究所研究员，主要研究方向为农业与农村问题。

（一）中国老龄化及应对策略

中国自20世纪末进入老龄化社会以来，老年人口数量及其占总人口的比重持续增长。国家统计局第七次全国人口普查结果显示，中国60岁及以上人口已达2.64亿人，其中65岁及以上人口为1.9亿人，分别占总人口的18.7%和13.5%。截至2024年底，中国60岁及以上人口占22%，65岁及以上人口占15.6%，已进入深度老龄化阶段。预计到2040年，65岁及以上老年人口占总人口的比例将超过20%。老龄化已然成为中国社会发展的重要趋势，也是今后较长一个时期中国的基本国情。

中国积极应对人口老龄化，通过持续健全社会保障体系，完善基本养老保险制度，发展多层次、多支柱养老保险体系，建立长期护理保险制度，推动完善健康支撑体系，不断提高老年人健康管理和服务水平；加快构建居家社区机构相协调、医养康养相结合的养老服务体系，加大基本养老服务和居家社区养老服务供给力度，开展老年助餐服务和居家适老化改造等，加强县乡村三级农村养老服务网络建设，完善养老服务综合监管制度等，不断推进老有所养、老有所医、老有所为、老有所学、老有所乐取得新进展。与此同时，养老产业协同发展速度加快。2016年习近平总书记在中共中央政治局就我国人口老龄化的形势和对策举行的第三十二次集体学习时强调指出"要着力发展养老服务业和老龄产业"。党的十九大报告提出要"加快老龄产业和老龄事业发展"。党的二十大报告提出，实施积极应对人口老龄化国家战略，发展养老事业和养老产业，优化孤寡老人服务，推动实现全体老年人享有基本养老服务。养老产业按需求属性的不同，大致可以分为医疗保健业、日常生活用品业、家政服务业、房地产业、保险业、金融业、娱乐文化产业、旅游业、咨询服务业等多个细分产业。随着老龄化进程加快，老龄市场潜力迅速释放，新经济体量庞大。2022年4月25日，《国务院办公厅关于进一步释放消费潜力促进消费持续恢复的意见》指出，要加力促进健康养老托育等服务消费，发展适合老年人消费的旅游、养生、健康咨询、生活照护、慢性病管理等产品和服务。当前，养老产业不仅让老年人老有所养，满足老年人多方面的需求，更是关系社会和谐稳定的"国之大事"，成为挖掘内需新空间、释放消费潜力、增强发展活力与韧性、实现经济持续稳定增长的新动能。

（二）乡村康养产业的发展

乡村康养产业是指在农村地区为老年人提供养老服务和产品的产业，是以乡村田园为生活空间，放大农业文化传承、生态、观光休闲等多功能性，以现代服务理念叠加农作、农事、农活等体验活动，通过传统产业之间互嵌式的融合发展为老年群体提供回归自然、享受生命、修身养性、度假休闲、健康身体、治疗疾病、颐养天年的产品和服务，是当代农村经济和社会发展的重要组成部分。乡村康养产业既可服务于收入水平较高的城镇居民，具有经营性质，又可服务于农村老年人口和低收入群体，具有公益特征。随着我国老龄化程度的加深，乡村康养产业的发展已成为社会各界关注的焦点。充分利用农村闲置房屋、土地等现有资源，融合乡村旅游、生态农业等产业，发展特色乡村康养产业成为解决老龄化问题的有效途径。2016 年，民政部、发展改革委等 11 个部委联合印发的《关于支持整合改造闲置社会资源发展养老服务的通知》提出："农村集体经济组织可依法盘活本集体建设用地存量，为本集体经济组织内部成员兴办非营利性养老服务设施；民间资本举办的非营利性养老机构可以依法使用农民集体建设用地。鼓励农村三产留地优先用于发展养老服务。" 2017 年，《"十三五"国家老龄事业发展和养老体系建设规划》强调要丰富养老业态，支持养老服务产业与旅游、休闲等其他产业融合发展。2018 年，中共中央、国务院印发的《乡村振兴战略规划（2018—2022 年）》明确了构建农村养老服务体系的原则和思路，在加快建立以居家为基础、社区为依托、机构为补充的多层次农村养老服务体系的基础上，对接城乡居民消费拓展升级趋势，深入发掘农业农村的生态涵养、休闲观光、文化体验、健康养老等多种功能和多重价值，开发乡村康养产业项目。鼓励村集体建设用地优先用于发展养老服务。2019 年，《国务院关于促进乡村产业振兴的指导意见》要求跨界配置农业和现代产业要素，促进产业深度交叉融合，形成"农业+"多业态发展态势，农业与养老产业融合成为实现乡村产业振兴的路径之一。乡村康养产业在"健康中国2030"、乡村振兴双重国家战略下，进入了一个全新的发展阶段。

二 推进乡村康养产业融合发展的意义

为应对中国人口老龄化趋势，加快传统养老模式转型、推动养老产业融合发展成为必然选择。乡村更以其资源优势成为养老产业融合发展的集聚空间，成为城乡融合发展的新支点。

（一）助力乡村产业兴旺

充分利用乡村优越的自然环境、人文地理和土地、劳动力等资源布局养老产业跨界融合发展，可以有效打破传统农村一二三产业的技术边界、业务边界、市场边界、运作边界，促进城市产业链向乡村延伸，在推动传统产业转型升级的同时会催生许多新产业新业态，不断提高农业产业体系、生产体系、经营体系现代化水平，丰富现代乡村产业体系，实现产业多元化、融合化发展。例如，乡村康养产业与乡村旅游相融合，衍生出旅居养老；养老产业与农业相融合衍生出功能农业、养生餐饮；养老产业与民宿相融合衍生出康养地产；养老产业与中医药相融合衍生出医疗康养等。

（二）有效提高乡村要素的市场化配置水平

乡村康养产业融合发展形成了推动乡村发展的长效机制，有效推动了经济要素的双向流动。首先是外部流入的资本，其次是劳动力、技术和信息等。《社会资本投资农业农村指引（2021年）》明确提出"鼓励社会资本发展休闲农业、乡村旅游、餐饮民宿、创意农业、农耕体验、康养基地等产业，充分发掘农业农村生态、文化等各类资源优势，打造一批设施完备、功能多样、服务规范的乡村休闲旅游目的地"。社会资本参与乡村康养产业发展，工商资本的流入既拉动农村人居环境整治、乡村基础设施升级和公共服务改善，又通过产业的布局引入人力资本。养老群体与服务群体的活跃还带来现代化的信息与技术，来自城市的养老消费者人生阅历和工作经验丰富，有强烈的从事社区公益活动的愿望，并拥有来自发达地区的先进理念，通过有效的组织和引导，能够有效促进农村的社会进步。

（三）搭建乡村资源资产盘活有效渠道

随着中国社会经济的发展和城市化进程加快，农村人口不断向城市转移和集中，农村农房和宅基地处于闲置或半闲置状态，成为农村地区的沉睡资源。2019年，自然资源部办公厅印发《产业用地政策实施工作指引（2019年版）》，第二十三条明确：养老机构、民宿民俗、创意办公、休闲农业、乡村旅游符合相关情形的产业用地可以使用集体建设用地。利用农村闲置资源资产发展乡村康养产业，有助于深化农村承包地、宅基地和集体建设用地改革，放大农村资源资产（土地资源、人力资源、环境资源、农产品）市场价值，为农村资源资产变现提供有效渠道，有助于提高农民财产性收入。

（四）对接城乡养老需求升级

随着经济发展和生活水平的提高，人们对生活品质和健康越来越关注，回归自然的原生态生活方式已成为时尚，乡村养老也逐渐受到老年人尤其是城市老年人的青睐。养老模式从传统的提供居住空间扩展到文化休闲和保健旅游，老龄群体可以获得更多、更有针对性的体验，得到更好的健康体验和精神慰藉，能够改善生理健康状况、生活质量和精神状态。

（五）壮大村集体经济，填补农村养老制度空白

《第七次全国人口普查公报》显示，城乡老龄化水平差异明显：从全国来看，乡村60岁及以上、65岁及以上老年人的比重分别为23.81%、17.72%，比城镇分别高出7.99个、6.61个百分点。与城镇相比，农村老年人支付能力总体偏低，城乡在养老事业与养老产业方面均有较大的差异。随

着当前人口老龄化趋势明显加剧、农村青壮年人口净流出，农村以家庭养老为主的传统养老模式已难以适应当前农村养老需求，成为当下急需解决的重要问题。农村老年人养老需要更多的人才投入和资源投入。乡村康养产业融合发展有助于带动养老周边产业的发展，扶持壮大村集体经济，增加农民收入，同步提升乡村医疗服务水平，解决农村养老缺钱、缺能力及养老服务供给不足难题，构建乡村老龄化社会的新模式。

三 多业态融合养老模式分析

（一）"养老+地产"融合发展模式

"养老+地产"融合发展模式结合了养老和地产商业的概念，是一种"养老+地产+服务"的复合地产开发模式。以适老化设计为创新核心，配建日常生活护理、餐饮服务、医疗、康复、健康管理、文体活动等重点基础设施和专业管理团队，提供从护理、医疗、康复、健康管理、文体活动、餐饮服务到日常起居的一站式、全方位的综合性服务，可以满足老年人的不同需求。该模式市场参与主体涵盖地产开发商、保险机构、医疗机构及其他业务跨界企业，产业链较长。该模式通常位于城市郊区和度假风景区，根据不同的土地性质和参与建设主体，盈利模式有产权出售、会员制、租赁制和租售结合等。

（二）"医疗+养老"融合发展模式

"医疗+养老"融合发展模式是将专业医疗技术和先进设备与康复训练、日常生活、饮食和老年护理等专业相融合的一种新模式。这一模式以医疗为基础，以康复为支撑，边医边养，在综合治疗中实现疾病转归，同时维护和提高患者各项功能。在具体实践中，有以养为主、养医合作模式，养老院与医疗单位签订合作协议，通过建立可持续的运行机制和服务模式，确保患病老年人能够得到及时有效的医疗救治；有以医为主、医养结合模式，医疗机构针对高龄、重病、失能老年人提供康复护理服务；有医养一体模式，养老院内设医疗机构，开办医养结合综合体，充分共享医疗、养老资源，实现"医—养—护"一体化服务。

（三）"物业+养老"融合发展模式

"物业+养老"融合发展模式是发挥物业常驻社区、贴近居民、响应快速等优势，以物业门店作为服务的前端，通过盘活小区既有公共设施资源，整合各类闲置和低效使用的公共房屋并进行居家社区养老服务适老化改造，为老年人提供生活照料、家政服务等基础养老服务，有效破解高龄、空巢、独居、失能老年人居家生活的照料难题，促进邻里和睦、社区和谐。

（四）"农场+养老"融合发展模式

"农场+养老"融合发展模式是依托城市周边的农业园，利用其优越的农业生产、自然人文景观以及硬件设施资源，融合观光体验、文化娱乐、休闲度假、医疗护理、健康运动等业态，打造涵盖老年人"衣、食、住、行、用、医、娱、学"的泛养老产业链，以实现养老群体在生理和心理上的康复疗养。

（五）"快递+养老"融合发展模式

"快递+养老"融合发展模式是通过拓展养老行业和邮政快递行业的服务内容和业务领域，以"互联网+"为中间媒介衍生的"养老+快递+委托购物"新业态。以社区日间照料中心和邮政快递营业网点为依托，引导邮政快递企业把寄递业务融入覆盖城乡的"智慧民政养老服务信息化平台"，打造以"助邮"为核心理念的"快递+养老"项目，充实社会养老服务内容。

四 河北省养老服务业发展情况

《河北省2023年国民经济和社会发展统计公报》显示，截至2023年底，全省60岁及以上老年人为1644万人,占全省常住人口的22.24%,其中65岁及以上老年人为1200万人,占全省常住人口的16.23%。60岁及以上老年人口中,60~69岁老年人占比为59.13%,比2010年第六次全国人口普查时提高了0.13个百分点,已显著呈现"低龄老年人占比较高,高龄老年人增速加快"的趋势,养老已成为群众关注、社会关切的重大民生问题。

(一)河北省养老服务业发展概况

河北省以基本养老服务和普惠养老服务为发展重点,兼顾多样化养老服务需求,坚持政府主导与社会参与并行、设施建设与能力提升并重的原则,保基本守底线、稳刚需补短板、优供给促均衡,加快推进养老服务体系建设。

1. 健全养老服务法规政策

一是强化地方立法。先后颁布《河北省居家养老服务条例》《河北省老年人权益保障条例》《河北省养老服务条例》,为依法推进养老服务高质量发展提供法治保障。二是加强政策创制。省政府办公厅文件印发《关于加快推进养老服务体系建设的实施意见》《河北省基本养老服务体系建设实施方案》等政策文件,联合相关部门制定财政支持、土地保障、税费减免等一系列政策措施,基本构建起符合河北省实际的养老服务政策体系。三是注重规划引领。编制印发《河北省养老服务体系建设"十四五"规划》,分年度完成城市社区、乡镇农村养老服务网络建设等任务目标。四是健全标准体系。制订发布《居家养老服务质量规范》《养老服务机构服务质量规范》等20项地方标准,推动养老服务规范化建设。

2. 构建基本养老服务体系

一是制定基本养老服务清单。在国家清单的基础上,增加"司法救助、户口迁移、旅游服务、健康管理、乘坐城市公共交通车辆"5个服务项目,省、市、县三级全部发布了基本养老服务清单。二是开展经济困难失能老年人集中照护服务工作。河北省民政厅、河北省财政厅印发《关于做好经济困难失能老年人等群体集中照护服务工作的通知》,建立健全工作机制,加快集中照护服务工作推进，不断满足经济困难失能老年人集中照护服务需求。三是做好特困群体关爱服务。连续3年将特殊困难老年人家庭适老化改造列入全省民生工程推进实施，改造完成11.3万户。印发《关于开展特殊困难老年人探访关爱服务的实施方案》，明确时间点、路线图，有序推进探访关爱服务工作落实。

3. 丰富养老服务资源供给

一是完善居家养老支持措施。大力推进家庭养老床位建设，石家庄、唐山、邯郸、衡水、保定、沧州先后被列入居家和社区基本养老服务提升行动项目地区，建成家庭养老床位1.3万张，让更多老年人在家享受到养老机构的专业服务。二是优化社区养老服务设施布局。分区分级规划建设社区养老服务设施，推进示范性居家社区养老服务网络建设，带动全省居家社区养老服务发展。全省共建有城镇社区养老服务设施5561个。三是推进养老机构建设。制定养老机构建设补贴、运营补贴等支持政策，鼓励引导社会资本参与养老服务。持续加强公办养老机构建设，实施改造提升行动。全省共建有养老机构1962家，其中公办养老机构331家，民办养老机构1631家，民办养老机构占比达到83%，建有超过3600个居家养老服务点以及3.1万个农村互助幸福院，确保每千名老人拥有养老床位数逾30张。四是加快老年助餐服务发展。先后制定《关于推进养老助餐服务体系建设的实施意见》《关于推进农村孝老食堂建设的通知》等文件，有序推进老年助餐服务发展，全省共建成各类老年助餐服务设施1.2万个。

4. 着力提升养老服务质量

一是抓细抓实安全管理工作。常态化组织开展养老机构安全生产和消防安全排查整治、自建房排查整治、养老机构"明厨亮灶"建设等一系列行动，确保养老服务机构安全稳定。二是开展养老机构等级评定。持续提升全省养老机构服务质量和安全水平。全省共培育等级养老机构1416家，占比超过70%。三是加强养老服务人才队伍建设。建立健全省、市、县、机构四级培训机制，连续两年将养老服务人才队伍建设列入民生工程推进实施，全省养老机构中取得职业技能等级的养老护理员达到1.2万人，占比达到63.2%。

（二）河北省典型养老模式及企业（机构）

河北省立足省情有序推进养老服务业发展，着力促进城乡、区域、场景、主体之间资源的有效对接与有序流动，形成了机构养老、社区居家养老和"机构+居家"一体化三种养老模式。典型企业（机构）如下。

表1　河北省养老典型企业（机构）

养老模式		典型企业（机构）	特点	等级及称号
机构养老	专业养老机构	燕达金色年华健康养护中心	京津冀协同单体规模超大的全程化持续照护养老社区，规模大、服务水平高、投资高	京津冀养老服务协同发展试点单位、五级养老机构、首批全国养老服务业发展典型案例
		古冶区安馨医疗养老中心	古冶区中医院入驻	国家老龄健康医养结合远程协同服务试点、四星养老机构
		抚宁区特困人口供养中心	福利式养老	三星养老机构
	企业+无关联企业	河北基泰养老服务公司（基泰建筑集团）	城企联动普惠式养老	中国建设银行涉及养老行业首例试点项目、国家城企联动普惠养老服务专项行动第一批储备项目
		承德万家祥和康养城（晨阳集团）	吃住医养游一体式养老服务	承德市文化康养示范基地
		怀来原乡康养小镇（地产）	"康养地产+养老机构+养老服务培训"	高端养老服务示范性基地
	企业+医药关联企业	乐仁·恒颐康养护理中心	以高龄、失能、半失能、认知障碍长者为主，以中医养生、医疗康复为特色的专业长者照护机构	"河北省社工促进会"实践基地
		衡水市老年养护中心	医疗机构托管运营，以"康复医疗+养老服务"为主	衡水市人民医院医养合作单位

续表

养老模式		典型企业（机构）	特点	等级及称号
社区居家养老	城镇居家养老 技术+	沧州乐庭智慧养老服务有限公司	"软件技术+设备+社区养老"	—
	城镇居家养老	秦皇岛金色年华健康养护院	全域社区养老	—
		承德高新区滨河社区居家养老服务中心	"五个一"精细化管理	—
	农村居家养老	滦南"四个一点"农村居家养老小食堂	政府+个人+社会+志愿服务	中国红十字总会"养老优秀志愿团队"称号
		肥乡区农村互助幸福院	区财政补贴，互助服务	—
"机构+居家"一体化	"机构+社区+居家"养老三位一体	张垣大嫂家政服务集团	向下延伸，解决规模限制问题，日间照料卫星站	2019年全国社区医养结合示范点、二星级养老机构
	"日间照料+社区养老+机构养老"一体化	河北普爱养老服务有限公司	以居家养老为主体，拓展机构"连锁化运营"	河北省5A级社会组织、河北省养老服务标准化示范单位
	"机构+社区+智慧健康"管理平台	沧州市中心医院医疗集团	医疗机构下沉社区，提供公益性医养结合服务，为老年人提升全生命周期管理	—

五 河北省乡村康养产业融合发展潜力

（一）河北省推动乡村康养产业融合发展的优势

1. 政策优势

党的二十大报告提出"实施积极应对人口老龄化国家战略，发展养老事业和养老产业"。习近平总书记在深入推进京津冀协同发展座谈会上提出"推动京津养老项目向河北具备条件的地区延伸布局"的重要指示。为落实习近平总书记重要指示精神，河北省研究制定了《河北省人民政府办公厅关于促进养老托育服务健康发展的实施意见》《加快建设京畿福地、老有颐养的乐享河北行动方案（2023—2027年）》《河北省支持康养产业发展若干措施》等若干支持康养产业发展的政策，为加快推进养老服务体系建设和康养产业发展提供有力保障。河北广大的乡村因其独特的地理优势、业态优势和资源优势成为承担养老服务业发展的潜力区。对接乡村全面振兴，乡村康养产业融合发展恰逢其时。

2. 资源优势

河北省历史文化厚重、自然资源环境优越、农业资源丰富、交通快捷便利，是全国唯一兼有海滨、平原、湖泊、丘陵、山地、高原的省份，集阳光、海滩、森林、湿地、温泉等多种优质生态资源于一体，环境优美，气候宜人，乡村的土地资源、自然资源、人文资源和社会资源构成了乡村康养产业融合发展的本底资源。

3. 产业优势

近年来，各地依据自身资源禀赋，加速培育壮大医养康养产业，构建优势互补、差异发展的产业格局。"一区（环京24县养老核心区）、一圈（高铁1小时养老服务圈）、三带（燕山、太行山、沿海康养休闲产业带）"养老产业发展格局已经初步形成。如秦皇岛市锚定中国康养名城目标，加快培育"医、药、养、健、游"五位一体的生命健康产业集群；承德市先后与京津民政部门签订养老服务框架合作协议，发展温泉旅游康养产业；保定市依托秀美的田园山水、浓郁的风土人情，打造集沉浸式休闲、旅游、居住、养老、农耕等功能于一体的"保定小院"；邢台市发挥中医药独特资源优势，突出医养结合特色，布局扁鹊文化康养度假区、皇寺康养小镇等项目。

4. 市场优势

截至2024年底，北京市60岁及以上常住老年人共有513万人，天津市60岁及以上常住老年人口共有340万人，河北省60岁及以上常住老年人口共有1686万人。京津冀60岁及以上人口比重为23.24%，高于全国1.24个百分点。河北老年抚养比为33.85%，天津老年抚养比为33.78%，北京老年抚养比为28.83%。老年人对社会化养老服务的需求会越来越大，社会化养老服务需要承担更多责任。2023年统计显示，河北省养老机构已收住京津户籍老人近5000人，到河北社区养老的京津户籍老人接近4万人，京津户籍老人到河北旅居养老达59万人次。

（二）河北省推动乡村康养产业融合发展存在的不足

1. 乡村康养服务业态基础差

当前乡村康养服务业发展较滞后，农村养老还以居家养老为主，以农村互助幸福院为主的农村社区养老面上布局基本到位，但在个体收入不高且尚未完全脱离农业生产、村集体经济实力不足、上级财政资金无明确补充渠道的现实背景下，缺乏实质性运营。机构养老服务一类是以政府投入建设的敬老院和社会福利院为主的福利救助型养老机构；另一类是以"地产+"形式新布局的生态康养、康养旅居、休闲运动康养等康养服务机构。总体来看，乡村康养服务产业发展整体滞后。

2. 跨界融合深度不够

针对老年群体高龄化、独居化的特点，考虑各村集体经济发展水平、老年群体基本状况等，各县（市、区）因地制宜整合现有资源，以开设"老年食堂"为主要形式，着力推动农村养老与餐饮服务产业融合发展，但服务内容单一。一批康养综合体着力推动医养游一体式养老服务，但缺乏专业性，医养结合的概念尚不明晰，康养综合体特征不明显，在吃、住、行、游、购、娱方面配套的基础设施档次较低且功能不完备。部分养老服务产品本质上仍是养老地产，资源整合不足，产业协同不够，缺少对接平台。

3. 行业人才难以保障

乡村康养产业融合发展需要多学科专业人才，尤其是康养高端专业人才、基础应用型人才、跨学科人才的有效支撑。目前，乡村年轻劳动力外流严重，加之"社会地位低、收入待遇低、职业风险高"等问题，导致行业人才难以保障。

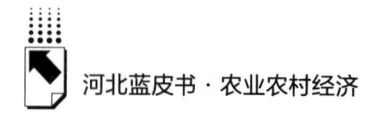

4. 政策协同性不强

乡村养老模式尚处于试点探索阶段，理论研究不足，现有的政策多涉及经济支持、医疗服务和社区建设等不同领域，但缺乏整体规划，导致这些政策之间衔接不畅，难以形成合力。

六 河北省乡村康养产业融合发展优化路径

（一）坚持系统集成，强化政策协同

增强乡村康养产业发展同和美乡村建设的联动性。一是加强土地政策支持。土地资源是影响乡村康养产业布局的关键因素之一，在和美乡村建设中要统筹考虑用地布局，合理确定村庄建设边界，优先将康养项目纳入村庄规划，满足其必要的土地需求。对于对空间区位有特殊要求、确需在村庄建设边界外选址的项目，在符合耕地保护等政策要求的基础上，可使用规划"留白"机动指标予以保障。对已完成国土空间规划编制的地区，开通康养项目调规"绿色通道"，全力保障康养项目用地、选址需求。鼓励和支持企业使用集体经营性建设用地发展康养产业，集体经营性建设用地入市试点县区可以按照相关规定采用集体存量建设用地入市的方式，非试点县区可以采取联营入股方式，拓宽康养项目用地需求保障途径。二是加强适老化设施建设。乡村基础设施建设中，要根据基础设施的功能和康养产业资源优势，规划重点区域，细分服务层级，为老年人打造舒适、安全、富有生活气息的养老居所。

（二）提高产业融合水平，推进产业深度融合

推进康养产业深度融合就要将产业间的融合做深做精。乡村康养产业要在"农"字上做文章，放大乡村的土地资源、自然资源、人文资源和社会资源优势，从满足老年人的文化需求、服务需求、生活需求出发建立企业合作平台，加强资源整合，促进企业联动，实施业态重塑。例如，"食疗+"

以独具特色的地理标志农产品为依托开发一系列美食,实现特色农业与康养服务业深度融合;"中医药+"以中草药种植基地为依托发挥中医药预防保健优势,延伸产业链条,发展食养、药养、中医诊疗等,推动健康医疗向疗养康复领域延伸,实现中医药种植与康养服务业深度融合。

(三)打造乡村康养 IP,助力河北康养抢占 C 位

河北省乡村康养优质资源富集,传统村落留存完整,良好的颐养环境、乐龄田园等风物景观,蕴藏着浓郁的乡味、乡情、乡音、乡俗,是乡村康养旅居的核心吸引物,成为打造乡村康养新名片的底气。因此,全省各地立足康养优势资源强势打造乡村康养 IP,多途径培育养生养老项目,大力孵化培植高层次的乡村康养休闲度假基地,以借助康养产业的强大势能加快助推河北乡村全面振兴。例如,依托驼梁、仙台山、雾灵山等森林资源优势,探索"森林康养+"融合业态,打造燕太山岳型乡村康养基地;依托安国中医药产业集群,探索"中医药康养+"融合业态,打造以中医疗养、中药膳食为主的药食康养基地;以田园综合体、现代农业产业园为主,探索"农食农技农忆康养+"融合业态,打造自然疗愈型康养基地,满足老年群体多种康养消费需求。

(四)着力推进"养联体"建设,提升农村养老服务品质

积极探索"养联体"模式,鼓励康养专业服务机构托管运营农村互助养老设施。借助高品质养老机构运营积累的服务经验和专业能力,提升农村互助养老服务机构的设施设备配置水平和服务能力,逐步实现从助餐、健康护理、精神文化活动到助医、助洁、助浴、助乐、助急多方位、全链条的服务。

(五)完善乡村人才支持政策,加强乡村养老服务人才储备

出台养老服务专项人才引进政策,吸引和鼓励高校毕业生在农村养老服务机构就业,支持农村生源养老服务人才返乡就业创业,助力乡村养老服务

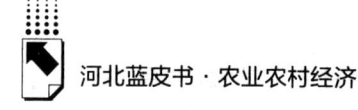

发展。鼓励县职教培训机构、职高等教育机构精准对接农村康养产业融合发展需求，优化专业结构，提高培训质量。强化校企合作，支持培训机构开展订单式、定向式及项目制培训，为产业培养定向人才，提高人才的实用性，降低企业人才培养成本。依托乡村养老服务机构承建公共实训基地、产教融合实训基地等平台载体，为养老服务专业对口的学生提供实习培训机会。开发农村当地劳动力资源，通过岗前培训、岗位技能提升培训和创业培训引导农村剩余劳动力向农村养老护理员转变，充实养老服务人才队伍。

参考文献

《第七次全国人口普查公报》，中国政府网，2021年5月11日，https：//www.gov.cn/guoqing/2021-05/13/content_5606149.htm。

《河北省人民政府办公厅关于印发加快建设京畿福地、老有颐养的乐享河北行动方案（2023—2027年）的通知》，河北省人民政府网站，2023年8月20日，http：//www.hebei.gov.cn/columns/b0383d20-7079-42b1-98b6-b72888619055/202308/20/ea4329a9-9e61-467f-90d9-df510d1affb1.html。

程晖：《我国基本养老服务体系建设进入全面推进新阶段——一些地方因地制宜在基本养老服务清单项目内容和标准方面做"加法"》，《中国改革报》2023年9月15日。

吴正金：《乡村养老产业发展思考》，《合作经济与科技》2019年第6期。

《关于进一步释放消费潜力促进消费持续恢复的意见》，中国政府网，2022年4月26日，http：//whtb.mofcom.gov.cn/zcfg/art/2022/art_7648bcc153534c4c84cf62468905e237.html。

王海云、尹源：《人口老龄化背景下我国消费发展机遇与建议》，《当代金融家》2024年第8期。

董秋云：《共享经济下乡村休闲养老产业的发展对策》，《改革与战略》2018年第1期。

王胜强：《河北对接京津发展康养产业》，《经济日报》2024年5月19日。

赵语涵：《创新发展指数领衔三地协同发展》，《北京日报》2025年1月5日。

B.20 三产融合视域下数字赋能河北农民共同富裕研究[*]

赵然芬 王燕 刘静 缪丽萍[**]

摘　要： 扎实推进农民农村共同富裕，提振农村经济、切实增加农民收入是关键，而利用数字赋能推进农村产业融合高质量发展是核心抓手。数字赋能农村产业融合发展，可以通过精准控制生产资料投入来降低生产成本、优化生产环境以提高产品质量和数量来增加收入、开拓销售范围及减少中间环节以获得农产品绝大部分市场价值、破除物理限制及优化生产要素供给来营造良性产业生态环境以及增加农村公共服务供给以提升劳动力素养等方式实现农村居民经营性收入、工资性收入以及财产性收入增加。以数字赋能河北农村产业融合发展进而推进农民农村共同富裕，当前要着力做好三个方面的工作，一是深入实施数字赋能，推进农村产业融合高质量发展；二是深入推进数字乡村建设，提升农村劳动力数字化发展能力；三是探索数字化联农带农惠农富农机制，推进农民农村共同富裕。

关键词： 农村产业融合发展　数字化　农民农村共同富裕

---

[*] 本报告系2023年度河北省社会科学发展研究课题"河北省数字经济与现代农业深度融合发展研究"（课题编号：20230102001）阶段性成果。

[**] 赵然芬，河北省社会科学院农村经济所副研究员，主要研究方向为农村三产融合、数字农业、农民农村共同富裕等；王燕，石家庄市科技信息研究所工作人员，主要研究方向为数字农业；刘静，河北省新型城镇化和城乡统筹发展服务中心工作人员，主要研究方向为共同富裕；缪丽萍，河北省新型城镇化和城乡统筹发展服务中心工作人员，主要研究方向为共同富裕。

导 言

共同富裕是中国特色社会主义的本质要求，是中国人民的共同期盼，是中国特色社会主义制度优越性在新时代的集中体现。党的二十大报告提出，全面建设社会主义现代化国家，最艰巨、最繁重的任务仍然在农村。扎实推进农民农村共同富裕，切实增加农民收入、提振农村经济是关键。习近平总书记高度重视农村产业融合发展、数字赋能对农村共同富裕的促进作用，强调"要推动乡村产业振兴，紧紧围绕发展现代农业，围绕农村一二三产业融合发展，构建乡村产业体系，实现产业兴旺，把产业发展落到促进农民增收上来"[1]，"瞄准农业现代化主攻方向，提高农业生产智能化、经营网络化水平，帮助广大农民增加收入"[2]，这为依托产业发展推进农民农村共同富裕指明了方向。

与城市相比，河北农村人口更多、富裕水平更低、贫富差距更大。扎实推进农民农村共同富裕，既要依托产业高质量发展持续增加全体农民收入，又要通过机制模式的优化完善缩小贫富差距和发展差距。新发展阶段和新经济形势下，实现该目标，亟须引入新要素，创新机制，实现新发展。大数据、物联网、区块链、云计算、人工智能、移动互联网等信息技术的纵深发展和广泛应用，使数字成为重组要素资源、重塑经济结构、重整竞争格局的关键力量。2019年党的十九届四中全会明确提出数据是新的生产要素，党的十九届五中全会再次确立了数据要素的市场地位。数字赋能农村产业融合发展就是把数字技术应用到农村产业生产、加工、仓储、流通、销售全过程，农业产前、产中、产后全环节，农村产业链、价值链、要素链、供应链、利益链全链条，通过数字对产业的正反馈、产业对数字的反向反馈，实

---

[1] 《习近平李克强王沪宁赵乐际韩正分别参加全国人大会议一些代表团审议》，中国政府网，2018年3月8日，https://www.gov.cn/guowuyuan/2018-03/08/content_5272385.htm。

[2] 《习近平：在网络安全和信息化工作座谈会上的讲话（2016年4月19日）》，《人民日报》2016年4月26日，第2版。

现以数管农、以数服农、以数引农，进而倍增资源要素效率、增扩产业发展空间、再造主体利润增长，促进农村产业兴旺、经济繁荣、环境宜居以及农民收入增加。

一 数字赋能农村产业融合发展推进农民农村共同富裕的理论逻辑和作用机制

农村产业融合发展通过一二三产业间的边界融合、要素共用、分工细化、业态模式创新等，实现了产业链的延伸、价值链的拓域以及各链环经营主体的收益增加。理论上说，农村产业融合发展推进农民农村共同富裕的路径主要有三种，一是通过产业提质增效增加农民经营性收入，二是通过产业结构优化升级增加工资性收入和财产性收入，三是通过产业生态优化提升农民内生发展能力。相应地，数字赋能农村产业融合发展推进农民农村共同富裕的理论逻辑和作用机制也主要体现在三个方面。

（一）数字赋能提升了农村产业融合发展动力，推动了农民经营性收入增加

数字技术、数字设施、数字平台以及数字服务等在农业农村的完善，推动了农业产业在生产、流通、销售等环节的数字化转型，实现了农业生产方式与经营方式的智能化、集约化和现代化，农村产业融合显著提质增效的同时，农民经营性收入显著增加。

1.数字赋能生产环节，能精准控制生产资料投入，有效降低生产成本

非数字化生产环境中，农业生产资料的投入大都依靠生产经营者的历史经验，常会存在投入粗放、要素错配和浪费现象。数字化生产环境下，生产经营者借助卫星遥感、作物传感、信息融合等互联网、物联网技术以及数控设备等，根据农作物生长在不同季节、不同时期、不同气象、不同环境等情况下的不同需要精准控制种子、水、肥、药等生产资料投入，在实现绿色化、集约化生产的同时避免生产资料的浪费，降低生产成本。另外，数字化

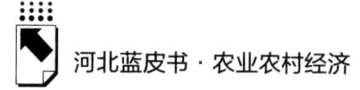

设备可以根据实时监测到的农作物生长情况、病虫害、墒情,以及光照、温度等天气情况自动调节适配农作物生长的最优环境,在一定程度上减少了人工投入,降低了劳动力成本。

2. 数字赋能销售环节,能有效解决"卖难"问题,增加销售收入

传统销售模式下,农户生产出来的农产品到达消费者手中需要经过批发商、经销商、零售商等多个中间交易主体,不仅交易环节多,各环节主体之间也存在严重的信息不对称情况,导致出现流通成本高、价值损耗大、销售价格低、产品难卖等问题,影响了农民增收。数字赋能销售环节能有效解决上述两个方面的问题。一方面,电商平台的出现、农产品出村进城工程的启动,推动了农产品生产端与消费终端的直接对接,农民可以将农产品直接销售给消费者,既减少了中间交易环节,避免了中间商压价分羹利润,又减少了农产品中间环节的损耗,使消费者得优惠的同时增加了农民经营收入。而且农产品电商平台的介入,将广大消费者与农业生产者以多对一的方式连接起来,消费者通过互联网即时了解农产品特性,既有利于激发消费者潜在消费需求,也将农产品销售范围扩大至全国乃至全球的每一个角落。另一方面,数字赋能销售环节,通过电商平台、批发市场的数字化交易、交易内容的数字化显示等,农产品生产者和销售者都能获取农产品的实时价格,从而保证农民议价能力提升和农产品的公平交易,使农民获得合理销售价格和利润率。

3. 数字赋能决策环节,能有效解决"盲目生产"和"无序生产"问题,防范"谷贱伤农"风险

大国小农市场背景下,分散化生产的小农户对市场变化不敏感,掌控市场需求的能力不强且面临严重的信息不对称,生产销售等决策往往依赖既往经验或从别处听来的"小道消息",常出现"盲目生产""无序生产""卖难""谷贱伤农"等情况。数字赋能生产、经营、销售等决策环节,通过大数据、云计算等帮助农民及时获取整个市场的生产、库存、销售、交易价格、需求走势等情况,并据此提出生产建议,可以引导农民合理规划、科学生产。

（二）数字赋能推动了农村产业融合业态创新，推动了农民工资性收入和财产性收入增加

数字与农村产业资源的融合，有利于激发资源的潜在经济价值，从而催生新产业、新业态、新模式，推动农村创业创新，进而带动农民经营性收入、工资性收入和财产性收入增加。

1. 数字赋能农村生产生活生态资源，能够拓展乡村旅游产业价值空间，农民通过在该领域内的创新创业、就业以及要素入股等方式获得各类收入

数字技术的使用赋予农村"三生"资源更广的开发范围。首先，农村"三生"资源所有权和经营权拥有者可以借助数字平台收集客户需求数据，结合当地特色资源、地形地貌来调整、新增休闲度假产品和服务内容，适度融入数字技术增加项目科技感，为旅游观光人群提供多元化体验，开拓新的收入增长点。数字技术与地方特色资源的结合在一定程度上降低了农文旅产品和服务的同质化程度，提升了乡村旅游的独特体验和客户黏性，增强了乡村旅游项目获取利润的持续性。其次，数据平台的建设使用，为乡村旅游项目开辟了更广阔的展示空间，借助 AI 等数字技术，项目经营者可以更全面、更系统、更形象地展现项目内容及亮点，可以吸引更大范围的更多游客前来游玩。在此过程中，乡村旅游人数的增多推动了乡村旅游产业运营收入的增加，乡村旅游项目经营者的经营收入以及其雇用的农民的工资性收入也因此水涨船高。最后，乡村旅游产业的快速发展吸引了社会资本的广泛参与，城市资本或租用或采用入股方式流转农民土地发展乡村旅游产业，农民从中获得土地租金、股份红利等财产性收入。

2. 数字赋能农产品销售，能够促进农村尤其是偏远农村地区业态创新、农民收入增加

传统销售模式下，农村地区尤其是偏远农村地区，受地理位置偏远、交通不便以及缺少销售介质等因素限制，其农产品尤其是小规模的特色农产品很难销售出去，严重限制了偏远农村地区农户增收。数字技术的深入发展使商品贸易摆脱了对设备、资金、场所等的硬性依赖，偏远农村地区生产主

体、小微企业和农民个人等都可以通过电商平台实现网络化运营。借助各类电商平台，越来越多的农业生产加入"互联网+农业"业态，在扩大销售增加收入的同时，推动了农村电商、短视频自媒体营销、直播带货、平台团购等新业态的蓬勃发展，带动了直播主播、物流配送等新型就业岗位的规模化产生，让处在偏远地区、文化程度偏低的农村居民有了更多就业、创业和实现自我价值的机会，也得到了更多的经营性收入和工资性收入。

（三）数字赋能优化了农村产业生态，增强了农民内生发展能动力

长久以来，农业农村农民的发展都受到现代要素短缺的困扰，其中固然有投入产出比相对较低的因素，但地理空间限制、行业壁垒等也是"三农"土地、资金、人才、技术等现代生产要素长期短缺的主要原因。数字技术的使用使现代生产要素突破了这一限制，农业农村农民的要素生态得以优化。

1. 数字赋能要素供给，有利于破除农村产业融合发展的要素约束，进而增强农村产业发展动力

数字技术的共享即时性、跨界均衡性、多样精准性，能够推动资金、人才、技术等现代生产要素跨地域、跨行业、跨城乡无障碍流动和快速集聚，矫正资源要素失衡错配，从而降低生产和服务成本、促进价值增值，提升农村产业发展质量与效率。以金融为例，数字技术的应用联通了线上与线下、虚拟空间与物理空间，使农村金融服务规避了传统金融地域空间、信息短缺延滞等硬性约束，具有更高的普惠性和可及度，不仅使偏远地区和信息弱势群体等享受了金融便利，而且为农村创业创新和产业发展提供了即时资金支持。具体来说，数字金融的普及，改变了农村金融网点少、服务成本高的弊端，农民通过微信、支付宝、银行App等服务终端，足不出户就可以获得方便快捷的支付结算、转账、投资理财以及信用贷款等金融服务，不仅有利于农户获得利息、分红等收入，而且有利于缓解农民扩大再生产或创新创业时经常面临的资金短缺困境，推动农户顺利扩大经营。科技与人才服务亦是如此。数字平台的介入，使得科技、人才等服务的供需双方无缝衔接，农户可以根据自己的需求发布、寻找、对接、获

得相关技术和服务，极大地缓解了传统模式下农户的要素困境，有力地支持了农户产业经营结构优化升级。资金、科技、人才、信息等现代生产要素可获得性的提升，有力有效缓解了农户要素短缺困境，促进了农户生产能力的提升和扩大再生产的顺利进行。

2.数字赋能公共服务，有利于打破时空限制增加服务供给，进而促进农民素质提升

受人、财、物以及服务成本等限制，传统供给模式下，教育、医疗、政务服务等农村公共服务供给不仅数量严重不足，而且质量和水平相对城镇较低，农民提升自身素质和劳动技能的渠道和服务等都相对欠缺。数字技术的出现，打破了公共服务供给的时空限制，教育、医疗、政务服务等公共服务能够以较低的边际成本增加实现在更大范围内的供给与覆盖。通过职业类院校的在线课堂、远程教育、慕课等数字化手段，农民可以随时随地接受职业再教育、提升职业技能；借助远程会诊、远程授课、远程查房等数字化手段以及"医联体""医共体"建设等，农村居民可以享受到与城镇居民均等化的医疗服务。利用政务平台，农民可以实时了解政府各项扶持政策和政务事项进展，及时获得政府政策支持。数字赋能公共服务，使得公共服务以较低的成本实现了对农村地区和农民的全覆盖，既提升了农村地区公共服务水平，推动了城乡公共服务的一体化供给，又优化了农民接受再教育服务的条件，助力农民人力资本、职业技能提升，进而推进其发展能力提升和收入增加。

二 数字赋能农村产业融合发展推动农民农村共同富裕的河北典型案例剖析

《河北省数字经济发展规划（2020—2025年）》发布实施以来，河北贯彻落实省委、省政府数字农业工作部署和一系列文件精神，在各级地方政府部门的大力推动下，河北数字赋能农村产业融合发展建设取得了显著成效，也涌现出了诸多先进典型。邯郸市永年区博远粮油贸易有限公司（以下简称"博远公司"）探索的"农事服务360+"模式是这方面的典范。博

远公司是一家集粮食种植、购销、仓储及农产品加工等业务于一体的农业综合服务企业和新型农业经营主体,其探索创建的"农事服务360+"模式,依托3大业务板块(农业生产经营、粮食仓储贸易、新农村综合服务)、6大主体(政府、企业、农户、金融机构、保险机构、科技院校)合作以及中粮贸易有限公司,实现了粮食生产提质增效、农村产业融合发展、农民就业增收3项目标。博远公司先后被评为河北省省级示范家庭农场、河北省粮食安全宣传教育基地、河北省100个农业生产托管服务省级示范组织、河北省20个农业生产托管服务品牌组织、邯郸市市级现代农业园区、邯郸市农业产业化重点龙头企业等称号。其具体经营模式如下。

(一)依托土地统一托管和数智化生产,实现粮食种植增产增效

以永年区曹八汪村为例,2021年博远公司将全村280户农户的1000余亩耕地纳入"农事服务360+"模式,由村两委、农户、博远公司联合实施经营管理。博远公司统一负责供种、种植、管理、植保、收割、烘干、存储等环节,销售收入优先支付村民土地租金800元/亩,再核减公司投入成本,盈余部分由公司与农户共同分配。"农事服务360+"模式下,农户当年亩均收入为1300元,村集体获得20元/亩的管理收入,剩余收益为博远公司所有。博远公司对托管的土地实施标准化管理和数智化生产。如在耕、种、防、管、收等环节,严格按照省农业科学院《小麦玉米绿色生产技术规程》实行标准化农业管理;与中国农业科学院、河北省农林科学院、河北工程大学和邯郸市农业科学院等科研院所深度合作,全面实施测土配方、节水灌溉、化肥减量、农药减量、水肥一体化等技术;利用5G新技术,在基地建设了多功能气象站、苗情监测站、虫情测报站等,通过物联网对农田作物的实时信息、土壤状况、墒情等进行大数据分析,形成生产信息图,基地管理人员根据数据情况,进行自动灌溉、无人机施肥、喷药、一喷三防作业等。与农户自己经营相比,"农事服务360+"模式经营的农地实现了节水30%、节肥20%、节药15%、节人工50%以上、降低粮食损耗6%、增加土地面积10%、增加产量10%。

（二）依托数字赋能，实现农村产业融合发展

博远公司利用数字技术搭建了"农事服务360+"农业社会化综合服务智能平台，利用智能平台为用户提供专业化、数智化服务。一是提供专业化、智能化农业生产管理服务。利用自身拥有的农资、农机、植保、仓储、物流和销售等资源，为覆盖范围内的家庭农场、大户等经营主体，提供农业机械、植保无人机、智能仓储物流以及农作物生长趋势、养分需求、病虫风险和生长环境的监测调控服务等。二是延伸农业产业链条。依托自建"粮富通"互动农场系统平台，发展共享农业，引导城市居民认种农户土地；立足本地乡村特色手工业，引导留村妇女发展特色农产品加工、特色手工等产业，依托来休闲的城市居民以及电商、直播等渠道销售土特产品，带动农民在家门口创业增收。三是推进农业全产业链发展。一方面，大力发展订单农业，在"农事服务360+"模式覆盖范围内，大力发展订单农业，打造小麦、玉米、大豆等特色产业强镇强村等；建设智慧农业物联网平台，实现大数据互联互通，建立农产品"从农田到餐桌"全过程追溯管理系统，保障农产品安全。另一方面，在"农事服务360+"模式覆盖范围内的乡村，依托农产品生产，就近就地发展农产品加工业，同时联合周边农民合作社、家庭农场、小农户等组建农业产业化联合体，通过延伸加工链条，带动农户开展订单化、规模化种植，实现利益联结、抱团发展。

（三）开展多样化社会服务，推动实现农民农村共同富裕

一是开展土地托管服务，参加土地托管的农户比不参加托管时亩均收入增加100元，同时，"农事服务360+"模式的各级管理人员均聘雇当地有能力的农民担任，管理人员年收入在10万元左右。二是开展生产中介服务，通过互联网平台组织经营休闲农业的农户与城市居民对接、组织土特农产品销售等，助力农户增加经营性收入。三是开展粮食存储和销售服务，博远公司利用自有仓库和销售渠道，帮助有需要的农户存储粮食、适时销售粮食，助力农户获得最多的销售收入。四是开展综合性生活服务，博远公司利用自

有社会关系，积极为农户免费提供日用品购买与配送、出行、医疗、教育、就业咨询等方面的服务，着力为"农事服务360+"模式覆盖范围内的农户解决生活难题。

（四）"农事服务360+"模式面临的困境

博远公司利用数字赋能农村产业融合发展带动农民农村共同富裕取得积极成效的核心因素主要有三个方面。一是地方政府部门的全力支持，其数字化设备大多数依赖政府资金购入。二是合理可持续的联农带农机制，博远公司设计实施了被托管农户"固定收益+分红"优先的利益分配机制，为农户稳定增收提供了制度保障。三是注重农业与科技融合，博远公司对农业生产环节的物质投入制定了严格的制度、标准和流程，只有符合博远公司生产需要、能切实带来产量增加和收入增长的生产资料才允许被使用，杜绝了伪劣生产资料的使用和损害公司效益行为的发生。博远公司作为数字农业发展单位的一个缩影，也遭遇了与其他经营单位雷同的困境。其存在的问题主要如下。一是数字化场景应用程度不深，数字化设备和技术仅在部分乡村农业生产的部分环节使用，与全面实现农业生产数字化还有很大差距。二是数字效能还不突出，数字赋能目前仅在生产环节和销售环节有所体现，较少涉及其他环节，如要素供给、服务供给、休闲赏玩等环节。三是政府支持力度和惠及范围还较小，政府主导供给的数字化设备主要倾向于支持龙头企业的部分农业种类的生产环节，尚没有能力实现全区域、全方位、全环节、全主体扶持。

三 数字赋能农村产业融合发展更好推进农民农村共同富裕的思路与建议

农村产业融合发展的核心要义是通过农村各类产业的分工细化、融合互促、创新迭代等，使拓展出来的更多产业留在农村、更多岗位留在农村、更多收益留给农民。基于此，数字赋能农村产业融合发展推进农民农村共同富裕的优化思路应主要集中在三个方面，一是提升农村产业融合高质量发展，二是提升农村劳动力数字化发展能力，三是探索数字化联农带农惠农富农机制。

（一）深入实施数字赋能，推进农村产业融合高质量发展

1. 强化数字化设施与平台建设

数字化设施与平台是产业数字化发展的前提和基石。推进农村产业融合数智化发展，要建足补齐数字化设施和平台。一是完善优化农业农村信息基础设施。开展千兆光网、5G 网络、IPv6 等信息设施进村、入园行动，加快实现行政村、农业产业园区和新型农业经营主体光纤网络全覆盖。强化偏远农村地区，尤其是有丰富资源优势、地势偏远山区信息基础设施建设，加快实现农村地区信息基础设施全覆盖。二是强化数字平台建设。立足农村产业融合数字化发展规划和平台功能定位，推动省、市、县、乡、村、园区、龙头企业等结合发展需要建设数字化平台、小程序等，推动地域资源、要素、项目、服务、政策、管理、产业链相关经营主体、供应链相关经营主体等上平台，推动各级各类管理、服务主体依托平台开展工作。推进省、市、县三级农业农村、商务、民政、邮政、供销等部门农村信息服务站点同级或跨级整合，引导农业经营主体连接平台、依托平台开展生产经营。三是加强农村农业物联网基础设施建设。因地制宜采取政府示范项目、财政奖补、金融信贷等方式，鼓励引导新型农业经营主体、小农户、数字设备生产供应商等通过购买、租赁、合作、服务等多元方式，推动遥感设备、无人机，以及水肥土观测、病虫害监测、气象监测、温光湿监测等物联网设备设施在农业农村广泛应用，夯实农村产业融合数字化发展基础。

2. 强化优化政策扶持

国内外实践证明，政府扶持是农村产业数字化发展的重要助力，初始发展阶段尤甚。鉴于河北农业资源丰富、经济相对薄弱的省情农情，政府扶持政策既要坚持基础性、普惠性，又要针对重点产业、关键领域、薄弱环节、重点项目、重要主体等实施靶向精准扶持。一是强化资金支持。在积极争取

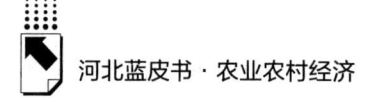

国家级资金项目支持的同时，通过成立发展基金、列支财政专项等多元化手段加大财政资金支持力度，引导涉农部门建设资金、金融资本、社会资本等向农业农村数字化领域倾斜。二是实施差异化扶持政策。结合发展潜力、重要程度等，对不同产业、同一产业的不同环节以及同一环节的不同经营主体等实施差异化扶持政策。以产业为例，对利润低但相对重要的产业，如粮食作物来说，当前政策重点应为降低其数字化设备使用门槛，通过资金补助等方式助力其扩大数字化设备应用；而对高利润率产业来说，政策重点应是助力其实现优质优价、优产优效。再如，对同一产业全产业链数字化来说，政策扶持的重点领域应为全产业链发展的关键领域和薄弱环节，如种植业的数字化仓储环节、数字化社会服务等。

（二）深入推进数字乡村建设，提升农村劳动力数字化发展能力

1.着力提升农村劳动者数字素养

数字素养是数字时代人们生产生活的基本需要和必备技能。强化数字赋能农村产业融合发展的人力支撑，要从四个维度开展建设。一是全面提升农村居民数字素养。鼓励各地积极组织教学资源，充分利用农民夜校、益农信息社、各类农业科教云平台等线上、线下培训机构和资源，针对农村居民广泛开展互联网和"互联网+教育、医疗、商务、创业、职业技能"等培训，增强其安全上网、科学用网、网上创业等意识和能力，切实提升其数字生存能力、数字安全能力、数字思维能力、数字生产能力等。二是大力提升农村劳动力数字技能。结合全省及地方特色农业、优势及主导产业发展，联合省内涉农类高等院校教育资源，加快探索建设现代农业科教信息服务体系，构建完善省、市、县三级科教云平台，汇集整合新技术推广、电商销售、新媒体应用等优质培训资源，持续推进农民手机应用技能培训工作，提高农民对数字化"新农具"的使用能力。鼓励大型数字平台、数字设备和技术生产企业、互联网金融机构等发挥主体作用，通过与地方职业院校共建联合学院、实验室、实习基地等方式，针对农村职业院校学生、新型职业农民等开展数字生产、数字创业、数字服务等生产应用技能培训，提升其数字生产技

能。三是着力提升农村基层干部、领头雁群体等的数字治理、管理和服务能力。加大对村党支部书记、村集体工作人员、第一书记、驻村工作队、"三支一扶"大学生、科技特派员以及龙头企业主、合作社社长、家庭农场主等新型农业经营主体带头人的信息化培训力度，强化数字经济各类新业态新模式、数字社会、数字政府服务等领域内容和职业技能的培训，在增强数字管理和服务能力的同时带动本地居民提升信息技能水平。四是推进数字人才在农业农村领域的"引""留""用"。充分发挥政府载体、介质及杠杆作用，制定、完善、落地、落实股权投资、收入分配、住房保障、医疗保障、职称评聘、子女教育等多方面的人才鼓励政策，引导高素质、高技能数字人才扎根农业农村、"沉浸式"推进农业农村现代化。

2. 营造农村良好的数字生态

一是强化农村数字化公共服务供给。围绕教育、医疗、养老等公共服务供给，探索开展数字化服务方式，推动互联网与远程教育和智慧医疗、数字政务等产业和服务的深度融合，让农民享受到可及、友好、便捷的数字服务，消弭城乡之间、区域之间和农户之间的公共服务差距。二是丰富农村数字生产生活场景。推动5G、超高清视频、虚拟现实、人工智能等数字技术在农村产业中的应用与普及，提高电子商务、移动支付、共享经济、智慧出行等新型数字生活服务在农村地区，尤其是休闲、旅游、商贸等第三产业相对发达的农村地区的应用体验，以提升数字工具使用意愿、营造良好的数字生活氛围。三是强化"数字+要素"支撑。引导金融、人才、科技、物流、商贸、仓储、文化等要素、资源所在机构，利用地区综合平台或自建平台、数字技术等开展数字化要素供给服务、资源配置工作，推进数据要素协同优化、复用增效、融合创新，进而带动数据要素高质量供给、合规高效流通，增强农村产业融合发展的要素支撑效力。

（三）探索数字化联农带农惠农富农机制，推进农民农村共同富裕

提高农户收入最重要的是让农户参与现代化的农业产业体系，参与农业产业发展的专业化分工，从而发挥自身比较优势，从事专业化生产经营活

动。唯有如此，农户增收才具有稳定性和可持续性。因此，以数字赋能农村产业融合发展、更好推进农民农村共同富裕，要通过数字技术让农户更多地参与农村产业发展。要大力鼓励新型农业经营主体积极创新联农带农机制，通过组建农业产业化联合体、开展订单农业、组建合作社、开展服务合作和销售合作等，带动更多农户参与农村产业融合数字化发展；鼓励新型农业经营主体探索数字化利益联结分配机制，在保底分红、入股参股、服务带动等方式中引入数字因素，让农民更多分享产业增值收益。健全新型农业经营主体扶持政策和带动农户增收挂钩机制，将联农带农作为政策倾斜的重要依据，引导企业、农民合作社、家庭农场与农户等紧密联合与合作。

参考文献

孙俊娜、胡文涛、汪三贵：《数字技术赋能农民增收：作用机理、理论阐释与推进方略》，《改革》2023年第6期。

杜晓燕、陈红、张江楠：《数字赋能农村共同富裕的影响研究》，《统计与信息论坛》2023年第10期。

邓晓军、吴淑嘉、邹静：《数字经济、空间溢出与农民收入增长》，《财经论丛》2024年第3期。

周蓉、王修华、雷雨亮：《数字金融对农民增收的影响：基于门槛效应和空间收敛性分析》，《农村金融研究》2024年第1期。

姜长云：《发展数字经济引领带动农业转型和农村产业融合》，《经济纵横》2022年第8期。

肖咏嶷、夏杰长、曾世宏：《共同富裕目标下数字经济促进农村产业融合发展的机理与路径》，《山西师大学报》（社会科学版）2022年第6期。

卢晨晖、叶琪：《数字经济赋能我国农村共同富裕的机理与路径》，《当代农村财经》2022年第7期。

李玉清：《数字经济推动农村一二三产业融合发展的路径研究》，《当代经济》2019年第7期。

B.21 河北省农村消费补短板促升级路径研究

李军 李云霞 张波*

摘　要： 消费是经济活动的起点和落脚点，是经济稳定运行的"压舱石"，对经济增长具有导向和拉动作用。农村消费市场潜力巨大，是未来扩内需、稳增长的重要抓手。但与不断增长和升级的消费需求相比，农村消费市场有效供给仍存在短板，在很大程度上制约了农村消费需求的释放。补齐农村消费短板，释放农村消费潜力，对当前稳增长、扩内需、促消费具有重要意义。本报告立足于河北省农村消费基本情况，分析了河北省农村消费的优势、潜力和主要短板，在此基础上提出对策建议，主要包括完善农村消费市场，改善农村消费环境；提升农村消费供给质量，优化农村消费结构；增加农村居民收入，提升农村消费能力；健全农村保障体系，消除农民消费后顾之忧；加强农村消费政策引导，增强农村消费信心。

关键词： 农村消费　促消费　河北省

一　河北省农村消费基本情况

（一）农村消费市场持续繁荣

近年来，河北省农村经济呈现快速发展态势，农村市场繁荣活跃，消费供给丰富，需求强劲。从供给侧来看，农产品供给充足，2024年第一产业

---

* 李军，河北省社会科学院农村经济研究所研究员，主要研究方向为农村经济理论与实践；李云霞，河北省宏观经济研究院正高级经济师，主要研究方向为区域经济、社会与消费；张波，惠州学院文学与传媒学院教授，主要研究方向为消费文化。

增加值达到4522.3亿元，全国排第9名。全年粮食总产量为3908.8万吨，同比增长2.59%；禽蛋产量为425.6万吨，同比增长5.2%；蔬菜产量为5717.3万吨，同比增长4.0%；园林水果产量为1217.6万吨，同比增长4.4%。从需求侧来看，居民消费意愿和消费能力不断提升，消费渠道和消费方式多元化发展，消费总量稳定增长，2024年全省农村社会消费品零售总额达到2309.9亿元。农产品价格总体平稳，供需基本平衡。①

（二）农村消费结构逐步优化

随着居民收入的提高，人们从满足温饱慢慢向追求品质生活过渡，生活消费也由生存型向享受型和发展型转变。从历年农村居民人均消费支出构成来看，衣食住行消费依然是农村居民的主要消费类别，但食品烟酒等基本消费比重持续下降，衣着和居住消费比重分别稳定在6.5%和20%左右；② 交通通信、教育文化娱乐、医疗保健等较高层次消费呈波动上升态势。农村居民消费品升级步伐加快，以汽车为标志的耐用消费品普及率快速提升，特别是新能源汽车下乡和以旧换新活动的开展，有效拉动了农村汽车消费。

（三）农村居民消费需求和消费质量明显提升

随着经济社会的快速发展，农民生活条件有了明显改善，多元化、品质化、个性化消费特征逐步显现。农村消费者对绿色、智能、健康类商品的需求越来越大，大屏幕智能电视、大容量保鲜冰箱、除菌空调、健身器材等产品的销量在农村市场不断走高。农民外出就餐和旅游活动逐渐增多，人们对生活品质的追求越来越高，许多农村消费者在消费时优先考虑的因素不再是价格，而是质量，性价比高的产品最受农村居民的青睐。

（四）农村消费渠道和消费方式发生重大改变

随着城乡市场加快整合和一体化发展，连锁经营、物流配送、特许经营

---

① 数据来源于河北省统计局。
② 数据来源于历年《河北省农村经济年鉴》。

等现代流通方式向广大农村地区推广和渗透，百货商场、网络电商、大型超市成为农村购物主要渠道，与小商店、集贸市场等一起构成农村的主要消费市场。调查数据显示，65%的消费者会去百货商场购物，56%的消费者会通过网络电商购物，51%的消费者会去连锁或大型超市购物，还有42%和41%的消费者选择去小商店和集贸市场购物。同时，消费方式随着信息技术和移动互联网的普及发生了重大变化，移动支付已经被农村消费者广泛接受和应用。

（五）农村市场建设逐步完善

近年来，为促进消费扩大内需，河北省出台了一系列政策措施，加快推进商贸市场、设施、平台、环境和物流体系建设，推动实体商业转型升级和线上线下融合发展，促进消费扩容提质。先后实施了品牌连锁便利店培育、便民市场建改、城乡高效配送体系建设等重大工程，开展促进消费活动，极大地改善了农村消费品市场经营条件，农家店、乡镇商贸中心、农村物流服务体系、乡镇集贸市场更加规范便利。随着互联网和农村电商的快速发展，农村物流配送体系也逐步完善，主要快递配送中心基本实现乡镇全覆盖，大部分平原乡村地区可以实现快递配送到村。

二　河北省农村消费优势和潜力分析

（一）规模巨大的农村人口蕴藏着巨大的消费市场容量

人口决定市场规模。河北省是人口大省，2024年末，全省常住人口为7393万人，其中，居住在乡村的人口为2752万人，占37.22%。如果全省农村居民每人每年增加消费支出1000元，社会消费品零售总额将增加275亿元，占全省社会消费品零售总额的1.7%。[①] 特别是随着人口政策的变化，

---

① 根据河北省统计局数据计算。2024年河北省社会消费品零售总额为15869.4亿元。

国家开始鼓励支持生育三个子女,这一政策的效果在农村得到充分体现,将为农村带来更大的消费需求,孩子的餐饮、娱乐、教育、医疗等消费支出将进一步扩大,农村市场将更加活跃。

(二)相对较低的消费水平蕴藏着较大的增长空间

河北省农村消费仍处于较低水平,2024年全省农村居民人均消费支出为18412元,仅相当于城镇的62.8%,① 城镇人口的各种耐用消费品消费需求已基本得到满足,但农村居民的消费需求尚未得到充分满足,而且城镇居民可以享受的高端产品和服务在农村还有较大的缺口,这意味着农村居民消费还有较大的增长空间。在未来一个时期,随着乡村振兴的推进和新型城镇化加快建设,城乡融合步伐加快,农村消费市场和供需结构将与城镇趋于一致,城乡差距进一步缩小,农村消费潜力将得到释放。

(三)农村居民收入的快速增长将加快农村购买力的释放

收入决定消费能力,相比城镇居民,农村居民边际消费倾向较高,消费欲望更为明显。2024年,河北省农村居民人均可支配收入达到22022元,增长6.4%,比城镇居民高1.91个百分点;城乡居民收入比缩小为2.07,② 城乡收入差距进一步缩小。农村居民收入的增加将促使农村消费扩张和升级,消费结构将逐步向城镇靠拢,家电、汽车、住房、信息、健康养老育幼、旅游文化餐饮娱乐等领域将成为农村消费扩容的重要领域。农村居民收入的快速持续增长将把这些需求潜力转化为现实消费。

(四)农村投资的快速增长将进一步夯实农村消费基础

基础设施建设的提速普及,对农村消费市场的形成有巨大的促进作用。

---

① 根据河北省国民经济和社会发展统计公报数据计算。2024年河北省城镇居民人均消费支出为29310元。
② 根据河北省国民经济和社会发展统计公报数据计算。2024年河北省城镇居民人均可支配收入累计为45610元。

近年来，河北省加大了对农村基础设施的支持力度，实现了所有村至少有一条安全可靠、顺畅通行农村客车的硬化路，农村公路的畅通带动农业特色产业、旅游休闲产业、电商快递产业发展，成为推动农村消费的有力支撑。"十四五"时期，河北省继续全力推进"四好农村路"建设，计划建设改造农村公路3.3万公里，推动交通建设项目更多地向进村入户倾斜。同时，新农村、农田水利设施、能源通信等基础设施建设也进入大投入大建设大发展阶段。基础设施的逐步完善，将进一步拓展各类消费产品的上行和下行通道，加速农村消费潜力的释放。

（五）高质量市场需求增多将促进农村消费结构进一步优化

随着国民收入的提高，整个国民经济对农产品特别是对较高质量农产品的需求增多，日常生活必需品逐渐转向对品质、健康、绿色环保产品的追求，对有机农产品、绿色食品、高品质家电等的需求不断增长。随着河北省农产品品牌体系的建立，玉田包尖白菜、富岗苹果、鸡泽辣椒、昌黎葡萄酒、饶阳蔬菜、平泉香菇、黄骅冬枣、迁西板栗、曹妃甸河鲀、大厂牛肉等适合高端消费的区域品牌农产品市场前景广阔。同时，随着城市居民对乡村旅游度假、休闲娱乐等生活服务需求的增加，农村"新六产"发展大有可为，农村供给和需求结构都将发生重大变化。

三 河北省农村消费主要短板分析

（一）农村居民收入水平较低

收入是影响消费的核心因素，居民收入水平的高低直接影响消费能力，农民收入偏低将直接限制农民的购买力。同时，人们对收入增长的预期也会影响消费支出水平，大部分农村居民收入不稳定，受经济社会发展形势及自然条件变化影响较大，在农产品价格波动及销售市场不稳定的情况下，人们更愿意将增加的收入用于储蓄而不是用于消费。虽然近年来河北省农村居民收入得到了快速增长，但总体来看，还处于较低水平。2024年河北省农村居民人均可支配收入为22022元，比全国平均水平低1097元，全国排第17位;[①] 与城镇居民相比，农村居民人均可支配收入仅相当于城镇居民的48.3%。[②] 此外，农村居民在社会保险、医疗卫生、社会服务、养老金水平等方面，均与城市居民存在一定差距，也成为制约农村消费的重要因素。

（二）农村居民消费观念有待转变

消费观念是影响消费的重要因素。随着经济社会的发展，农村传统的消费观念逐步发生变化，一部分农村居民特别是比较容易接受新现象、新思想和新消费方式的年轻人，消费观念已经与城市居民趋同，他们愿意尝试各种新的消费品和消费模式，会购买一些中高端产品和服务，追求更高的生活品质。但也有一些农村居民传统的消费观念根深蒂固，抑制了农村消费市场的发展，特别是在教育、医疗等保障制度还不完善的阶段，农民心理上缺乏安全感，他们更愿意将收入储存起来以备不时之需，不能把有限的资金更多地用于消费。

（三）农村总体供需不平衡

从供给侧来看，农村生产的产品是以粮食、蔬菜、水果、肉蛋奶为主的农产品及农产品加工产品，部分农村地区还有一些特色加工产业可以满足当地居民部分生产和生活需要，但以低层次初加工产品为主。从需求侧来看，随着人们生活水平的提高，人们基本生活需求得到满足之后，对中高端、个性化的实物产品和服务的需求越来越多，农民的品牌意识和质量意识明显增强。虽然近年来网络化给农村消费者在购买高端产品、休闲娱乐、技能学习等方面带来了许多新的体验，但总体上，农村市场低端供给与居民高层次需求不平衡、不匹配问题比较突出。

---

① 根据各省份国民经济和社会发展统计公报数据排名。
② 根据河北省国民经济和社会发展统计公报数据计算。2024年河北省城镇居民人均可支配收入累计为45610元。

（四）农村消费环境有待改善

与城镇相比，农村消费环境是突出短板。由于农村地域广、基础设施建设不完善、经营成本高、商品利润薄、农民购买力低等，农村市场开拓难度大，商业流通网点少，消费市场建设相对滞后。同时，农村市场监管较为薄弱，农村经营者诚信意识、法治观念相对薄弱，大部分农村居民的维权意识和维权能力不足，导致农村市场假冒伪劣、商品质量问题突出，在一定程度上影响了消费积极性。此外，农村服务业发展不平衡、不充分，也制约了服务消费需求释放，产品维修不便、售后服务跟不上等问题也抑制了农村消费有效释放。

四 河北省农村消费补短板促升级的对策建议

（一）完善农村消费市场，改善农村消费环境

1. 补齐农村商业体系短板

深入贯彻落实《县域商业三年行动计划（2023—2025 年）》，着力完善提升县域消费的软硬件环境，加快补齐农村商业设施、商品服务等短板，进一步推动供应链、物流配送、商品和服务下沉以及农产品上行。一是完善商业消费载体。借助数字技术发展消费新模式，发展线上线下相结合的农村服务网点，打造连锁化、便利化的物流配送中心、乡镇商贸中心（大中型超市、集贸市场）和农村新型便民商店等，让县乡村商业网络"补链""补网"，满足农村居民消费升级需要。二是不断提升农村商业服务品质。不断丰富商品种类，满足农村居民不断提高的消费需求。推动农村电子商务与线下实体店结合、特色农产品和旅游资源开发相结合。积极推广农产品直供模式，降低农村居民消费成本。三是对县乡村三级商业设施进行改造升级。在县城，重点改造升级一批综合商务服务中心和物流配送中心，强化县城综合商业服务能力。在乡镇，支持发展新型乡村便利店，鼓

励企业开发适合农民需要的产品和服务，重点改造升级一批乡镇商贸中心，增加生活服务功能，优化餐饮、亲子、洗浴、健身、理发、维修、废旧物资回收等便民服务，推动购物、娱乐、休闲等业态融合。在村里，把夫妻店改造升级为新型便利连锁店，同时鼓励因地制宜丰富快递收发、农产品经销等业务。

2. 加强农村基础设施建设

深入贯彻落实《中央财办等部门关于推动农村流通高质量发展的指导意见》，围绕城乡商品要素流动，进一步完善农村基础设施，促进工业品"下行"和农产品"上行"良性循环。一是改善农村基础生活条件。完善乡村集散网络，加快"四好农村路"建设，拓宽改造农村公路窄路基路面，改善群众出行条件，突出解决物品流通"最后一公里"问题，打通农产品上行和工商品下行通道。保障农村用水用电的持续稳定，促进空调、冰箱、洗衣机等耐用消费品在农村的普及。加快农村宽带、5G网络等通信基础设施建设，保障农村居民网上购物基本条件。二是大力完善县乡村三级物流基础设施建设。科学规划设计网状的快递服务基站，完善物流系统，实施集中配送、共同配送、统一配送等集约化配送，推进"快递进村"工程，鼓励"邮快合作""交邮合作"，实现"多站一点、一点多能、一网多用"。三是鼓励和支持农村冷链物流建设。改造提升大型农产品批发市场、农集贸市场保鲜贮藏设施，发展面向团体消费的农产品批量冷链配送，提高冷链物流规模化、集约化、组织化、网络化水平；推动信息技术与现代农业相结合，加速建设农产品生产、加工、仓储、物流等乡村基础设施与智慧配送中心。四是逐步完善旅游基础设施。加快景区景点停车场、步游路建设，加大自驾游营地及特种旅游交通工具的开发力度，加快乡村旅游景点旅游厕所、垃圾箱、休憩点、标识标牌、灾害防御等基础设施规划设置和升级改造，增强旅游消费吸引力。五是推进农村消费大数据平台建设。引导商贸企业、社会机构建设相关领域大数据库，探索推动建立大数据信息共享机制，实时全面掌握全省农村消费动态，增强分析预测、消费预警、消费拓展和政策响应能力。

3.完善农村消费市场制度

立足于更好地满足农民日益增长的多元化、品质化、个性化消费需求和保护消费者合法权益，强化消费市场的服务管理功能，规范农村市场秩序，加强消费领域诚信建设和监管体系建设。一是加强农村市场供应服务体系建设。增强农资服务能力，支持供销系统、邮政乡镇网点巩固基层农资供应、农资配送、农产品收购等传统业务，因地制宜发展冷藏保鲜、烘干收储、加工销售、农技推广等生产性服务；强化农村市场信息化服务，着眼构建现代化流通体系，以数字化技术改造经营网络，推进农产品由线下展销向线上推广延伸，网点售卖与平台经营互通，传统物流与冷链物流结合。二是加强消费领域诚信建设。开展经营者诚信教育，健全守信激励和失信惩戒机制，健全信用权益保护和信用修复机制，通过制度的制约培育诚信意识，促进诚信习惯养成，最终营造诚信的社会氛围。开展企业信用风险分类管理，建立企业信用评价体系，强化评价结果应用，让经营者依法诚信经营、自觉规范经营行为，用诚实守信赢得消费者的信赖和认可，让消费者多渠道低成本依法主张保护自身权益。三是加强监管体系建设。针对消费领域假冒伪劣、虚假宣传、支付风险、信息泄露、霸王条款等损害消费者权益的情况，加强农村消费市场秩序管理和政策制定，建立农村市场监管长效机制，切实保护农村居民的消费权益。加大农村市场监督执法力度，加强产品质量监管，从根本上摧毁假冒伪劣产品的生产与销售，通过法律约束，对生产制造和销售伪劣产品的厂商、经营者给予严惩，营造农村市场监管的良好氛围。

（二）提升农村消费供给质量，优化农村消费结构

1.推动农村传统消费产品升级换代

深化供给侧结构性改革，积极开发适应农村需求特点、适合农民消费特征的产品，增加农村市场有效供给，满足农业农村生产生活更高质量更高水平的消费需求。一是加快农机产品的升级换代。顺应农村劳动力减少、农业机械化需求增多的趋势，加快播种机、插秧机、收割机、脱粒机等农业机械智能化升级，探索促进物联网、大数据、移动互联网、智能控制、卫星定位

等信息技术在农机装备和农机作业上的应用，大力推动无人机、农业机器人在作物栽培、病虫害防治、生产管理、节水灌溉等多方面的应用。二是加快农村交通工具升级换代。实施"汽车下乡"政策，推动汽车市场向农村延伸，繁荣农村二手车市场，降低农村汽车消费成本，支持新能源汽车推广，实施财政补贴政策；提升农用车、电动车质量和档次，保障产品使用安全性和稳定性。三是推动家电等消费品升级换代。普及彩电、冰箱、洗衣机、空调等家电类耐用消费品，推广电磁炉、电饭锅、吸油烟机等小家电的使用，推动智能、绿色、健康的新型家电向农村市场延伸，吸引有条件的居民对家电等消费品进行更新换代、增加消费。四是提升农村居民日常消费品质量。针对农村居民对衣食住行、休闲娱乐、环境卫生等越来越高的要求，不断提升产品质量，更加注重产品安全性、舒适性、个性化、品牌化，提升农村居民消费体验感、满意度。

2.积极培育农村新的消费增长点

围绕农村居民日益增长的多元化、品质化、个性化消费需求，聚焦消费细分市场，加大特色产品研发和供给力度，开发新需求，形成消费新增长点。一是培育农村旅游消费。充分利用和整合农村特有的农耕文化、红色历史及绿水青山等旅游资源，与本地特色农业相结合，积极发展乡乐康养游、乡居民宿游、乡韵民俗游、乡味美食游、乡知研学游、乡隅休闲游、乡礼购物游等主题旅游，打造具有地域特色的乡村旅游景点和旅游线路，提升乡村旅游的体验感和舒适度，吸引城市居民下乡消费，推动农村特产出村进城。二是培育健康养老消费。针对农村老年人消费能力较低的现象，在社会养老制度越来越完善的基础上，引导老年人转变消费观念，更加注重改善生活条件，提高生活质量。探索开发适合农村老年人的健康养老产品和养老服务，打开农村老年市场。三是培育农村时尚热点消费。针对新一代年轻人消费观念的巨大转变，不断丰富培育受年轻人喜爱的新消费市场，积极发展创意农业，与乡村旅游相结合，开展各类特色农产品丰收节庆活动，推动宠物、盲盒等悦己式消费向农村拓展，农村消费产品设计也要向年轻化、时尚化倾斜。

3. 大力发展新型消费模式

顺应商业变革和消费升级趋势，鼓励运用大数据、云计算、移动互联网等现代信息技术，促进商旅文体等跨界融合，加快培育商品消费领域和服务消费领域的新业态、新模式。一是积极推动农村电商升级。大力发展智慧商店、网上菜场、网上餐厅、网上超市等新业态新模式，鼓励发展直播带货、社交电子商务、社群电子商务等新模式，建设区域电商直播网络流量基地、特色产业区域性电商直播基地，满足"宅经济""云生活"等新消费需求。二是创新农产品销售模式。围绕高端消费群体，大力发展有机、绿色农产品"个性化"网络定制和集团定制，培树"互联网+"农产品出村进城试点；积极探索开展农产品认养、农业众筹、"农产品+可视农业"等农产品销售模式。三是积极发展"互联网+线上服务"。充分利用农业云服务、农村综合信息服务平台、涉农信息服务解决方案 App、在线教育、"互联网+医疗"、"互联网+居家养老"等新型农村信息服务平台，发展在线教育、智慧健康等公共服务模式。

（三）增加农村居民收入，提升农村消费能力

1. 积极发展农村经济，奠定增收基础

深入实施乡村振兴战略，完善农村产业体系，支持发展各具特色的现代乡村富民产业，夯实农村居民收入和消费基础。一是加快农业产业结构调整，积极发展农业特色产业。在保障粮食安全的前提下，积极引导农民因地制宜种植经济作物，增加蔬菜、水果、林木、药材等种植比例，开展蛋禽、畜牧及水产养殖，多渠道增加收入。二是加快推进农业产业化经营，提高农业生产效率。加快推进农业规模化生产，鼓励家庭农场、农民合作社、种养大户等新型农业经营主体科学规范经营，优先推广农业先进生产技术和先进装备应用，积极发展绿色农业、高端农业、智慧农业，引导农民掌握现代农业生产技术，科学种养、绿色生产，降低农业生产成本，提高农产品产量和品质。三是积极发展农村二三产业，拓展农民增收途径。积极发展农产品初加工和精深加工，努力增加农产品附加值，重点培育农业龙头企业，带动附

近农民就近就业实现增收;加快农村一二三产业融合发展,推动农业园区和农业综合体建设,拓展农业生态休闲功能,大力发展乡村旅游、乡村采摘、健康养老及农村电子商务等产业,增加本地农村居民经营性收入。

2.全面促进农村居民就业创业,增加工资性收入和经营性收入

结合乡村振兴战略和新型城镇化建设,创造更多的农村劳动力就业机会,建设城乡统一的人力资源市场,完善农民工就业支持政策,落实农民工与城镇职工平等就业、同工同酬制度,加强劳动力就业创业服务,保持农村居民就业的持续性和稳定性。一是强化乡村就业服务,拓宽农民就业渠道。结合农村劳动力特点,搭建符合农村劳动力市场供求信息平台,采用政府搭台、企业和个人注册的方式,通过互联网、公众号等方式积极引导本地企业在本地就业服务平台发布用人招聘信息,促进本地劳动力就近就业;加强城乡就业供求信息有效对接,促进农村劳动力转移就业,增加外出务工收入;加强农村就业服务机构建设,鼓励在乡镇、社区等人口密集地建设职业介绍机构,为农村居民就业提供就业信息、就业指导、培训申请、社会保险关系办理等服务事项。二是加强对农村居民的职业技能培训,增强其就业能力。强化政府职能,深入实施新生代农民工职业技能提升计划,推动职业院校与企业对接,根据市场需求开展紧缺职业的技能培训,鼓励农村居民积极参与线上线下职业技能培训,提高自身素质,实现更好就业。三是鼓励创业,激发农村居民创业热情。积极引导有能力、有意愿的农村劳动力开展农业生产经营、成为新型农业经营主体;鼓励农民工、退役军人回乡创业,在农业生产经营、农产品加工销售、农业信息服务等领域带领一批农村劳动力共同实现就业创业。四是改善农村劳动力就业环境。完善农民工子女上学、医疗、社保、住房、落户等就业服务保障,促进农民工在就业地平等享受就业服务。

3.持续深化农村改革,增加财产性收入

抓住农村产权制度改革的契机,充分利用土地整治、城乡建设用地增减挂钩、集体经营性建设用地入市试点等土地政策,完善利益联结机制,通过"资源变资产、资金变股金、农民变股东",赋予农民更多财产权利,提高

农民土地增值收益分享比例，增加农民土地流转收益、集体资产股份分红收益、土地增值收益。一是完善农村基本经营制度。有序推进土地经营权流转，发展适度规模经营，鼓励采取转包、出租、互换、转让及入股等多种形式，探索"土地银行"等新型土地流转模式，健全"公司+合作社+农户"利益联结机制，增加土地承包户转让土地经营权的租金收入。二是创新集体建设用地和宅基地制度。盘活农村闲置宅基地和农房资源，增加宅基地及地上房屋的资产性收益，探索宅基地所有权、资格权、使用权分置实现形式，保障进城落户农民土地承包权、宅基地使用权和集体收益分配权。适度放活宅基地和农民房屋使用权，探索农村集体经济组织以出租、合作等方式盘活利用空闲农房及宅基地，按照规划要求和用地标准，改造建设民宿民俗、休闲农业、乡村旅游等农业农村体验活动场所。三是积极推进农村集体产权制度改革。有序开展集体资产折股量化、股份合作制改革等工作，探索拓宽农村集体经济发展路径，发展壮大集体经济，增加农民集体性分红收入。

（四）健全农村保障体系，消除农民消费后顾之忧

1. 完善农村教育政策制度

教育支出是农村居民消费支出的重要组成部分，特别是对于一些有非义务教育阶段学生的脱贫家庭，教育支出往往居于家庭支出首位。从促进消费的角度来看，既要增强农村居民教育消费的信心，又要不影响居民其他消费意愿和能力。一方面，要强化教育和就业的联系，为毕业生搭建良好的就业平台，提高教育投资回报率，增强农村居民教育消费积极性；另一方面，政府要投放更多资金用于农村教育，鼓励学校通过多种途径设立更多奖学金项目，切实减轻农村教育支出负担。此外，还要加大金融部门对农村教育的支持力度，对符合条件的学生设置合理的助学贷款品种和服务方式，多渠道缓解经济压力。

2. 完善农村养老保险制度

要形成公平可持续健康发展的农村保障制度。针对农村居民参保意识薄弱、收入水平低、缴费压力大、养老金监督管理不健全等问题，应加强宣传

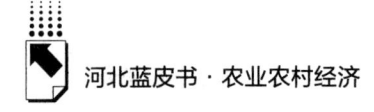

鼓励农村居民参保，增加农村居民参加养老保险的总人数，提高农村养老金额度。促进农业持续、稳定、协调发展，依靠现代科技手段促进农业发展，增加农民收入，提高农民生活水平。完善法律法规，通过立法手段，建立健全农村养老保险法律法规，发挥政府主导作用，确保农村居民"老有所养"。

3. 完善农村医疗保障制度

医疗费用支出是农村居民的重大负担，也是阻碍消费的主要原因。加强农村公共预防保健工作，加强农村卫生基础设施建设和医疗医务人员培训，提高卫生服务质量。应提高合作医疗保险统筹层次和保障水平，增加农村医疗补贴，并扩大医疗报销的范围。对于脱贫人口，应加强政府医疗社会救助，防止因病致贫、因病返贫。

4. 完善农村住房保障制度

随着城镇化加快，农村住房将会呈现统一规划、集中建设的发展趋势，农村居民也将面临高房价、还房贷的压力，住房压力会挤占居民的消费空间。因此，必须着眼于降低居民的消费成本，按照农村居民住有所居的原则，着力稳地价、稳房价、稳预期，减轻刚需群体的购房压力，同时降低农村居民的水电煤气收费标准或给予相应补贴，通过减少居民的支出来提高居民的消费能力。

5. 完善农业保险补偿制度

农业保险补偿已经成为农民灾后恢复生产和安定生活的资金来源之一。在财政补贴方面，应加强农业保险对扶贫带动作用明显的农业支柱产品的覆盖，并采取"以奖代补"形式鼓励各地开发扶贫类各种农业保险创新。增加对财政实力较弱的脱贫县域的转移支付。在保险经营模式方面，深入推进农业保险"扩面""提标""增品"工作，扩大农业保险覆盖面，做到应保尽保；提高农业保险的保障水平，从保物化成本向保全成本、保产量、保价格、保收入衍化，提高农业保险渗透率。

6. 持续加大帮扶力度

通过政府帮扶、金融帮扶、企业帮扶、社会帮扶，提高县域的社会保障水平和公共服务水平，巩固拓展脱贫攻坚成果，促进脱贫地区稳步发展。整合地区资源，做好长远规划，着重从农业产业、教育、就业等方面，夯实造血式扶贫成效，增加农村居民可支配收入，减轻农村居民在教育、医疗、养老、住房等方面的负担，降低预防性储蓄。

（五）加强农村消费政策引导，增强农村消费信心

1. 大力倡导现代消费观念

鼓励消费，增强农民消费意识，更新农民消费观念，使其坚持理性消费，建立健康科学的消费理念，形成积极向上、持续稳定的消费文化。一是加强宣传引导。鼓励农村居民合理适度消费，树立正确的价值观、消费观，在发扬勤俭节约传统美德的基础上追求品质消费、健康消费，增强绿色、环保、安全消费意识，跟上时代发展的步伐，自觉优化消费结构和消费行为。健全良好的消费宣传引导推介机制，积极宣传重大政策，通过新闻发布会、专题报道、专项活动等形式，合理引导社会消费预期。二是提升农村居民科学文化水平。加强对农村居民的科技知识普及，使农村居民能够对一些功能较为复杂的农业机械、家电等进行熟练的操作、简易的维修，提高其购买和使用现代化、智能化工具和商品的积极性。三是加强农村居民消费常识教育。开展教育消费者依法理性维权活动，市场监管局等相关部门不定期开展食品安全、不合格产品鉴定举报等专题教育，让农村居民不断增强自我防范意识和自我保护意识，树立新的消费观念。

2. 加大农村消费支持力度

积极贯彻落实国家一系列刺激消费、扩大内需的政策措施，紧扣农民消费关键环节和重要领域，有针对性地加大政策支持力度，将农民潜在消费需求转化为实际消费需求。一是政府部门要加强宏观调控。结合农村经济发展实际和消费需求，针对提振农村消费制定专项规划或实施方案，明确促进农村消费的目标任务、支持方向、支持领域和具体措施；统筹协调省市县各部门，梳理能够促进农村消费、完善农村市场的消费支持点。二是开展农村消费促进行动。鼓励各地出台农村消费补贴政策，促进农村居民耐用消费品更

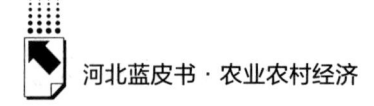

新换代，运用市场化机制完善农民消费补贴形式，扩大补贴范围，重点支持绿色家电、中小型轿车、智能手机、清洁能源器具等民生领域优质耐用品下乡；加大税费优惠政策支持力度，对纳入下乡目录的制造业产品免征或减征增值税，减免运输配送费等。三是适度扩大农村消费信贷支持。增加金融机构对农民的消费信贷供给，鼓励金融机构加大对流通行业市场主体特别是小微企业和个体工商户的金融支持力度，增加免抵押、免担保信用贷款投放，降低农村消费信贷成本。坚持发展农村信用社，将农村资金专项用于扶持乡村企业和农户。鼓励农村信用社进城建立营销网点，提供信用贷款服务，摆脱中间商盘剥。

3. 加快培育农村消费市场主体

结合农村消费市场特征，鼓励农村居民积极参与市场经营，繁荣消费市场。一是培育农村电子商务市场主体。鼓励电商、物流、商贸、金融、供销、邮政、快递等各类社会资源加强合作，构建农村购物网络平台，实现优势资源的对接与整合，参与农村电子商务发展；积极调动农村青年、返乡高校毕业生、农民工、退伍军人等参与农村电子商务的积极性，培养一批既懂理论又懂业务、会经营网店、能带头致富的复合型人才。二是鼓励农村居民开展个体商业经营。支持农村小型零售商店、个体户做大做强，按照城市化经营管理模式改造升级，对符合安全、环保等要求的商店、个体户给予相应的奖励或补贴。三是壮大新型农业经营主体。推动农业龙头企业、家庭农场、农民专业合作社等规范建设，提高农业生产经营的专业化、规模化和集约化水平，在带动农民增收的同时，实现消费质量和消费结构的提升。

参考文献

赵新宁：《如何充分挖掘农村消费潜能》，《农民日报》2025年2月20日。

郭馨梅、王妍：《中国式现代化下流通业高质量发展对农村居民消费影响研究》，

《价格理论与实践》2024年第12期。

王誉俊：《共同富裕背景下乡村数字化建设对农村居民消费活力提升的影响》，《商业经济研究》2024年第23期。

王雅丽、杨雪云：《农村电商发展对城乡消费差距的影响》，《科学决策》2024年第11期。

B.22
河北省农业新质生产力发展评价及提升策略研究

李军帅　张汝飞*

摘　要： 农业新质生产力发展是加速农业现代化进程、建设农业强国战略目标的关键着力点。本报告首先梳理从生产力、新质生产力到农业新质生产力的发展脉络，阐释农业新质生产力基本内涵与理论特征，其次总结河北省农业新质生产力发展成效，构建综合评价体系并进行实证分析，最后针对面临的现实挑战提出相应的对策建议。结果发现：农业新质生产力发展内嵌于技术革命性突破、生产要素创新性配置以及产业深度转型升级，河北省政策支持从单一生产环节扩展至全产业链、社会化服务等，农业科技水平、人才规模、绿色发展水平全面提升。2011~2023年，河北省农业新质生产力水平显著增长，其中障碍度均值较大的依次是农业劳动资料、农业劳动对象、农业劳动者。此外，河北省面临农业核心技术创新能力偏弱、高层次人才规模较小、政策靶向精度不足、绿色转型现实掣肘较多等挑战。对此，应聚焦农业关键核心技术突破与场景化创新应用，构建"农业专业人才+新型农民"人才梯队，健全发展农业新质生产力体制机制，推动绿色技术替代与生态价值转化，走出一条兼顾经济增长与生态安全的农业新质生产力发展路径，为全国农业新质生产力发展贡献转型范式。

关键词： 农业新质生产力　绿色转型　生态价值转化

---

* 李军帅，河北省社会科学院农村经济研究所助理研究员，主要研究方向为产业经济、虚拟经济；张汝飞，河北地质大学经济学院教授，主要研究方向为经济统计学。

党的二十届三中全会提出要"健全因地制宜发展新质生产力体制机制"，2024年底召开的中央农村工作会议对农业新质生产力做出明确要求，提出"推进农业科技力量协同攻关，加快科技成果大面积推广应用，因地制宜发展农业新质生产力"。2025年中央一号文件《中共中央 国务院关于进一步深化农村改革 扎实推进乡村全面振兴的意见》进一步明确强调，"以科技创新引领先进生产要素集聚，因地制宜发展农业新质生产力"。加快发展农业新质生产力是破解农业"大而不强"困局的关键钥匙和激活乡村振兴内生动能的重要引擎。农业新质生产力作为现代农业发展的核心动能，深刻重构农业生产要素配置与价值创造模式，推动农业生产方式发生系统性变革。河北省作为华北平原重要粮仓和京津冀协同发展关键区域，其农业现代化发展既承载着保障粮食安全的基础使命，又面临着由传统要素驱动向创新驱动转型的迫切需求。在此背景下，本报告梳理从生产力、新质生产力到农业新质生产力的发展脉络，阐释农业新质生产力基本内涵与理论特征，描述河北省农业新质生产力发展现状，实证分析综合发展水平及障碍因素，从而探索符合河北省地域特色的生产力跃迁路径，对破解传统路径依赖、推动农业高质量发展具有重要意义。

一 农业新质生产力基本内涵与理论特征

（一）从生产力、新质生产力到农业新质生产力

马克思认为，生产力是劳动者在生产实践中形成的改造和影响自然以使其适合社会需要的物质力量，生产力以劳动者为主体，以劳动对象为客体，以劳动资料为工具。[①] 生产力是人类社会发展的根本动力，新时代经济高质量发展需要新的生产力理论进行指导。习近平总书记指出，新质生产力是创新起主导作用，摆脱传统经济增长方式、生产力发展路径，具有高科技、高

---

① 马克思：《资本论》，人民出版社，2004。

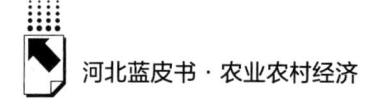

效能、高质量特征,符合新发展理念的先进生产力质态。[1] 新质生产力以全要素生产率大幅提升为核心标志,强调以科技创新驱动经济高质量发展,本质是先进生产力。

农业在劳动者、劳动资料和劳动对象方面具有特殊性,作为新质生产力在农业领域的拓展,农业新质生产力基本内涵既要借鉴新质生产力的普遍概念,重视颠覆性、前沿性技术创新突破,又要紧密结合农业生产的特性,重视农业全要素优化配置与集成创新发展。从历史维度看,农业生产历经原始农业、传统农业、工业化农业、智能农业等过程。原始农业依赖自然力与人力的简单叠加,传统农业实现铁器牛耕要素升级,工业化农业以机械化为主要特征,智能农业则标志着数据、算法与生物技术的深度融合。从原始农业的"自然攫取型"、传统农业的"经验积累型"、工业化农业的"资源消耗型"到智能农业的"知识创造型",农业生产力呈现根本性差异。

农业新质生产力以科技创新为核心,以农业数字化、网络化和智能化为主线,以劳动者、劳动资料、劳动对象及其优化组合的跃升为基本内涵,推动农业从资源依赖型向科技驱动型、生态友好型转型,实现全要素生产率大幅提升与多元价值创造,其本质是符合新发展理念的先进农业生产力质态。农业新质生产力的形成打破传统生产要素的线性组合模式,其价值创造不再依赖生产要素的简单叠加,而是通过数字技术、生物技术和智能装备激发"乘数效应",重构农业生产力发展底层逻辑,推动农业系统从量变积累向质变突破。

(二)农业新质生产力理论特征

农业生产力变革上升到新质生产力高度,既是对农业发展规律的深刻把握,又是推动我国从农业大国迈向农业强国的关键举措。农业新质生产力源自技术革命性突破、生产要素创新性配置与产业深度转型升级,科技创新催生新产业、新模式、新动能,让农业更高效、更绿色、更可持续。

---

[1] 习近平:《发展新质生产力是推动高质量发展的内在要求和重要着力点》,《求是》2024年第11期。

1. 技术革命性突破

农业新质生产力发展以技术革命性突破为内核，体现为将"突破农业领域关键核心技术"置于首位，聚焦种业振兴、智能装备、数字农业等前沿阵地以及基因编辑、合成生物、人工智能等新兴前沿技术，推动农业领域数字化与智能化深度融合，促进农业产业高端化智能化绿色化，突破传统农业"土地报酬递减"线性约束，实现农业生产力突破性跃升。

2. 生产要素创新性配置

农业新质生产力发展以生产要素创新性配置为路径，体现为以价值链增值为导向，摆脱主要靠耕地、淡水、农药、化肥等资源要素投入的粗放型外延式发展模式，创新性提升劳动、知识、技术、管理、数据和资本等农业要素优化组合水平，引导农业资源要素朝集约绿色低碳发展领域集聚，推动种植决策、环境调控、质量追溯等环节从经验驱动向数据驱动转型，实现生产要素在产业链上的高效配置与价值倍增。

3. 产业深度转型升级

农业新质生产力发展以产业深度转型升级为载体，体现为以科技创新推动产业创新，推动农业生产从物质产品制造向多维价值创造转型，突破传统农业单一生产环节局限，通过技术渗透打通育种研发、加工储运、品牌营销等全链条环节，通过品种、栽培、收获技术以及加工与保鲜等技术在农业产业链中的有效衔接与相互配套，实现产业形态跃迁与全产业链协同重构。

二 河北省农业新质生产力政策支持与发展成效

河北省坚持把科技创新作为发展新质生产力的核心要素，围绕农业新质生产力培育和发展，以全产业链升级、多业态融合为突破口推动传统农业向数字化、智能化与绿色化转型。

（一）政策支持

近些年，国家陆续出台支持农业高质量发展的政策举措。2018年9月，中共中央、国务院印发《乡村振兴战略规划（2018—2022年）》，提出"大力发展数字农业，实施智慧农业工程和'互联网+'现代农业行动，鼓励对农业生产进行数字化改造，加强农业遥感、物联网应用，提高农业精准化水平"。2021年11月，国务院印发《"十四五"推进农业农村现代化规划》，提出"建立和推广应用农业农村大数据体系，推动物联网、大数据、人工智能、区块链等新一代信息技术与农业生产经营深度融合"。2022年1月，中央网信办等十部门印发《数字乡村发展行动计划（2022—2025年）》，部署了数字基础设施升级行动、智慧农业创新发展行动等8个方面的重点行动。

2024年5月，中央网信办等四部门印发《2024年数字乡村发展工作要点》，提出大力推进智慧农业发展，提升农业全产业链数字化水平，以数字技术深化农业社会化服务。2024年10月，《农业农村部关于大力发展智慧农业的指导意见》，提出要全方位提升智慧农业应用水平、加力推进智慧农业技术创新和先行先试、有序推动智慧农业产业健康发展等。同时印发的《全国智慧农业行动计划（2024—2028年）》部署实施智慧农业公共服务能力提升、重点领域应用拓展、示范带动三大行动。2025年中央一号文件明确提出"因地制宜发展农业新质生产力"，强调要加快突破关键核心技术，强化农业科研资源力量统筹，培育农业科技领军企业，深入实施种业振兴行动，推动农机装备高质量发展，支持发展智慧农业。

河北省作为华北平原核心产粮区，肩负保障粮食安全与探索农业转型的双重使命。近年来，河北省逐步构建起关于种业技术攻坚、设施农业升级、全链数字化智能化改造的政策矩阵，政策覆盖面从单一生产环节扩展至全产业链、社会化服务等，从农业数字化基础建设逐步转向智能化、数据要素深化应用（见表1）。2019年9月，《河北省人民政府关于加快推进农业机械化和农机装备产业转型升级的实施意见》印发，提出推动新型农机装备创新发展，培育农机装备产业集群，加快重点领域农业机械化提档升级，实施智慧农机提升行动。2020年4月，河北省人民政府印发《河北省数字经济发展规划（2020—2025年）》，提出推动农业数字化转型，构建农业农村信息服务系统、推广农业物联网应用、大力发展农村电商与丰富信息惠农服务。同年 6 月，河北省农业农村厅制定印发《河北省智慧农业示范建设专项行动计划（2020—2025 年）》，提出聚焦智慧种植、智慧畜牧、智慧渔业、智慧种业、智慧农业农村新业态、智慧监管六大任务，实施智慧农业大数据工程、智慧农业创新工程、智慧农业示范工程、"互联网+"农产品出村进城工程、智慧农业监测预警工程、智慧农业人才培育工程六项工程。

表 1 河北省支持现代农业发展的主要政策汇总

时间	名称	关联领域	重点内容
2019 年 9 月	《河北省人民政府关于加快推进农业机械化和农机装备产业转型升级的实施意见》	农业机械化	推动新型农机装备创新发展，培育农机装备产业集群，加快重点领域农业机械化提档升级，实施智慧农机提升行动
2020 年 4 月	《河北省数字经济发展规划(2020—2025 年)》	农业数字化转型	构建农业农村信息服务系统，推广农业物联网应用，大力发展农村电商，丰富信息惠农服务
2020 年 6 月	《河北省智慧农业示范建设专项行动计划(2020—2025 年)》	智慧农业	聚焦智慧种植、智慧畜牧等六大任务，实施六项工程
2021 年 2 月	《河北省关于加强农业科技社会化服务体系建设的实施意见》	农业科技社会化服务	发展新型农业科技服务平台，提升农业科技园区技术集成与服务能力，推动农业科技服务智能化
2023 年 2 月	《2023 年河北省农业标准化生产推进方案》	农业标准化生产	创建国家现代农业全产业链标准化示范基地，建设省级绿色优质农产品全产业链标准化生产基地
2023 年 2 月	《河北省减污降碳协同增效实施方案》	农业绿色生产	大力发展高效节水农业，推广优良品种和绿色高效栽培技术，推广先进适用低碳节能农机装备，鼓励改进畜禽养殖和粪污处理工艺
2023 年 10 月	《河北省现代设施农业建设实施方案(2023—2025 年)》	现代设施农业	建设现代设施种植业、畜牧业、渔业，建设现代物流设施，推动现代设施农业提档升级

续表

时间	名称	关联领域	重点内容
2024年3月	《中共河北省委、河北省人民政府关于学习运用"千村示范、万村整治"工程经验有力有效推进乡村全面振兴的实施意见》	农业科技装备	开展核心技术攻关和成果应用,加快推进种业振兴步伐,提升农业创新驿站全产业链服务水平,加强高性能农机研发制造和推广应用,加快发展智慧农业,打造智慧农业场景
2025年1月	《河北省农业农村厅2025年工作要点》	农业科技装备	发展现代设施农业,加强农业科技创新和推广服务,加快推进种业振兴,推广应用高效农机,推进智慧农业发展

资料来源:笔者整理。

2023年10月,河北省农业农村厅联合省发展改革委、省财政厅和省自然资源厅制定《河北省现代设施农业建设实施方案（2023—2025年）》,提出以优化设施农业布局、升级改造老旧设施、适度扩大规模、推进先进设施示范带动为重点,着力构建布局科学、用地节约、智慧高效、绿色安全、保障有力的现代设施农业发展新格局。此外,制定完成《河北省农业关键核心技术攻关方案》,成立省农业关键核心技术攻关领导小组和专家委员会。制定《河北省现代农业产业技术体系创新团队提升方案》,完成新增设旱碱麦等7个创新团队建设。2024年河北省委一号文件提出,加快推进种业振兴步伐,提升农业创新驿站全产业链服务质量,加强高性能农机研发制造和推广应用,加快发展智慧农业,打造智慧农业场景。

（二）发展成效

河北省拥有强大的数据中心和算力基础设施,算力产业处于全国领先地位,为人工智能、智能制造等新兴产业在农业领域的应用提供重要支撑。近些年,河北省以智慧农业为突破口,积极探索科技支撑农业现代化和新质生产力发展的新机制新模式,取得明显成效。

1. 现代生物育种与栽培技术有序发展

现代生物育种产业化不断推进,河北拥有多个国家及省级实验室,培育优质强筋小麦、鲜食玉米、高蛋白大豆、高油酸花生、抗除草剂谷子等多个优良优质品种，加速全省种业科技创新。2023年共筛选、培育新品种新品系693个，审定、登记新品种297个，占河北省农业主导品种一半以上。①其中，石家庄市作为河北省唯一一个开展市级育种联合攻关工作的地级市，开展了节水小麦、强筋小麦、高油高蛋白大豆、鲜食玉米、特色蔬菜5项市级特色作物育种联合攻关，2024年良种覆盖率稳定在98%以上，种子科技贡献率超过65%，新增2个省级农作物良种繁育基地，累计拥有省级基地7个。2024年，众信麦998小麦种子经历15天"太空之旅"后在邯郸成安成功播种。传统栽培与现代技术有机融合，物联网、大数据等技术在农业生产中广泛应用，引进和创新水肥一体化、自动喷滴灌、自动采摘等智能化系统和数字设备，无人机在全省小麦"一喷三防"和玉米"一喷多效"中发挥积极作用。推广"春、秋白菜+X"高效栽培模式，通过大棚育苗与露地移栽结合实现一年三至四茬种植。

2. 现代机械装备与设施农业发展集约高效

农业机械化发展成效显著，2023年全省大中型拖拉机、联合收获机和机动脱粒机数量分别为35.28万台、19.81万台和11.65万台，机耕地面积、机械播种面积和机械收获面积分别比上年增加0.7%、1.4%和1.8%。②2024年农业机械总动力8527万千瓦，比上年增长1.5%，主要农作物耕种收综合机械化率达到88%。现代设施农业建设大力推进，2024年河北省设施农业总产值达2770亿元，约占农林牧渔业总产值的35%，居全国前列。省级平台管理重点项目中现代设施农业项目共2122个，占比达到80%以上，总投资3200亿元。省内各地现代设施农业项目累计获得授信84.31亿元，累计贴息2000余万元，带动社会资本3亿余元投向现代设施农业领域。

3. 农业数字化智能化发展水平大幅提升

发布国内首个基于DeepSeek提供公众服务的农业行业大模型——"雄

---

① 数据来源于《河北农村统计年鉴2024》。
② 数据来源于国家统计局。

小农"AI农业大模型，集成农技知识图谱、多模态病虫害识别引擎、农产品价格预测模型及政策智库平台，构建覆盖农业领域"生产—流通—管理"的智能服务体系。在雄安新区陆续建成容城县西野桥千亩小麦玉米无人农场、安新县关城5G+智慧农业示范园等数字化农业园区，无人农场、智能牧场、数智工厂等数字化场景涌现。农业农村数字基础设施逐步完善，2023年河北农村宽带接入用户达1267.6万户，比上年增加4.5%；每平方千米光缆线路长14.54公里，比上年增加9%。农业数字化智能化发展保障粮食安全，2024年河北省粮食总产量为3908.8万吨，比上年增加98.9万吨，增长2.6%；粮食亩产为403.4公斤，较上年增加9.9公斤。[①]"河北净菜"产业蓬勃发展，培育河北净菜示范基地100家，与北京共建环京周边蔬菜生产基地158家，通过应用绿色防控、水肥一体化以及物联网监测、AI调控算法等技术促进蔬菜产量和品质大幅提升，2024年河北蔬菜在北京市场中的占有率达到42.5%，位居第一。[②]

4. 新型农业经营主体规模日渐壮大

河北省制定《新型职业农民培养行动计划（2024—2026年）》，扶持重点帮扶区县的职业技术教育中心，建设和升级服务地方经济发展和农民增收致富急需的中职专业，培育大批新型职业农民和乡村振兴带头人。河北省扎实有效开展乡村产业振兴带头人培育"头雁"项目，自从2022年项目实施以来，两年内已培育1700名"头雁"，辐射带动周边4.2万名农户共同发展。2024年河北省培育1000名"头雁"，按照学员身份和产业类型开设家庭农场骨干、农民专业合作社负责人、农业社会化服务组织带头人、农村集体经济组织带头人等14个专题。此外，科技特派员"田间讲堂""人才实践基地""农民田间学校"等一系列培训项目相继开展，"土专家""田秀才""土博士"等新型高素质农民不断涌现，为发展农业新质生产力、筑牢乡村产业发展基础提供了人才支撑。

---

① 数据来源于河北省统计局。
② 数据来源于河北省农业农村厅。

5. 农业发展绿色转型持续加快

化肥农药减量行动成效显著，2023年农用化肥施用量为266.43万吨，比上年减少5.21万吨，单位面积化肥施用量较上年下降2.37%。[①] 秸秆综合利用水平显著提升，2023年布设21个秸秆还田生态监测点，打造126个示范基地，秸秆综合利用率达到98%，在全国秸秆产量大省中位居第一。[②] 农用塑料薄膜使用量逐步减少，2023年地膜使用量为4.74万吨，比上年降低1.5%，地膜覆盖面积为717.48千公顷，比上年降低1.9%。截至2024年，全省累计安排建设高标准农田项目5400万亩，约占全省耕地面积的59%，同步发展高效节水灌溉面积996万亩。高标准农田项目区节水增粮能力显著增强，耕地利用率提高，农业灌溉水有效利用系数提高10%以上，化肥、农药使用量下降10%以上，亩均粮食产能增加10%~20%。全省耕地质量平均等级从2019年的3.92提升至2023年的4.36，总体处于全国中等偏上水平。

三 河北省农业新质生产力测度评价及障碍因素分析

（一）农业新质生产力综合评价指标体系构建

参考已有研究方法及结合河北省实际情况，从农业劳动者、农业劳动对象、农业劳动资料三个维度构建河北省农业新质生产力综合评价指标体系，如表2所示。

表2 河北省农业新质生产力综合评价指标体系

一级指标	二级指标	三级指标	明细指标及测度方式
农业劳动者	劳动者技能	农村人均受教育年限	（农村未上小学人口数×0+小学人口数×6+初中人口数×9+高中人口数×12+大专及以上人口数×16）/农村6岁以上人口数
	劳动者产值	第一产业人均产值	第一产业增加值/第一产业从业人数
	劳动者收入	农村居民人均收入	农村居民人均可支配收入

[①] 数据来源于国家统计局。
[②] 数据来源于《河北农村统计年鉴2024》。

续表

一级指标	二级指标	三级指标	明细指标及测度方式
农业劳动对象	生态环境	绿色环保	森林覆盖率
			环境保护财政支出/地方财政一般预算支出
			农用化肥施用折纯量/农作物总播种面积
		污染治理	农业COD污染排放量/农林牧渔业总产值
			农业氨氮排放量/农林牧渔业总产值
	现代化产业	农业产业化	农林牧渔专业及辅助性活动产值/农林牧渔业总产值
			1-农业总产值/农林牧渔业总产值
		农业产业效益	第二、三产业增加值/第一产业增加值
			农业总产值/农作物总播种面积
农业劳动资料	有形资料	传统基础设施	每公顷农业机械总动力
			每公顷有效灌溉面积
		数字基础设施	农村宽带接入用户数/乡村人口数
			每平方千米光缆线路长度
		能源消耗	农用柴油/农林牧渔业总产值
			农村用电量/乡村人口数
	无形资料	农业科技活动经费	财政科学技术支出×（农林牧渔业总产值/生产总值）
		农业科技活动人员	R&D人员全时当量×（农林牧渔业总产值/生产总值）
		农业专利水平	农业植物新品种权授权数/乡村人口数

1.农业劳动者指标，包括劳动者技能、劳动者产值和劳动者收入

其中，劳动者技能采用农村人均受教育年限来衡量，受教育年限较高通常意味着劳动者具备更强的学习能力、技术接受能力和创新能力。劳动者产值采用第一产业人均产值来衡量，第一产业人均产值越高意味着劳动者在单位时间内创造的价值越多，农业新质生产力越强。劳动者收入采用农村居民人均收入来衡量，农村居民人均收入高意味着农业劳动者能够获得更多的经济回报、提高生活水平与质量，进而其从事农业生产的积极性和稳定性更强。

2.农业劳动对象指标，包括生态环境和现代化产业

一方面，生态环境采用绿色环保和污染治理来衡量。绿色环保指标数值较高意味着农业生产对自然资源的利用更加合理、对生态环境的破坏更小，能够实现农业生产的可持续发展。污染治理指标数值较高意味着对农业生产和农村生活中的污染问题进行了更加有效的治理，减少环境污染对农业生产和生态环境的负面影响。另一方面，现代化产业采用农业产业化和农业产业效益来衡量。农业产业化指标数值较高意味着农业生产更加规模化、专业化和产业化，农业产业链不断延伸，农产品附加值持续提高，农业新质生产力发展水平更高。农业产业效益指标数值较高意味着农业产业在实现经济效益的同时更注重社会效益和生态效益，有助于农业产业的可持续发展。

3. 农业劳动资料指标，包括有形资料和无形资料

一方面，有形资料采用传统基础设施、数字基础设施和能源消耗来衡量。传统基础设施指标数值较高意味着农业生产基础条件更好，能够为农业生产提供稳定的物质保障。数字基础设施指标数值较高意味着农业数字化、智能化发展更强，能够提高农业生产效率和质量以及增强农业抗风险能力。能源消耗较低意味着农业生产更加绿色节能环保，能够促进农业的可持续发展。另一方面，无形资料采用农业科技活动经费、农业科技活动人员和农村专利水平来衡量。农业科技活动经费、农业科技活动人员较多和农业专利水平较高分别意味着能够为农业新质生产力发展提供更多的资金支持、智力支持以及技术支持。

（二）资料来源与研究设计

1. 数据来源

本报告以2011~2023年河北省农业新质生产力发展水平为测度对象，数据主要来源于《河北统计年鉴》《河北经济年鉴》《中国农村统计年鉴》《中国科技统计年鉴》等。

2. 评价方法与步骤

（1）熵值法

为避免主观因素对模型结果的影响，利用熵值法测算河北省农业新质生

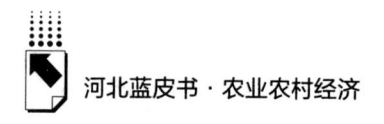

产力发展水平,具体测算步骤如下:

第一步,采用极值法对原始数据进行标准化处理。

$$正向指标: x_{ij} = \frac{x_{ij} - \min(x_j)}{\max(x_j) - \min(x_j)}$$

$$负向指标: x_{ij} = \frac{\max(x_j) - x_{ij}}{\max(x_j) - \min(x_j)}$$

第二步,计算第 i 个体的第 j 项指标占比。

$$W_{ij} = \frac{x_{ij}}{\sum_{i=1}^{m} x_{ij}}$$

第三步,计算指标信息熵 e_j,其中 m 为年数。

$$e_j = -\frac{1}{\ln m} \times \sum_{i=1}^{m} W_{ij} \times \ln W_{ij}$$

第四步,计算信息熵冗余度 ρ_j 和指标权重 λ_j。

$$\rho_j = 1 - e_j$$

$$\lambda_j = \frac{\rho_j}{\sum_{j=1}^{m} \rho_j}$$

第五步,计算农业新质生产力 U_i。

$$U_i = \sum_{j=1}^{n} \lambda_j \times x_{ij}$$

(2)障碍度模型

利用障碍度模型对农业新质生产力发展的障碍因子进行评价,计算公式为:

$$O_{ij} = \frac{I_{ij} \lambda_j}{\sum_{j=1}^{n} I_{ij} \lambda_j}$$

其中,指标偏离度 I_{ij} 为标准化后的单项指标值与目标值之间的差距;障碍度 O_{ij} 为单项指标对农业新质生产力发展水平的阻碍程度。

（三）河北省农业新质生产力测度结果分析

1. 发展水平分析

在河北省农业新质生产力综合评价指标体系的基础上，通过熵值法计算得到 2011~2023 年河北省农业新质生产力综合得分。如图 1 所示，河北省农业新质生产力综合得分呈现显著增长趋势，从 2011 年的 0.1130 提升至 2023 年的 0.8427，年均增长约 0.0630。河北省农业新质生产力快速发展，为加速推进农业现代化进程和农业高质量发展奠定坚实基础。

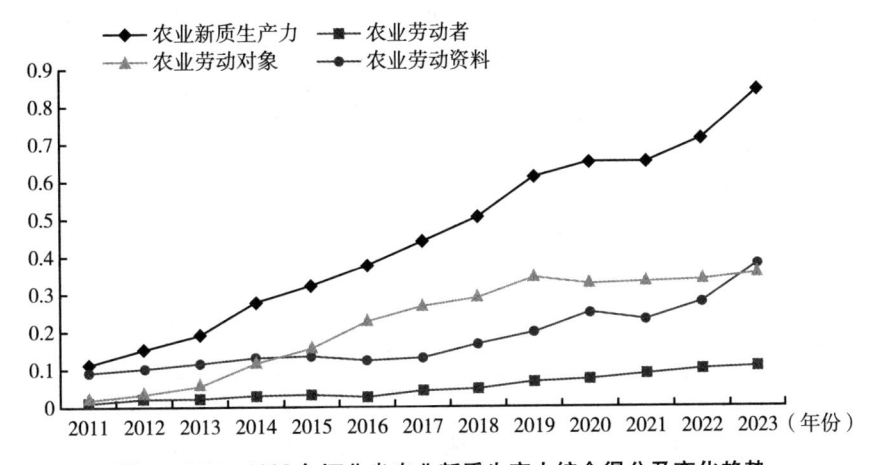

图 1　2011~2023 年河北省农业新质生产力综合得分及变化趋势

具体来看，农业劳动者指标从 2011 年的 0.0084 增长至 2023 年的 0.1072，表明河北省农业劳动者素质和能力得到提升。河北省通过实施新型职业农民培育工程、开展农业技能培训等多种举措，有效提高农业劳动者科技文化素质和生产经营水平。而且随着农村劳动力转移就业政策完善和农村创业环境优化，越来越多的高素质人才返乡创业，为农业劳动者队伍注入新鲜血液，推动农业新质生产力的发展。农业劳动对象指标从 2011 年的 0.0163 上升到 2023 年的 0.3553，表明河北省在农业资源开发利用和农产品质量提升方面取得显著进步。河北省通过推进土地流转和规模经营提高土地资源利用效率，实现农业生产规模化和集约化。同时，加强农业生态环境保护，积极调整农业种植结构，发展特色农业和高效农业，增加高附加值农产品生产，进一步提升农业劳动对象质量和效益。农业劳动资料指标从2011年的0.0884增长至2023年的0.3802，表明河北省农业机械化、智能化和信息化快速发展。近年来，河北省加大农业科技投入力度，研发和推广适合本地农业生产需求的先进农机设备和技术，同时积极推进农业产业化经营，发展壮大新型农业经营主体，进一步推动农业劳动资料升级换代，为河北省农业新质生产力发展提供坚实的物质基础。

2. 障碍因素分析

运用障碍度模型对河北省农业新质生产力发展的主要障碍因子进行分析，进一步明晰制约河北省农业新质生产力发展的主要因素。如图2所示，整体来看，2011~2023年农业劳动者、农业劳动对象、农业劳动资料对河北省农业新质生产力的障碍度均值分别为0.0923、0.3999、0.5079。

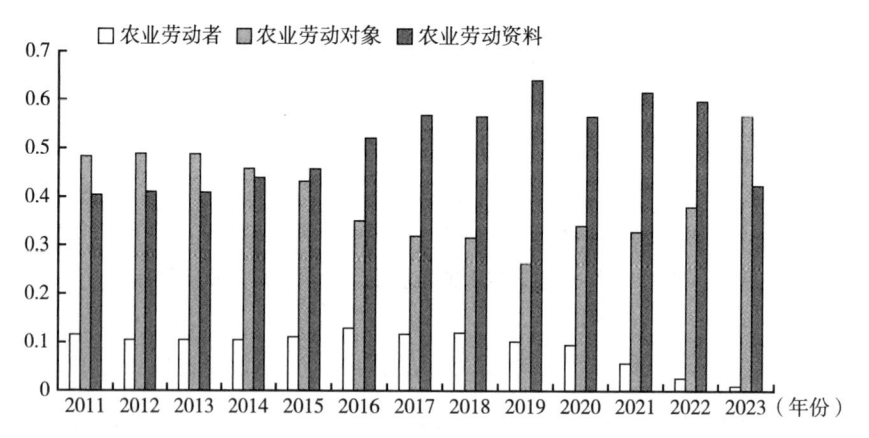

图2 2011~2023年河北省农业新质生产力一级指标障碍度

具体来看，农业劳动者一级指标障碍度整体呈现下降趋势，从2011年的0.1133下降至2023年的0.0101，表明农业劳动者方面的障碍减弱，这得益于河北省近年来对农业教育和技能培训的积极重视。农业劳动对象一级指标障碍度在2011~2023年呈现先下降后上升的趋势，从2011年的0.4827下降至2019年的0.2605，随后又波动上升至2023年的0.5664。

这表明农业劳动对象方面的障碍在经历了一段时间的缓解后，又重新成为制约河北省农业新质生产力发展的重要因素。农业劳动资料一级指标障碍度从2011年的0.4041波动上升至2023年的0.4235，其中2016~2022年处于相对高位，表明农业劳动资料障碍是制约河北省农业新质生产力发展的主要因素。但值得注意的是，2023年农业劳动资料障碍度下降幅度较大，表明农业基础设施薄弱、农业科技装备水平低以及农业投入品质量不高等问题得到较大缓解。

四 河北省农业新质生产力发展面临的挑战

河北省近年来以科技创新为引擎，在农业新质生产力培育上取得突破性进展。然而，在由传统农业大省向农业强省跨越的关键期，农业关键核心技术创新能力偏弱、农业高层次人才缺口较大、政策靶向精度不足、农业发展绿色转型现实掣肘较多等问题逐渐显现，反映出传统要素驱动模式与新兴生产力要求间存在适配性落差。

（一）农业关键核心技术创新能力偏弱，应用场景创新匮乏

河北省农业领域核心技术创新相对滞后，尤其是在良种培育方面，对本地区品种资源的挖掘和选育力度仍显不足，自主培育的具有突破性和影响力的优良品种较为缺乏，关键品种迭代速度滞后于生态适配需求。农机装备产业"多而不强"，自主化能力薄弱。2023年全省农机企业共2000多家，其中规模以上农机企业仅有63家。小麦联合收割机、花生捡拾收获机、蔬菜移栽机以及大型采棉机、转盘式挤奶机、高性能翻转犁、精密播种机等机具主要依靠外地采购。此外，农业先进技术应用"浅层化"，应用场景创新匮乏。推广农业品种和技术水平偏常规，缺乏特色和高附加值技术，综合配套精深加工技术少，农业先进适用技术普及率低。物联网终端接入标准不统一，设备兼容性困境、多源异构数据孤岛现象存在，各部门涉农数据共享和管理不够通畅。智能装备与数字化技术多集中于精准灌溉、无人机植保等生

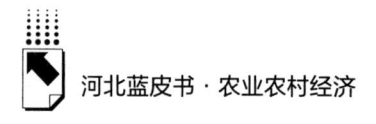

产环节，产后加工、流通、质量溯源等全链条数据贯通缺乏，产业链协同断点削弱应用场景创新。

（二）农业高层次人才缺口较大，基层人员结构有待优化

农业高层次人才规模较小，2023年全省涉农产业本科及以上学历人才占比仅为3%，配套科研设施、创新平台不够完善，国家级农业科技研发平台较少，缺乏涉农重点高校和一流学科。小型农户数字素养普遍偏低，主要依靠过往经验安排生产计划，在通过大数据平台、农业信息系统等渠道及时获取市场信息及气象、病虫害预警信息等方面仍有巨大提升空间。基层农技人员学历层次较低、结构老化，全省农技人员实有人数中研究生学历仅占4.5%，本科学历占50.7%，大专及以下学历占44.8%。科研机构、高校、农业企业、农技推广部门围绕各自任务开展工作，产学研结合不够紧密，部门合作方式单一，实现一二三产业融合的新业态较少。

（三）政策靶向精度不足，制度创新供给迟滞

涉农扶持政策以传统生产要素补贴为主，对生物种业、智能农机等新兴领域的专项支持尚未形成独立政策包，财政资金对关键核心技术攻关的杠杆效应衰减。涉农企业创新研发强度不足，2023年全省涉农产业研发投入同比降低1.8%，购进智能设备、信息化设备金额同比分别下降17.7%和35.1%。适应新技术扩散的政策工具箱更新缓慢，土地审批、设施认证等制度框架尚未完全建立包容性监管沙盒，制约跨业态融合创新的试错空间，对新业态监管包容性与激励精准度有待提升。县域智慧农业项目过度依赖财政资金，缺乏市场化运行长效机制，后期设备维护、系统升级资金缺口导致项目陷入瘫痪，面临可持续性危机。

（四）农业发展绿色转型现实掣肘较多

资源刚性约束与生产模式转型相对缓慢，河北省农业资源环境承载力过重，地下水超采区形成7个1000平方公里以上的漏斗区，冀中南平原区土

壤有机质含量下降明显,局部地区存在土壤板结、次生盐渍化、养分失衡等问题。农业面源污染防治形势严峻,小麦、玉米等粮食作物施肥量趋于合理,而蔬菜、果树等作物仍然存在过量施肥现象。但是受制于农户种植习惯与收益预期,存在绿色技术采纳壁垒与推广体系断层。而且绿色产业链市场价值转化存在一定梗阻,河北有机农产品认证数量较少,且存在"认证易、溢价难"困境,大量有机蔬菜产品仍通过传统批发市场流通,未能直达京津高端消费市场,导致溢价空间被中间环节挤占。

五 河北省农业新质生产力发展对策建议

针对农业新质生产力发展中存在的不足与挑战,河北省应该以"技术—人才—政策—绿色"四位一体改革为核心,加强农业关键核心技术突破及场景化创新应用,构建"农业专业人才+新型农民"人才梯队,健全发展农业新质生产力体制机制,推动绿色技术替代与生态价值转化,走出一条兼顾经济增长与生态安全的农业新质生产力发展路径,为全国农业新质生产力发展贡献转型范式。

(一)加强农业关键核心技术突破与场景化创新应用

聚焦基因编辑、合成生物、数智技术、绿色技术等核心领域,深化技术链与产业链协同创新,开展新技术新产品新场景大规模应用,为现代农业注入全要素升级的科技动能。一方面,加强农业前沿技术和颠覆性技术创新攻关。深入实施种业振兴行动,依托石家庄国家生物产业基地,设立省级基因编辑实验室,开发抗逆性强、营养高效利用的突破性品种,同时提供基因枪转化、性状高通量检测等开放服务,降低中小企业研发成本。强化生物育种产业化能力,推动科研院所与农业企业共建全链条转化机制,通过区域性示范基地推广优质品种,形成"技术研发—品种培育—产业推广"良性循环,加速商业化进程。加快先进适用农机装备研发,努力攻克现代机械装备、设施农业等"卡脖子"关键问题。聚焦人工智能与物联网融合技术,研发具备自主决策能力的无人驾驶农机系统，推动多机协同作业和远程智能管控。深化精准作业技术创新，集成北斗导航、高光谱传感与变量控制算法，实现播种、施肥、施药等环节的毫米级定位与按需动态调控。

另一方面，推动农业科技创新和产业创新深度融合。坚持研发和推广协同推进，打通连接现代科技和农业生产的关键堵点，促使更多科技成果从样品、产品到形成产业。推动智能装备应用下沉与普惠化发展，支持鼓励科研院所与涉农企业加快研发功能全面、操作简单、维护方便的智慧农业技术设备和产品，推动智慧农业"实验室成果"向"田间生产力"转化，提高现代化智能装备应用率。深化京津冀农业协同创新，共建雄安农业科技先行区、石家庄种业硅谷等载体，依托中关村科研资源与天津港口物流优势，推动基因编辑育种、农业机器人等技术在河北中试转化。完善"科技特派员+社会化服务"体系，实现科技资源向县域特色产业精准下沉，以创新要素集聚催生农业新质生产力。

（二）构建"农业专业人才+新型农民"人才梯队

新质生产力的培育与发展离不开人力资本升级与人才引进，构建"专业人才+新型农民"人才梯队，为河北农业新质生产力发展提供人才保障。一方面，加强高端人才引进与本土化培育。制定"河北省农业高端人才引进计划"，为引进的农业科研领军人才提供住房补贴、科研启动资金和职称评定绿色通道。同时实行"候鸟型"专家机制，设立"河北农业科学家工作站"，采用项目签约制吸引国内外先进团队入站，保证科研成果优先在河北转化。着力培养本土化新农科人才，加大涉农高校和科研机构支持力度，以交叉融合新学科响应产业新需求，运用现代生物技术、信息技术等改造升级涉农学科，加快建设生物育种、智慧农业等新专业。建设农业工程师特训营，在涉农重点大学设立智能装备学院，与企业共建实训基地，定向培养"机械+算法"复合型人才，毕业生入职省内企业可获学费返还。

另一方面，持续培育新型职业农民队伍。分层分类开展农民技能培训和指导，针对种植大户、家庭农场主、合作社骨干等主体开展现代农业技术、智慧农机操作、农产品电商等专题培训，组织农业科研院所专家与重点村庄结对并提供技术指导和产业规划服务，鼓励农业企业技术骨干到农村担任"产业顾问"并按服务成效给予企业税收减免奖励。支持农民返乡创业，设立省级"乡村振兴创业基金"，建设省级农业科创园，为返乡青年、退伍军人等提供零租金场地，为家庭农场、农产品加工企业提供贴息贷款和税收减免。构建新型农民资格认证体系，推行新型职业农民证书制度，对通过培训认证的农民给予信贷优惠、农资补贴、技能津贴等政策倾斜。搭建数字化人才共享平台，整合全省农业专家、农技人员、乡土人才资源，实现技术咨询、在线培训、项目对接等功能，通过直播授课、远程诊断等方式解决农民生产难题。

（三）健全发展农业新质生产力体制机制

农业技术单点突破难以释放全域效能，必须通过体制机制创新打通科研转化堵点与产业协同断点，实现农业现代化从量变到质变的跨越，形成系统性的生产力跃迁。第一，加大和提高农业新质生产力政策支持力度和精度。构建动态政策清单，发布年度"河北省农业关键核心技术攻关目录"，设立生物种业、智能装备等主题式政策包。省级层面编制"农业新质生产力发展专项规划（2025—2035）"，设立农业新质生产力发展基金，对生物育种、智能装备等关键领域实施投贷联动。创新政策协同机制与创设制度实验特区，搭建省级农业科技政策中枢平台，打通发展改革、科技、农业等部门政策接口，以及建立省级风险共担资金池，对颠覆性技术创新开通"非共识立项"特殊通道。构建跨区域协同机制，共建京津冀农业科创走廊，联合制定标准化生产规程，推动技术、人才与市场资源跨区域整合。

第二，创新"产学研金介"协同联动机制。在科研机构、高等院校、企业、金融机构与科技中介服务之间构建知识、技术、信息、人才、资金等全方位流动的协同机制。建立"企业出题—高校解题—市场阅卷"攻关模式，龙头企业发布技术需求榜单，省内科研团队揭榜研发，成果转化后按照合同金额的一定比例获取奖励金。创新科研权益分配制度，在省属科研院所试点"技术股+现金股"改革,允许科研人员将科技成果作价持股孵化企业并设定股权占比上限,同时对市场估值较高的育种技术、数字模型等创新成果按比例给予奖励。构建多层次金融支撑体系,根据企业研发投入、专利数量等指标授信,合作银行提供基准利率下浮一定比例的专项贷款。培育专业化科技经纪人队伍,提供技术熟化、知识产权运营等全流程服务。

第三,优化农业科技创新战略布局。一方面,聚焦布局场景化技术集群。在地下水超采区聚焦节水抗旱技术集群,重点突破"生物节水+智能配水"集成方案;在唐山曹妃甸、沧州渤海新区等地聚焦盐碱地改良技术集群,开展"以种适地"与"以技改地"协同创新;在环京津地区聚焦设施农业增效技术集群,突破设施环境精准调控瓶颈。另一方面,重塑创新资源集聚格局。在雄安新区打造自主创新和原始创新重要策源地,聚焦农业 AI 等前沿领域;构建京保石智慧农业产业带,重点布局智能装备中试基地,架设研发与产业化衔接桥梁,推动装备制造与场景应用全链条耦合;打造沿海生物技术产业带,建设海洋生物肥料、水产种苗研发基地,配套中试车间与保税仓库,缩短海洋源生物制剂产业化周期。

(四)推动绿色技术替代与生态价值转化

以新质生产力为牵引推动绿色技术替代与生态价值转化,不仅能够破解资源环境约束,更有利于实现"生态保护—产业升级—农民增收"协同跃迁。一方面,构建绿色技术集成应用体系。推动节水品种与智能灌溉技术融合,推广生物防治替代化学农药、有机肥替代化肥的双替代工程,加大微生物制剂、抗逆品种等绿色技术研发力度,实现地下水资源节约与化肥农药投入品减量。创新废弃物资源化路径,以畜禽养殖大县和设施农业集中区为重点,推广"种养结合+沼气发电""秸秆基料化"等循环模式,建立县域农业废弃物收储运一体化平台,同时试点推广全生物降解地膜,减少农田白色污染,实现农业废弃物资源化利用率提升与碳排放强度下降协同推进。

另一方面,打通生态价值市场化转化通道。构建低碳农产品认证机制,在特色产品中开展碳足迹标识试点,培育绿色品牌溢价能力。推动市场渠道共建共享，依托京津冀农产品行业联盟，共建绿色农产品电商平台和冷链物流网络，推动河北低碳认证产品直供京津高端市场，打通生态价值向经济价值转化的"最后一公里"。促进低碳供应链升级，在环京津1小时物流圈内布局绿色食品加工集群，发展净菜加工、中央厨房等减损增效业态，推动石家庄鹿泉、保定高碑店等地建设京津冀绿色食品供应基地，实现从田间到餐桌的低碳化衔接。鼓励村集体通过生态资源入股、特许经营等方式与社会资本合作，打造生态产品价值实现的多元化场景，以生态价值转化激活绿色动能，推动农业新质生产力朝低碳循环方向升级。

参考文献

习近平：《发展新质生产力是推动高质量发展的内在要求和重要着力点》，《求是》2024年第11期。

魏后凯、吴广昊：《以新质生产力引领现代化大农业发展》，《改革》2024年第5期。

黄祖辉、赵兴泉：《科学认识和培育农业新质生产力》，《农民日报》2024年6月22日。

张海鹏、张延龙：《因地制宜发展农业新质生产力》，《光明日报》2025年1月21日。

罗必良、耿鹏鹏：《农业新质生产力：理论脉络、基本内核与提升路径》，《农业经济问题》2024年第4期。

李彩平、张守夫：《中国农业农村新质生产力水平测度及影响因素分析》，《经济问题探索》2024年第12期。

朱迪、叶林祥：《中国农业新质生产力：水平测度与动态演变》，《统计与决策》2024年第9期。

调查篇

B.23
河北省宜居宜业和美乡村可感可及实效与推进机制研究

——基于全省2582户农户问卷调查

张 波[*]

摘 要： 宜居宜业和美乡村是乡村建设的"升级版"，是推进乡村全面振兴的重要任务，农民群众满意不满意是宜居宜业和美乡村建设的根本出发点和落脚点。本报告基于河北省2582户农户的问卷调查数据，分析全省宜居宜业和美乡村建设的可感可及实效，从农户对生产经营、生活环境与基础设施、社会保障、乡村治理等方面的感受与期盼，总体把握河北省宜居宜业和美乡村建设的基本态势和发展趋势，进而提出积极应对人口老龄化、加大对农村教育的投入力度、优化经济结构、加强乡村生态文明建设、加大乡村基础设施投入力度、强化乡村治理和社会保障等方面的优化路径与对策建议。

---

[*] 张波，河北省社会科学院农村经济研究所所长、研究员，主要研究方向为城乡融合发展、农业农村现代化。

关键词： 和美乡村 乡村治理 乡村建设

习近平总书记指出"建设宜居宜业和美乡村是农业强国的应有之义"，①"学习运用'千万工程'经验，因地制宜、分类施策，循序渐进、久久为功，集中力量抓好办成一批群众可感可及的实事"②。

农民群众满意不满意是宜居宜业和美乡村建设的根本出发点和落脚点。为准确把握农民群众对宜居宜业和美乡村建设的实际感受，本报告课题组在实地调研的基础上选择农户开展问卷调查，进一步了解农民群众对乡村产业、乡村建设、乡村治理的所思所想、所期所盼，梳理河北省宜居宜业和美乡村建设的基本态势和发展趋势。

一 宜居宜业和美乡村是乡村建设的"升级版"

党的十八大以来，我国乡村面貌发生翻天覆地的变化，站到了新的历史起点上。围绕党的十八大提出的"美丽中国"建设目标，2013年中央一号文件提出"努力建设美丽乡村"，旨在加强农村生态文明建设。为深入贯彻落实党的十九大提出的"实施乡村振兴战略"重大决策部署，2018年中央一号文件提出"持续推进宜居宜业的美丽乡村建设"，主要任务是持续改善农村人居环境。立足"十四五"乃至今后一个时期农业农村现代化的目标任务和要求，2021年中央一号文件做出全面部署，把乡村建设摆在社会主义现代化建设的重要位置。着眼全面推进乡村振兴、加快建设农业强国，2022年党的二十大明确提出"建设宜居宜业和美乡村"。2023年中央一号文件对"加快建设农业强国，建设宜居宜业和美乡村"做出专门部署。2024年中央一号文件明确提出"以提升乡村产业发展水平、提升乡村建设

---

① 习近平：《加快建设农业强国 推进农业农村现代化》，《求是》2023年第6期。
② 《中央农村工作会议在京召开 习近平对"三农"工作作出重要指示》，《人民日报》2023年12月21日，第1版。

水平、提升乡村治理水平为重点，……绘就宜居宜业和美乡村新画卷"。从美丽乡村到乡村建设行动再到和美乡村，党中央对促进乡村全面进步的总体部署一脉相承、内涵不断扩展，顺应了美丽中国建设、实施乡村振兴战略、加快推进农业农村现代化、加快建设农业强国等重大战略需求，体现了党对新时代"三农"工作的认识深化、目标提升和实践升华。

二 河北省宜居宜业和美乡村可感可及调查分析

随着乡村振兴战略的深入推进，河北省积极推进宜居宜业和美乡村建设，旨在提升农村居民的生活质量和幸福感。本报告通过问卷调查的方式，收集了全省2582户农户的数据，以全面了解农户对乡村建设的感知、需求及建议，为优化乡村建设路径、提升建设实效提供底层逻辑。

（一）农户基本信息

问卷调查共涉及2582户农户。从年龄构成来看，31~60岁年龄段占据了总样本的大部分（79.48%），也是乡村劳动力的主要组成部分，61岁及以上的老年人口占比为14.48%。从家庭规模来看，大多数家庭人口数为4~6人，占总样本的60%以上，多数家庭以中小型规模家庭为主。从性别来看，女性略多于男性，男女性别比例为0.93∶1。从学历来看，初中及以下学历占比达到86.13%（包括小学以下、小学、初中）。从职业来看，务农仍然占主流（占比为42.49%），但兼业化趋势明显（占比为24.52%），26.57%的村民选择外出打工或从事个体经营。

（二）生产经营状况

1.农业经营收入

调查显示，从农业经营主要收入来源来看（多选），主要从事粮棉油菜果等大田种植的农户占比为41.56%，主要从事设施蔬菜、养殖、农产品储藏加工的农户占比为18.38%，主要从事家庭手工业的农户占比为12.94%，主要从事餐饮住宿、批发零售业的农户占比为10.92%，主要从事其他非农就业如打工或无业的农户占比为28.47%。从收入增加的预期来看，多数农户期望通过本地打零工、外出务工、扩大种养规模增加收入。总体来看，农业生产经营在乡村经济中占据主导地位，但这种相对单一的经济结构对促进农民收入增加的作用有限。

从政府支持农业发展的资金投资方向来看（多选），49.38%的受访者希望支持特色产业投资，49.23%的受访者希望政府增加种子种苗、化肥、农药等方面的补贴，36.91%的受访者认为应当支持提升农业生产管理技术，33.46%的受访者认为应当培育种养大户、农业合作组织等，20.72%的受访者认为应当扶持村集体产业发展，17.93%的受访者认为应当引入农业生产经营专家人才。

2. 农业经营方式

调查显示，有25.1%的农户向外流转了土地，土地流转合同签订率达到64.35%。流转（或租种）土地的农户中，50.3%认为有一定的困难，主要原因（多选）是流转途径少（占34.7%）、对外包地的费用较低或租种土地租金较高（占30.4%）、租金支付不及时（占25.2%）、流转手续不规范（占22.1%）、流转时间短（占20.6%）、中途毁约（占9.2%）。

从新型农业经营主体联农带农情况来看，有8.60%的农户与农业企业、农业合作社有往来合作关系，其中采用耕地流转聘用形式的占26.13%，提供服务的占23.87%，采用订单合同的占19.37%，采用股份合作的占18.92%，采用价格保护（利润返还）的占7.66%。其中，有44.59%的农户认为农业企业、农业合作社对增收带动作用较大。当前，新型农业经营主体联农带农形式较为多样，但仍有半数以上参与其中的农户认为增收带动作用不明显。

从农业生产经营积极性来看，22.39%的农户有增加农业投资的打算，其中（多选），51.04%的农户打算用于租赁更多耕地、林地、草地进行扩大生产，38.00%的农户想增加或更新种养设施，28.72%的农户倾向于购置农机，25.09%的农户倾向于购买农资，23.70%的农户希望增加科技投入，

19.90%的农户想要尝试打造自己的农产品品牌。关于筹集农业投资资金的渠道（多选），56.40%的农户打算使用自家积蓄，40.31%的农户想通过银行、农村信用社获得，30.10%的农户想通过向亲戚朋友借款获得，26.47%的农户想通过向有合作关系的农业企业、农业合作社借款获得，20.59%的农户想通过政府支持获得，7.96%的农户想通过民间借贷获得，农户的生产经营活动投资主要还是依靠个人或乡村社会自身的资金。

3. 农业职业技能培训

调查显示，仅有16.58%的农户表示参加过农业职业技能培训，从农民想要参与的职业技能培训的内容来看（多选），53.60%的受访农户对农业生产管理技术有培训需求，48.10%的受访农户对创业就业政策知识感兴趣，34.97%的受访农户想学习电商销售知识，33.35%的受访农户对外出务工实用技能培训有需求。当前，农户对于职业技能培训需求较大，关键问题是培训服务供给能否精准满足农民从业就业创业需求。

（三）生活环境与基础设施

1. 人居环境改善

近年来，河北省持续加大农村人居环境整治力度，农村人居环境改观明显。调查显示，82.46%的受访者认为近两年村里的人居环境得到了较为明显的改善，仅有3.9%的农户认为没有改善。受访农户认为改善最为明显的依次是（多选）道路（84.22%）、垃圾处理能力（66.84%）、户厕改造（64.3%）和村庄绿化美化（45.23%）。

对于户厕改造，受访农户家庭中使用水冲式或卫生厕所的占66.3%，使用旱厕的占32.4%，使用公共厕所的占1.3%。使用水冲式或卫生厕所的农户中，79.4%表示很满意或比较满意。同时卫生厕所存在的主要问题（多选）依次是冬天水箱结冰（52.4%）、没有接通自来水使用不方便（39.4%）、厕具质量不好（16.8%）、清理不及时影响使用（15.6%）、清理费用高（14.0%）。51.4%的受访农户需要支付厕所粪污的清运费，年均支付167元，其中自费151元。

对于垃圾处理，96.59%的受访农户表示村中垃圾清运处理无须支付清理费用。受访农户对"你认为你们村生活垃圾处理有哪些问题"（多选）的回答中，垃圾箱（池）数量少占51.6%，垃圾未分类占44.9%，垃圾清运不及时占27.0%，垃圾箱（池）位置不方便占25.7%。

对于生活污水处理，受访农户中，56.6%将生活污水排放到渗井或渗坑，16.6%为露天随意排放，15.1%由村里集中处理，6.8%采取其他方式，仅4.9%接入城镇管网。

关于冬季取暖，受访农户对"你家里主要取暖方式"的回答，用气占55.5%，用煤占22.7%，用电占19.7%，其他占2.1%。认为取暖费用太高的农户占51.5%。有村民表示，天然气价格由2元多一立方米涨到3元多一立方米，每年燃气费都要五六千元，生活成本增加。

调查显示，农户对于人居环境改善比较满意，同时提出了继续改善的方向，生活垃圾污染、空气质量差、饮用水不安全、生活污水污染是对农户生活影响较大的污染问题（见图1），这些问题是下一步人居环境改善的主攻方向。

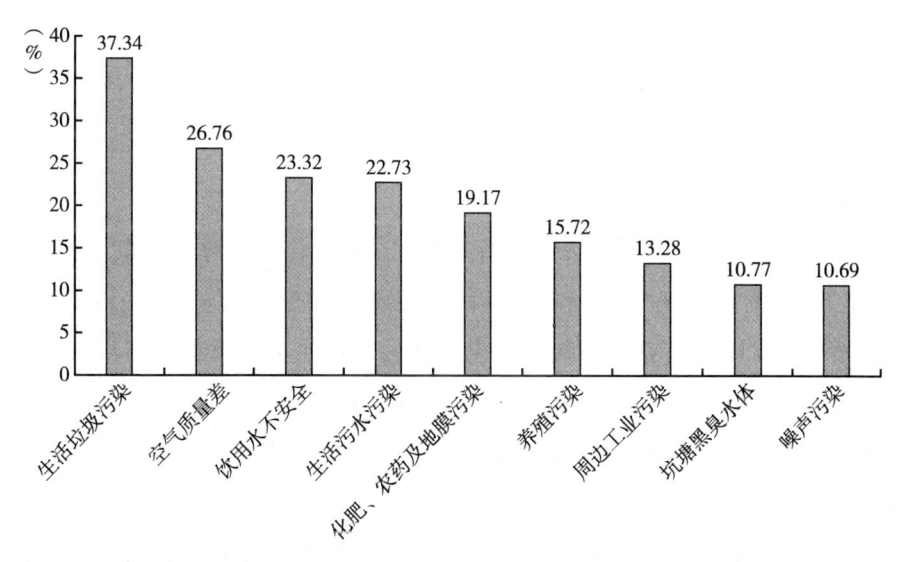

图1　对农户生活影响较大的污染问题

2. 基础设施需求

调查显示，农户较希望提升的基础设施包括（多选）村内街道（53.41%）、垃圾处理设施（48.30%）、地下排水管网（46.01%）、公共照明设施（41.25%）和污水处理设施（37.34%）等（见图2）。这些基础设施的完善对于提升乡村居民的生活质量至关重要。

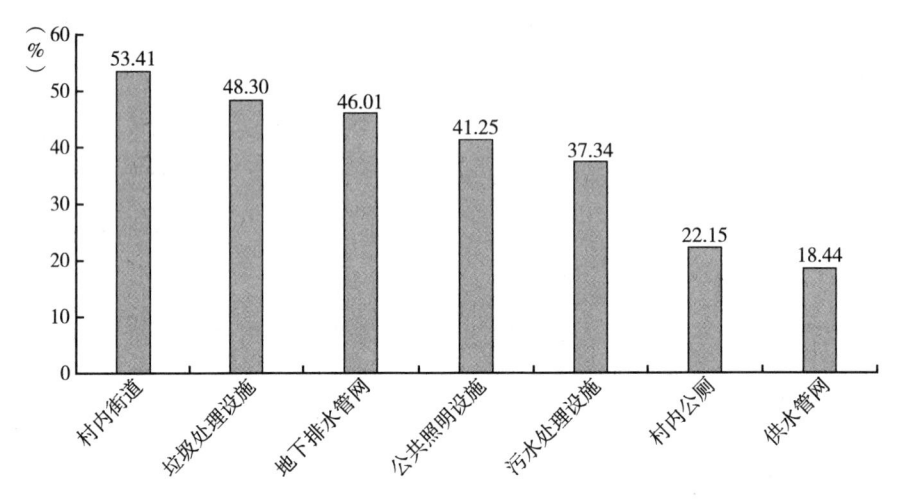

图2 农户最希望提升的基础设施

（四）乡村治理与社会保障

1. 乡村治理

调查显示，河北省乡村治理工作成效显著，受访农户对村两委的满意度为97.6%。受访农户反映乡村文明治理见成效（多选），认为村民纠纷、冲突减少的占53.9%，认为村民评议会、红白事理事会等自治组织更完善的占49.9%，认为知法懂法、违法事件减少的占42.1%，认为精神文化生活更丰富的占36.6%，认为陈规陋习、迷信问题减少的占35.0%，认为干群关系更密切的占27.3%，认为高价彩礼、厚葬薄养等风俗有改善的占24.6%。与此同时，受访农户反映村党支部组织建设方面存在的主要问题（多选）是带动致富办法不多（64.3%）、组织领导力不强（33.5%）、党员模范作用发挥不够（26.1%）、组织生活没有吸引力（20.3%）、活动经费保障不够（19.0%）、机制制度不健全（17.4%）。超过60%的村民希望村党支部、村委会能多想一想带动村民致富的办法，发挥好党员模范作用，提升组织领导力和威信。

2. 社会治安

受访农户对治安状况的满意度为90.4%，同时对一些治安问题（多选）较关注，依次是（多选）小偷小摸（38.5%），食品药品质量不安全（19.5%），着火、爆炸、溺水、车祸等（17.4%），赌博诈骗（15.3%），打架斗殴（13.7%）。受访农户反映，当前焦点集中、矛盾突出甚至引发上访的问题主要是（多选）征地补偿（占16.1%）、集体土地承包经营权（占12.6%）、宅基地纠纷（占9.5%），多与土地相关。农户普遍认为，加大打击力度、加强防范力度、加强群防群治力度和加大普法宣传力度是提升群众安全感的有效途径。

3. 医疗保险

调查显示，随着对医疗保险认知度的提高，大多数受访农户对医疗保险制度表示清楚或比较清楚，但仍有40.66%的受访农户对医疗保险的缴费、报销等制度不太清楚，近七成的受访农户愿意继续缴纳医疗保险费，表明医疗保险在乡村地区具有较高的认可度和普及率。不愿意继续缴纳医疗保险费的村民，主要顾虑在于费用较高。此外，报销程序烦琐、报销比例不高、个人缴费部分不能结转使用等问题也是受访农户不愿意继续缴纳医疗保险费的主要因素。

三 河北省建设宜居宜业和美乡村存在的主要问题

从调查数据来看，河北省在宜居宜业和美乡村建设方面已取得显著成效，但仍存在一些问题亟待解决。

一是农村人口老龄化严重，农民兼业化趋势明显。在农户基本信息方面，虽然家庭规模适中、性别比例均衡，但人口老龄化问题严重，61岁及以上的老年人口占比较高。这可能会导致农业生产劳动力不足，社会服务需求增加。虽然当前农民职业趋向多元化，但务农仍然占主流，兼业化趋势明显，这在一定程度上制约了农村经济的转型升级。

二是农业经济结构相对单一，土地流转进展较慢，新型农业经营主体联农带农作用有限。在生产经营状况方面，农业生产经营在乡村经济中占据主导地位，但经济结构相对单一，多数农户期望通过本地打零工、外出务工、扩大种养规模增加收入。此外，土地流转市场虽已初步形成，但流转途径少、租金支付不及时、流转手续不规范等问题仍制约其发展。新型农业经营主体联农带农作用有限，仅有少部分农户与农业企业、农业合作社有来往合作关系。

三是人居环境整治与基础设施建设仍存短板，同宜居宜业和美乡村建设要求尚存差距。在生活环境与基础设施方面，虽然人居环境改善明显，但生活垃圾污染、空气质量差、饮用水不安全、生活污水污染等问题仍对农户生活造成较大影响。在基础设施需求方面，村内街道、垃圾处理设施、地下排水管网和污水处理设施等亟待完善，农村的基础设施建设仍有历史欠账。

四是基层治理能力有待继续加强。乡村文明治理工作取得显著成效，但尚存移风易俗整治力度不够、矛盾纠纷化解机制不健全等问题。在社会治安方面，社会治安状况虽有好转，但小偷小摸、打架斗殴、赌博诈骗等治安问题仍时有发生。在社会保障方面，医疗保险在乡村地区具有较高的认可度和普及率，但仍有部分农户对医疗保险的缴费、报销等制度不太清楚，且存在费用较高、报销程序烦琐等问题。

四 提升河北省宜居宜业和美乡村建设水平的对策建议

推进宜居宜业和美乡村建设取得新的更大成效，要把维护好、实现好农民群众的切身利益作为根本出发点和落脚点，着眼农业农村现代化和共同富裕目标，补短板、强弱项、打基础，下大力气解决农民群众急难愁盼问题，着力办成一批可感可及的实事，有力有效推进乡村全面振兴。

（一）积极应对人口老龄化，为乡村建设提供有力的人才支撑

推进乡村创业就业。强化政策引导，出台优惠政策，如提供税收减免、创业补贴等，鼓励外出年轻人返乡创业或就业，设立专项资金支持乡村小微企业和小农户发展，创造更多本地就业机会。加大社会各方面支持力度，加强乡村基础设施和公共服务设施建设，提升乡村生活品质和吸引力，为年轻人返乡创造良好条件。建立乡村人才数据库，定期举办招聘会、创业培训等活动，搭建人才交流平台。

健全农村养老服务体系。提升农村老年人社会福利和养老服务水平，扩大农村养老服务设施覆盖面，提升养老服务质量。开展老年人关爱行动，丰富老年人精神文化生活，增强老年人的幸福感和归属感。

（二）加大对农村教育的投入力度，提高村民的文化素质和职业技能水平

提升农村教育水平。增加农村教育财政投入，改善学校基础设施，如修建现代化校舍、配备先进的教学设备等，为学生提供良好的学习环境。优化农村教育资源配置，推动教师轮岗制度下沉农村，通过提高教师待遇、设立专项奖励基金等方式，吸引并留住优秀教师。加强与城市学校的交流合作，通过远程教育、师资交流等方式，提升农村地区教育质量。

强化农民职业技能培训。设立专项培训计划，根据乡村自身经济发展需求，开设多样化的职业技能课程，如现代农业技术、电子商务、乡村旅游管理等，鼓励村民积极参与。加强与农业企业、农业合作社等的合作，为学员提供实习实训机会，增强学员实际操作能力，为乡村经济转型升级培养高素质技能型人才。

（三）优化经济结构，引导发展特色产业和新业态

培育特色优势产业。组织专家团队对各地乡村资源进行深入调研，结合农村当地实际，制定特色产业发展规划，如发展乡村旅游、特色种养殖业、

农产品深加工等，形成"一村一品"的发展格局。加大对特色产业的政策扶持力度，如提供财政补贴、低息贷款、税收减免等，降低农户创业成本，激发其发展特色产业的积极性。

拓展非农产业。鼓励支持乡村发展加工制造和电子商务、物流配送等现代服务业，拓宽农民增收渠道。建立农业与非农产业融合发展机制，如通过"农业+旅游""农业+电商"等模式，实现产业间的互动与融合，提升产业附加值，降低农业生产经营风险。逐步优化乡村经济结构，实现农民收入来源的多元化和持续增长。

（四）加强乡村生态文明建设，推行绿色生产生活方式

推广绿色农业技术。鼓励农民采用生态种植、有机农业等绿色农业技术，减少化肥和农药的使用，降低农业对环境的污染。同时，加强农业废弃物的资源化利用，如秸秆还田、畜禽粪便发酵等，实现农业废弃物的无害化和资源化。

推动乡村绿色发展。加强环境保护，倡导绿色生活方式，对于垃圾处理，应建立完善的垃圾分类收集、转运和处理体系，增设垃圾收集点和转运站，确保垃圾日产日清。深入宣传推广并落实垃圾分类制度，设置分类垃圾桶，引导村民将垃圾进行分类投放。建立垃圾回收体系，对可回收垃圾进行回收利用，减少垃圾填埋和焚烧对环境的污染。

开展生态文明教育活动。通过举办讲座、培训班及开设宣传栏等多种形式，向村民普及环保知识，增强村民环保意识。同时，组织村民参与环保实践活动，如植树造林、清洁河道等，让村民在实践中感受到环保的重要性。鼓励村民自发组建环保志愿者队伍，参与乡村环境监督和保护，定期开展环境巡查，及时发现和处理环境问题，为乡村生态文明建设贡献力量。

（五）加大乡村基础设施投入力度，建立乡村建设实施机制

完善乡村建设规划机制。科学编制乡村建设规划，合理确定村庄布局和发展时序、重点任务，通过村申报、乡审核、县审定遴选确定乡村建设

项目。

建立乡村建设实施机制。发挥政府作用，加强规划引导、政策支持、公共设施建设和基本公共服务供给，制定乡村建设责任清单，逐项纳入公共预算，明确补贴标准。充分发挥农民主体作用，入院入户项目原则上由农户自己承担，对一家一户干不了的村内道路、上下水管网、污水集中处理设施等项目，优先支持村集体经济组织承担，对农民投资投劳、自建自管的项目采取直接奖补、以奖代补等方式给予支持。

建立基础设施管护服务机制。围绕乡村建设重点任务，逐项明确产权主体、管护主体、管护责任和管护方式，探索经营性、准经营性设施使用者付费制度，鼓励社会资本和专业化企业有序参与农村公共基础设施管护。

（六）强化乡村治理和社会保障工作，提高村民对医疗保险的认知度

提高乡村治理水平，完善矛盾纠纷化解机制。完善村民议事会、道德评议、红白事理事会等自治组织，引导村民积极参与乡村治理，发挥民主监督作用。设立矛盾纠纷调解中心，通过选拔、配备专职调解员，发挥邻里互助优势，及时处理村民间的矛盾纠纷，维护乡村和谐稳定。

加强社会治安防控体系建设，提升村民安全感。在村委会加大警务室建设力度，根据农村规模配备足够的警力，加强巡逻防控，严厉打击各类违法犯罪行为，保护村民人身与财产安全。建立群防群治机制，鼓励村民自发组织治安巡逻队，共同维护乡村安全。

加强医疗保险制度宣传和培训，提高村民对医疗保险的认知度和满意度。定期举办医疗保险知识讲座和培训活动，向村民普及医疗保险政策、报销流程等知识，提高村民的参保意识和报销能力。通过简化报销程序，提高报销比例，减轻村民医疗负担，提升村民的幸福感和满意度。

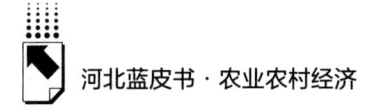

参考文献

《中共中央 国务院关于加快发展现代农业进一步增强农村发展活力的若干意见》，中国政府网，2012年12月31日，https：//www.gov.cn/gongbao/content/2013/content_2332767.htm。

《中共中央 国务院关于实施乡村振兴战略的意见》，中国政府网，2018年2月4日，https：//www.gov.cn/zhengce/2018-02/04/content_5263807.htm。

《中共中央 国务院关于全面推进乡村振兴加快农业农村现代化的意见》，中国政府网，2021年1月4日，https：//www.gov.cn/gongbao/content/2021/content_5591401.htm。

《高举中国特色社会主义伟大旗帜 为全面建设社会主义现代化国家而团结奋斗——在中国共产党第二十次全国代表大会上的报告》，中国共产党新闻网，2022年10月26日，http：//cpc.people.com.cn/n1/2022/1026/c64094-32551700.html。

《中共中央 国务院关于做好2023年全面推进乡村振兴重点工作的意见》，中国政府网，2023年2月13日，https：//www.gov.cn/zhengce/2023-02/13/content_5741370.htm。

《中共中央、国务院关于学习运用"千村示范、万村整治"工程经验有力有效推进乡村全面振兴的意见》，中国政府网，2021年1月1日，https：//www.gov.cn/gongbao/2024/issue_11186/202402/content_6934551.html。

B.24
乡村制造业产业集群升级困境与出路

——河北省南皮县中上桥村乡村制造业特色产业调查报告

闫永路*

摘　要： 本报告调研组分两次对河北省南皮县中上桥村五金机电特色产业及该村规划建设情况进行调研。调研显示，中上桥村五金机电特色产业发展早、活力强，是带动全村实现共同富裕的示范典型。本报告认为，乡村制造业产业集群转型升级存在产业用地、技术人才、企业用工、村庄规划、产业融合等困境，乡村半工业化与工业园区化互斥是导致上述困境的理论根源。本报告提出，应从乡村规划顶层设计、特色产业空间布局、技术人才乡村下沉、新手段新技术应用、现代农业发展模式等方面，加快拓宽乡村制造业产业集群转型升级出路。

关键词： 乡村制造业　产业集群升级　成本内卷化　中上桥村

一　县情与村情

（一）县域概况

南皮县位于河北省东南部、沧州市南部，南运河畔，是沧州市辖县。全县辖7镇2乡1个省级经济开发区312个行政村，总面积796平方千

---

* 闫永路，河北省社会科学院农村经济研究所副所长、副研究员，主要研究方向为农业农村经济、农村资源环境。

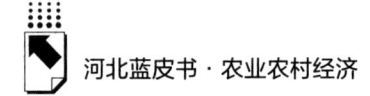

米，耕地面积71万亩，总人口34.7万人，是省级"园林县城""卫生县城""双拥模范城"。[1]

1. 区位优越，交通发达

南皮县地处环京津都市群、环渤海经济区辐射带内，北距北京250公里、天津160公里，南距济南200公里，东距黄骅港80公里，西距石家庄160公里，区位优势明显。县内国道、省道密集，纵横交错，京沪、京台、黄石、邯港4条高速公路从县境四周穿过，京沪铁路、京沪高铁从县城西部穿过，邯黄铁路横贯东西，并设有南皮站、张旗屯站2个站点，与武（武强）千（千童镇）路、正（正定）港（黄骅港）路等省级公路形成了发达便捷的交通网络。

2. 制造业历史较长，中小企业众多

南皮县是闻名全国的五金机电制造基地，现有各类五金机电制造业企业4000余家，规模以上企业近百家，有进出口实绩企业135家，五金机电制造业营业收入占全县总收入的2/3，是县域经济的主要支撑，也是全省重点培育的107个县域特色产业集群之一。[2]据历史资料记载，南皮县五金机电产业脱胎于人民公社时期的生产队副业和社队企业。[3]在"人民公社必须大办工业"的号召下，部分公社组织县内原手工业者兴办农机修造厂、粮食加工点等，叶三拨乡（1996年并入大浪淀乡）马四拨村从天津请来技术人员发展锉刀生产，产品供不应求。1960年锉刀厂发展到80余人，年产值达30多万元，利润达10多万元，成为当时了不起的生产队副业。1965年随着国民经济的调整和恢复，社队企业和生产队副业进一步发展，全县小五金和锉刀业企业发展到近百家，从业人员达千人，小五金产品由制作鞋眼拓展到民用五金和工业小五金，锉刀生产由一两

---

[1]《行政区划》，南皮县人民政府网站，2022年10月25日，http://www.nanpi.gov.cn/nanpi/c101057/202210/6d28efe5c4b4414a967e10f8fea05298.shtml。

[2]《实探北方电子五金之乡南皮县：从小零件到大产业》，"华夏时报"百家号，2023年4月8日，https://baijiahao.baidu.com/s?id=1762585426643626334&wfr=spider&for=pc。

[3] 南皮县情调查组：《中国国情丛书——百县市经济社会调查·南皮卷》，中国大百科全书出版社，1993。

种型号发展到多种型号、多种规格的组锉、寸锉、异形锉等，规模扩大了几十倍。改革开放以后，乡镇企业异军突起，南皮县小五金进入迅猛发展时期，到1990年，南皮县五金机电产品已经拓展到金属制品业、机械工业、交通、电气、电子及通信设备制造业等领域，逐渐形成集群式发展形态。

3. 盐碱地治理成效显著，粮食单产大幅提高

南皮县原有盐碱地面积15万亩左右，[①] 盐碱地面积大曾是全县粮食种植、增产面临的一大难题。改革开放以来，南皮县依托中国科学院南皮生态农业试验站、遗传与发育生物学研究所农业资源研究中心等技术力量，加大盐碱地治理力度，加强耐盐碱小麦育种，实施"渤海粮仓科技示范工程"，通过水、肥、土、种等关键技术研究和综合应用，盐碱地面积显著缩小，农作物产量大幅提高。截至2024年6月，全县盐碱地改良已完成90%以上，核心示范区小麦平均亩产稳定在350公斤以上，[②] 是1990年小麦平均亩产的近2倍。

4. 历史文化悠久，名人古迹较多

南皮县历史悠久，东周时属齐国，后割地于燕国，春秋时期复归齐国。秦始皇二十六年（公元前221年）置南皮县，是名副其实的千年古县。南皮县文化底蕴深厚，自西周以来，人才辈出，有记载的历代文武举人共289人，文武进士共92人，近现代及当代代表性名人名家包括当代著名作家、原文化部部长王蒙，[③] 清末洋务运动代表人物张之洞，河北梆子创始人之一、被周恩来总理誉为"中国戏曲界的明珠"的刘喜奎，同盟会会员及国民党元老、故宫博物院文献馆馆长张继等。[④]

[①] 《南皮：化"碱"为零 盐碱地小麦持续增产》，南皮县人民政府网站，2024年6月27日，http://www.nanpi.gov.cn/nanpi/c101065/202406/f7dcb69f47754739bebcf1e794772874.shtml。
[②] 《南皮：化"碱"为零 盐碱地小麦持续增产》，南皮县人民政府网站，2024年6月27日，http://www.nanpi.gov.cn/nanpi/c101065/202406/f7dcb69f47754739bebcf1e794772874.shtml。
[③] 《著名人物》，南皮县人民政府网站，http://www.nanpi.gov.cn/nanpi/c101057/202206/52614c4e67154cc4b08e52dfc3a20f2c.shtml。
[④] 南皮县情调研组：《中国国情丛书——百县市经济社会调查·南皮卷》，中国大百科全书出版社，1993。

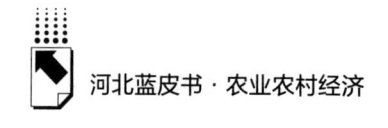

（二）村庄概况

中上桥村隶属于南皮县冯家口镇，位于镇政府南6公里处，距南皮县城8公里，县道南冯路从村西穿过，交通条件较为便利。全村共有135户603人，耕地面积800亩，人均耕地面积约为1.3亩，农作物以小麦、玉米为主，曾探索种植宠物饲料紫苜蓿，但因种植规模偏小、综合效益偏低，未形成产业规模。村内姓氏以刘、齐、季为主。该村工业经济以生产电子五金配件为主，主导产品以汽车零部件、新能源配件、电子通讯元器件居多，集体经济相对薄弱。村两委班子健全，村党支部班子3人，其中党支部书记1人、支委2人；村委会班子成员3人，其中主任由党支部书记兼任，另设会计、妇女主任各1人。全村现有中共党员9人，其中村党支部书记现任河北省第十四届人民代表大会代表。

二　村庄产业发展情况调查

村庄调查分两次进行，第一次是会议座谈了解情况，第二次是实地调研考察。2024年3月13日，中上桥村党支部书记和驻村干部到省社会科学院座谈交流，介绍了该村的基本情况，就村庄产业用地、发展规划、新型集体经济等困难问题及困惑与调研组进行了初步沟通。2024年4月10~11日，调研组一行4人到中上桥村实地考察调研，考察了该村村容村貌、典型企业、农业生产、人居环境等情况，并与村两委干部、企业家代表、村民代表等12人召开座谈会，就村庄建设、企业发展、村庄规划、人才引进等困难问题进行了实地调查和座谈了解。

（一）制造业发展情况

据座谈了解，全村各家各户几乎都从事五金机电加工，部分家庭注册了企业实体，部分家庭则以家庭加工方式为其他企业代工。其中，注册一般纳税人企业41家、小企业20余家、规模以上企业1家，全村五金机电制造业年产值达5.3亿元，日均带动村外劳动力就业300余人。为服务全村工农业及外来工人生产生活，村民在村庄周边开办小型超市2家、汽车修理服务门市1家。

据现场调研了解，全村各户均有五金机电加工制造活计，多数家庭在自家庭院建设厂房，将居住用房作为办公用房，形成了"庭院加工，住房办公"的"前厂后居"生产模式，仅有少数几家大厂利用村子周边的空闲地单独建立厂房。实地调研的企业中，多数企业实现了自动化流水线制造，只有在自动化机械出现故障时，需要值班人员手动调整自动化机械。总体来看，该村五金机电加工自动化水平较高，仅有少数家庭企业依靠人工上料等半自动化生产。该村五金机电加工方式以机械冲压、压制成型等为主，生产环节除产生一定的机械噪声外，整体制造环节几乎不涉及污染环境的工艺。

座谈中，村干部、企业家及村民代表主要反映了四个方面的问题。一是工业用地紧张，企业扩大再生产困难，由于企业订单充足，较多企业要求扩大厂区规模、增加用地空间，但村内企业众多，工业用地指标有限，满足企业用地需求难度较大。二是企业用工短缺，由于该村五金机电企业较多，用工需求量较大，村周边剩余劳动力不足，村集体专门租用一辆大型客车，对外来务工人员上下班进行车接车送，但受年轻人更愿意在县城及大城市就业、不愿意在村里务工等各种因素影响，各企业仍面临用工短缺问题。三是技术人才匮乏，五金机电产品制造通常是上游企业发来样品，下游企业接单后按照样品的尺寸、规格、标准进行生产，在此过程中，技术人才要先将订单样品在计算机中实现样品数字化三维建模，然后将建模方案输入自动化机械，技术人员对试制产品进行质量检验检测后，才能进行批量生产，最后技术人员还要全程监控自动化设备平稳运转，防止出现机械故障、产品不合规等各生产环节的问题，因此技术人员对五金机电制造甚是关键。但是，由于各家企业布局在村里，有技术的大专以上技术人员不愿在村里就业，存在企业技术人才短缺问题。四是村庄规划实施难度大，由于村内遍布企业，村内可供腾挪的建设用地空间十分有限，实现厂住分离、厂居分离，生产生活生态空间合理布局难度极大。

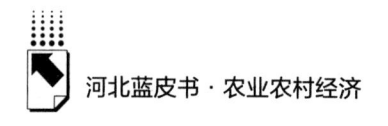

（二）农业发展情况

据村干部介绍和实际调研，该村农业最初多为家庭承包经营，种植作物以小麦、玉米为主。近年来，由于村内加工制造业企业越来越多，大多数家庭有副业且收入可观，农业弃耕现象较为突出。村两委班子为了充分利用耕地资源和开辟新型集体经济路径，将各户承包地由集体返租并统一耕种，曾尝试种植紫苜蓿、对接奶牛养殖大户等措施，未取得明显成效。据该村老党员反映，村两委班子下的功夫很大，解决了耕地碎片化问题，但是由于本村工厂众多，经济效益普遍较好，本村及周边村子的年轻人都不种地，种地的老人也越来越少，加之种地效益偏低，农业怎样发展成了该村的大问题。据村干部介绍，省供销合作社正在邻村开展规模化种植，省供销合作社统一提供种子、化肥、农用机械等生产资料，与村委会一年签一次合同，收获的农产品由省供销合作社和村委按市场行情共同确定销售对象。据初步核算，包括租地成本在内，每亩耕地经营投入合计约800元，按种植粮食计算销售收入约为1000元，除了将耕地流转费给农户之外，村委计划将200元左右的种粮收益按耕地投入规模分红给农户。但据了解，省供销合作社要求与一个村集体的签约种植面积要达到2000亩，低于该规模，对方不愿合作。村委会干部表示，村民对加工制造经营管理比较熟悉，但对农业经营、成本控制、市场把握等都不熟悉，搞规模化种植信心不足，只能尝试是否可行。

三 乡村制造业产业集群升级面临的困境

河北省具有一定规模的特色产业集群有107个，这些产业集群很大一部分与中上桥村的制造业集群类似，它们既是县域经济的重要支撑，也是带动乡村振兴、促进农民增收的重要载体。但是，乡村制造业产业集群升级面临与中上桥村相似的困境，即产业用地困境、技术人才困境、企业用工困境、村庄规划困境、产业融合困境。

（一）产业用地困境

分布在村落周围的特色产业集群，其用地或为家庭宅基地或为村边空闲地，少部分是从农用地转化而来。随着国家和地方对粮食安全问题的高度重视，对耕地资源的保护力度及保护措施已经武装到"牙齿"，乡村工业已经不可能再像 20 世纪 90 年代至 21 世纪头 10 年的黄金发展期一样"野蛮生长"，即通过先占用土地建厂，再采取补缴罚款或其他途径逐步合法化取得用地手续。从县域工业用地供给及产业布局来看，工业园区或开发区是县域工业最密集的地方，也是工业用地供应最充分的区域，做大做强工业园区是壮大县域经济的重要抓手。但是，这些零星分布在村落的乡村企业为什么不搬入工业园区，从而实现企业扩张和做大做强呢？调研组从中上桥村得到的答案是，企业迁入工业园区，运营成本会急剧攀升，包括买地成本、水电成本、用工成本以及企业管理者的时间成本，丢掉低成本制造这一核心优势的乡村企业会立即失去市场竞争力。据了解，南皮县工业用地招拍挂地价约为 20 万元/亩，买地和建厂房是一笔不菲的投资，除了硬件设施的投资，企业管理者和务工者每天要往来于企业和村子之间，时间和交通成本又是一笔难以估量的投入，在难以看到稳定的市场回报的情况下，多数村庄小企业主对在工业园区投资建厂表示放弃。

（二）技术人才困境

在城镇化大潮快速席卷之下，Z 世代[①]年轻人更多选择在大城市就业，有一技之长的大学生、工人技师等，更是首选在大城市发展。大城市不仅为

---

① Z 世代通常指 1995~2009 年出生的一代人，被称为"数字原住民"或"互联网世代"，因为其一出生就与网络信息时代无缝对接，深受数字信息技术、即时通信设备、智能手机等影响。这一群体在 2025 年正处于 16~30 岁，是当前社会中最具活力和影响力的年轻一代。其特征如下：一是互联网依赖，互联网是其生活的重要组成部分，无论是交友、学习、娱乐，还是价值观念的塑造，都高度依赖网络；二是多元与包容，崇尚多元、平等、包容的价值观，愿意与不同背景的人交流，并对不同观点持开放态度；三是创新与个性，Z 世代追求个性化和创新，勇于尝试新生事物，并在互联网中创造独特的文化圈层。

年轻人提供了更多的就业机会和更高的经济收入,还为他们提供了更丰富多元的生活体验和娱乐休闲,也为其子女教育、升学提供了更优质的条件。据中上桥村某企业主介绍,他们即便高薪也很难留住一个能长期为企业服务的技术人才,一些年轻的技术人员甚至直白地说,在村子里挣的钱再多,也没有大城市的消费环境和消费体验,甚至宁愿在大城市少挣一点,也愿意享受城市生活。

(三)企业用工困境

随着越来越多的年轻人涌向城市和人口总和生育率逐渐降低,乡村特色产业集群所在地间断性出现企业用工困境,在自动化机械日益普及的当下,企业仍旧需要具备一定文化水平的年轻人看管机械生产。一些依靠半自动化、半手工的制造业工厂,则不得不雇佣一些年龄偏大的工人甚至老年人完成手工加工的部分。比如,零配件制造实现了自动化,但零配件的装配仍然需要手工完成。随着农村家庭收入的普遍提高,汽车、电车等现代交通工具在农村家庭的快速普及,一些规模较大、薪资较高的企业通过跨乡镇甚至跨县区吸引外来工人,乡村就地就业的传统格局正在被打破,企业用工环境也在悄无声息地发生改变。

(四)村庄规划困境

从占地规模来看,乡村建设用地无疑是城乡建设用地的大头,但是出于建设用地历史上的无序蔓延,以及农业转移人口市民化进程缓慢,村庄建设占用了相当大比重的建设用地,而进城务工还未完成市民化的农民工家庭的存在,导致农村产生了大量闲置的宅基地,造成了一方面乡村住宅用地大量闲置形成"空心村",另一方面产业用地十分紧缺,甚至面临无地可用的"窘境"。破解这一"窘境"的办法是通过加强村庄规划,实现村庄生产生活生态用地的合理布局。但是,从实际调研来看,推进村庄规划或涉及拆迁旧居或涉及先建新居,这些建设活动既需要大量资金投入,也需要用地审批供给,大多数村庄没有单独实施的能力,仅有少量示范村在各级资金和政策支持下才能实施,这类示范村的做法通常也不具备普及推广的价值。所以,在保证农村社会稳定的大前提下,摆脱村庄规划困境,推进乡村建设用地集中整治,既是牵一发而动全身的重要工程,也是破解乡村产业用地"窘境"的关键。

(五)产业融合困境

河北省五金机电、玻璃制造、铸造、管道、轴承、铁塔、保温材料、汽车配件、标准件等乡村制造业集群较多,多分布在一个乡镇或几个乡镇的村庄周围,这些乡村制造业与农业几乎没有产业结合点,这种农业专业村或制造专业村的产业格局,为推进乡村产业融合带来了困难。这些乡村制造业多以家庭为单位,采用自动化加工或半手工生产,尚未形成规模化的现代化企业,与之关联最大的产业是上游来料加工和下游运输发货,科技研发甚至产品包装等生产环节很少。因此,这类产业能够带动的融合发展的产业多为运输业或商贸流通业,形成了一种上下游产业之间、村子与村子之间较少联动的局面,工农、工贸、农贸等之间的融合样态难以发育,产业融合发展的"乘数效应"较难得到释放。

四 乡村产业集群升级与工业园区化的互斥

当前,与中上桥村制造业产业集群类似的产业样态大量存在,分布区域以中西部为主,少部分分布在发达地区内部"中心市场"的外围,形成了跨地区的、为"中心市场"配套的"外围"集群。在制造业自动化、智能化、现代化、绿色化大趋势下,这类集群依然有蓬勃旺盛的生命力,背后必然蕴含着其能够存在的理论逻辑。

(一)乡村半工业化及其特征

袁明宝认为,中西部地区因资源和技术等要素不足,同时远离市场中心,自身没有发展工业的优势,但是随着沿海发达地区产业集聚,成为产业市场中心地带之后，人工、用地等各种生产要素也水涨船高，大量劳动密集型产业随着全国交通条件的大幅改善，开始向中西部地区或市场中心地带的外围外溢，为半市场中心的乡村留守人员提供了"在家门口获利"的机会。这些由沿海地区转移到中西部或半市场中心的产业，除了个别工厂设在乡镇之外，大部分工厂建在村庄或由村民自家房屋改造而成，最主要的目的是方便工人上班，周边两三公里范围内的村民能够就近打工。袁明宝将这种乡村工业企业在劳动力素质、企业管理、生产经营和产业链等方面没有实现充分发展，更像是一种乡村作坊或者作坊的升级版的现象，称为"乡村半工业化"，并指出了其通常具有的三个特征：技术含量不高的劳动密集型行业，对劳动力素质要求不高；生产经营灵活、分散，规模小；产业链短，难以形成充分发展的上下游产业。[1] 中上桥村五金机电产业集群的情况，与袁明宝提出的乡村半工业化，无疑是十分吻合的。不同之处在于，中上桥村乃至南皮县五金机电产业集群的形成，并不是由市场中心地带扩散而来的，而是从20世纪50~60年代逐渐自发成长起来的。[2]

（二）乡村半工业化与工业园区化的互斥

袁明宝在同一篇文献中进一步提出，乡村半工业化模式形成了"兼业—互惠"型乡村工业体系，其竞争优势在于劳动力用工资源的丰富性和其产业本身的特色化。同时，工业园区化模式通过土地流转，集中了工业用地，但也形成了农民与村庄、学校与土地的脱钩，这种模式在苏南等工业经济发达地区是行得通的，因为苏南地区乡村经济足够发达，城乡差别已经很小，能够促进城乡融合。但是这种模式在中西部地区或半市场中心等外围地区，在一定程度上产生了城乡分离、工农互斥等与预期不符的效果。从中上

---

[1] 袁明宝：《城乡融合进程中的乡村半工业化与县域经济发展方向》，《兰州学刊》2024年第6期。
[2] 需要特别指出，中上桥村五金机电产业集群发育逻辑虽然与袁明宝分析的情况并不一致，但是本报告笔者认为，中上桥村近几年的发展逻辑依然遵循了袁明宝提出的乡村半工业化路径。也就是说，虽然五金机电产业当初在南皮县或中上桥村得以扎根，不是市场中心地带产业外溢的结果，但是这一集群的快速发展期直至成形，依然符合乡村半工业化模式。

桥村的调研情况来看，乡村半工业化的竞争优势不仅仅包括用工成本低，还包括用地、用水、用电乃至税费等各类要素所形成的综合成本优势，而村内大多数企业拒绝迁入工业园区，可以理解为企业管理者对工业园区这种经济发展模式的排斥是乡村半工业化模式与工业园区化模式背后运行机制上形成的"互斥"[①]，二者底层逻辑的区别在于成本差异。乡村企业管理者排斥工业园区化的背后反映的是乡村制造业产业集群的"成本内卷化"。

五 推动乡村特色产业转型升级的对策建议

河北省乡村特色产业集群众多，乡村特色产业转型升级既关系县域经济做大做强，也关系全省现代化产业体系质量成色乃至经济强省建设。在乡村半工业化和工业园区化互斥、乡村企业管理者遵循"成本内卷化"逻辑等复杂情势下，推动乡村特色产业集群实现转型升级不仅意义重大，而且十分紧迫。

（一）加强乡村规划顶层设计

完善城乡规划制度体系，按照全省国土空间规划要求，制定细化县以下行政单元的规划体系及落实举措。加强乡村人口变动形势分析与预测，选择不同类型的产业集群专业村，深入开展农户宅基地需求意愿调查分析，对进城农户、非农化农户自愿有偿退出宅基地的意愿强度进行分类，完善自愿退出宅基地补偿安置政策，为置换和节约集约利用农村建设用地空间创造有利条件。严格落实耕地保护、农民利益保护、农村生态保护等政策，确保农村土地制度改革平稳有序推进。推进多部门协同，统筹国土、生产、生活、生

---

① 需要进一步指出，袁明宝认为，在欠发达地区，工业园区化导致了城乡分离、工农互斥，并对嵌入乡村社会的半工业化形成了挤压，其所指的工农互斥是指工业园区化不仅未促进工农互补甚至造成工农分离，对在工业园区就业的农户家庭而言，其失去了在本地务工和务农的收入来源。本报告笔者借用"互斥"这一概念，揭示了乡村半工业化与工业园区化底层逻辑的差异在于"成本内卷化"，乡村企业管理者只有靠低成本才能维持生产。

态等空间，能源、水利、交通、排水、通信等管网，将各类空间和要素统一纳入规划体系，实现一张规划图管到底。发挥各级各类国土空间规划单位、城乡规划单位力量，突出乡村规划公益性属性，降低各类规划业务经费成本，推动乡村规划体系进一步完善。

（二）完善特色产业空间布局

紧紧围绕高质量发展的首要任务，加强乡村特色产业集群引导服务，在保持乡村特色产业集群灵活化、生命力的同时，加强科学规范引导，优化空间布局。以县域为单位，促进相邻县域产业集群集中化、专业化发展，围绕2~3个特色集群集中培育，不鼓励各县盲目搞类似"3+X""5+N"等发展模式。完善特色产业集群支持政策体系，健全用地规模、营业收入、纳税规模、带动就业、产品市场占有率、节能降耗等指标考核体系，推动分散在乡村的产业适度集中。对中大型企业及规模以上企业制定专门的政策，引导其进入园区、规范发展；对农户家庭式办厂企业，着力加强生产安全、生态安全、环境安全等监管，确保其具备达标生产条件；对不具备达标生产条件或有较大潜在风险隐患的小企业，依法依规加以治理。

（三）引导技术人才向乡村下沉

市场经济条件下，市场竞争和技术报偿是技术人才服务企业的一般原则。但是，在技术人才流向大城市的机制作用下，乡村特色产业集群即便愿意给出高薪，也不容易招聘到稳定服务的技术人才。因此，要发挥各级各类技术服务单位和技术供给主体的作用，完善政策措施，引导他们积极服务乡村，促进乡村产业振兴。一是加快公益类技术服务单位下沉乡村，鼓励各级各类研究院在县域和特色产业专业镇设立分支机构，零距离贴近技术市场需求主体，随时解决其在生产过程中遇到的各类问题。二是鼓励高校、科研院所面向市场需求主体开展专业技术服务，允许其合理合法合规取得技术服务劳动报酬，与地方政府密切合作，在中小企业设立技术服务站、研究生工作室，推动科技研发与生产实践无缝对接。三是发挥各级各类检验检测服务机构作用，推动检验检测服务从物料检验、产品质量检测向生产性技术服务拓展，构建检验检测、研发平台、市场主体一体化、集群化技术服务体系。

（四）推广应用智能绿色技术

深刻认识绿色低碳科技创新和技术正在以前所未有的力度影响产业体系重塑。各级地方政府应加大支持力度，鼓励企业主动升级生产设备，推广应用自动化、智能化、绿色化新技术，对于简单重复性劳动生产过程，研发应用智能机器人替代人工。加强节能降耗技术和设备普及应用，主动应对碳减排等现代工业生产趋势与要求，推动中小企业探索智能化、自动化、绿色化生产模式，促进县域特色产业集群逐步转型、加快升级。对高耗能、高耗水、高排放、高风险等传统生产模式，应依法依规促进企业转产升级，推动特色产业集群质量效益逐步跃升。加快深化供给侧结构性改革，靠高品质、高质量、好口碑产品赢得市场，摒弃拼资源、拼低价"内卷式"竞争模式，为特色产业集群转型升级创造价值空间。

（五）探索现代农业发展模式

当下，全国各地大力推进乡村全面振兴，虽然工业制造类特色产业集群是乡村产业振兴的重要支柱，也是农民增收的重要途径，但是不管这类产业如何发达，也不能放弃现代农业这个基础性、根基性产业。要始终牢记粮食安全这个"国之大者"，解决"谁来种地"这个基础问题。鼓励各地各村创新土地流转方式方法，以县为单位、乡镇为基础，完善土地流转公共平台，创新土地流转合约和流转费用监管手段和渠道，保障农业转移人口土地流转收益。积极培养懂技术、爱农业的"新农人"，保护愿意扎根农村、返乡创业的各类人才，创造有利的政策条件，营造良好的创业环境，探索适度规模经营方式方法，加快构建与工业制造业协调配套、齐头并进的现代农业产业体系、生产体系、经营体系。

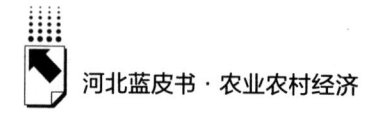

参考文献

《行政区划》,南皮县人民政府网站,2022年10月25日,http://www.nanpi.gov.cn/nanpi/c101057/202210/6d28efe5c4b4414a967e10f8fea05298.shtml。

《实探北方电子五金之乡南皮县:从小零件到大产业》,"华夏时报"百家号,2023年4月8日,https://baijiahao.baidu.com/s?id=1762585426643626334&wfr=spider&for=pc。

南皮县情调查组:《中国国情丛书——百县市经济社会调查·南皮卷》,中国大百科全书出版社,1993。

《南皮:化"碱"为零 盐碱地小麦持续增产》,南皮县人民政府网站,2024年6月27日,http://www.nanpi.gov.cn/nanpi/c101065/202406/f7dcb69f47754739bebcf1e794772874.shtml。

袁明宝:《城乡融合进程中的乡村半工业化与县域经济发展方向》,《兰州学刊》2024年第6期。

权威报告·连续出版·独家资源

皮书数据库
ANNUAL REPORT(YEARBOOK) DATABASE

分析解读当下中国发展变迁的高端智库平台

所获荣誉

- 2022年，入选技术赋能"新闻+"推荐案例
- 2020年，入选全国新闻出版深度融合发展创新案例
- 2019年，入选国家新闻出版署数字出版精品遴选推荐计划
- 2016年，入选"十三五"国家重点电子出版物出版规划骨干工程
- 2013年，荣获"中国出版政府奖·网络出版物奖"提名奖

皮书数据库　　"社科数托邦"微信公众号

成为用户

登录网址www.pishu.com.cn访问皮书数据库网站或下载皮书数据库APP，通过手机号码验证或邮箱验证即可成为皮书数据库用户。

用户福利

- 已注册用户购书后可免费获赠100元皮书数据库充值卡。刮开充值卡涂层获取充值密码，登录并进入"会员中心"—"在线充值"—"充值卡充值"，充值成功即可购买和查看数据库内容。
- 用户福利最终解释权归社会科学文献出版社所有。

数据库服务热线：010-59367265
数据库服务QQ：2475522410
数据库服务邮箱：database@ssap.cn
图书销售热线：010-59367070/7028
图书服务QQ：1265056568
图书服务邮箱：duzhe@ssap.cn

社会科学文献出版社　皮书系列
卡号：933234552389
密码：

S 基本子库
SUB DATABASE

中国社会发展数据库（下设12个专题子库）

紧扣人口、政治、外交、法律、教育、医疗卫生、资源环境等12个社会发展领域的前沿和热点，全面整合专业著作、智库报告、学术资讯、调研数据等类型资源，帮助用户追踪中国社会发展动态、研究社会发展战略与政策、了解社会热点问题、分析社会发展趋势。

中国经济发展数据库（下设12专题子库）

内容涵盖宏观经济、产业经济、工业经济、农业经济、财政金融、房地产经济、城市经济、商业贸易等12个重点经济领域，为把握经济运行态势、洞察经济发展规律、研判经济发展趋势、进行经济调控决策提供参考和依据。

中国行业发展数据库（下设17个专题子库）

以中国国民经济行业分类为依据，覆盖金融业、旅游业、交通运输业、能源矿产业、制造业等100多个行业，跟踪分析国民经济相关行业市场运行状况和政策导向，汇集行业发展前沿资讯，为投资、从业及各种经济决策提供理论支撑和实践指导。

中国区域发展数据库（下设4个专题子库）

对中国特定区域内的经济、社会、文化等领域现状与发展情况进行深度分析和预测，涉及省级行政区、城市群、城市、农村等不同维度，研究层级至县及县以下行政区，为学者研究地方经济社会宏观态势、经验模式、发展案例提供支撑，为地方政府决策提供参考。

中国文化传媒数据库（下设18个专题子库）

内容覆盖文化产业、新闻传播、电影娱乐、文学艺术、群众文化、图书情报等18个重点研究领域，聚焦文化传媒领域发展前沿、热点话题、行业实践，服务用户的教学科研、文化投资、企业规划等需要。

世界经济与国际关系数据库（下设6个专题子库）

整合世界经济、国际政治、世界文化与科技、全球性问题、国际组织与国际法、区域研究6大领域研究成果，对世界经济形势、国际形势进行连续性深度分析，对年度热点问题进行专题解读，为研判全球发展趋势提供事实和数据支持。

法律声明

"皮书系列"(含蓝皮书、绿皮书、黄皮书)之品牌由社会科学文献出版社最早使用并持续至今,现已被中国图书行业所熟知。"皮书系列"的相关商标已在国家商标管理部门商标局注册,包括但不限于LOGO( )、皮书、Pishu、经济蓝皮书、社会蓝皮书等。"皮书系列"图书的注册商标专用权及封面设计、版式设计的著作权均为社会科学文献出版社所有。未经社会科学文献出版社书面授权许可,任何使用与"皮书系列"图书注册商标、封面设计、版式设计相同或者近似的文字、图形或其组合的行为均系侵权行为。

经作者授权,本书的专有出版权及信息网络传播权等为社会科学文献出版社享有。未经社会科学文献出版社书面授权许可,任何就本书内容的复制、发行或以数字形式进行网络传播的行为均系侵权行为。

社会科学文献出版社将通过法律途径追究上述侵权行为的法律责任,维护自身合法权益。

欢迎社会各界人士对侵犯社会科学文献出版社上述权利的侵权行为进行举报。电话:010-59367121,电子邮箱:fawubu@ssap.cn。

社会科学文献出版社